suhrkamp taschenbuch
wissenschaft 2277

Die Philosophin Janina Loh befasst sich in ihrem grundlegenden Buch mit den moralischen Herausforderungen, die beim Bau von Robotern und im Umgang mit ihnen eine Rolle spielen: Sind Roboter autonom? Können sie gar moralisch handeln? Haben sie einen moralischen Wert? Sollten ihnen Rechte zuerkannt werden? Wer ist zur Rechenschaft zu ziehen, wenn ein Roboter einen Menschen schädigt? Kritisch diskutiert Loh diese und weitere ethische Fragen und stellt die wichtigsten Lösungsansätze vor.

Janina Loh ist Universitätsassistentin im Bereich Technik- und Medienphilosophie an der Universität Wien.

Janina Loh
Roboterethik
Eine Einführung

Suhrkamp

Bibliografische Information der Deutschen Nationalbibliothek
Die Deutsche Nationalbibliothek verzeichnet diese Publikation
in der Deutschen Nationalbibliografie; detaillierte bibliografische Daten
sind im Internet über http://dnb.dnb.de abrufbar.

Erste Auflage 2019
suhrkamp taschenbuch wissenschaft 2277
© Suhrkamp Verlag Berlin 2019
Alle Rechte vorbehalten, insbesondere das
der Übersetzung, des öffentlichen Vortrags sowie
der Übertragung durch Rundfunk und Fernsehen,
auch einzelner Teile.
Kein Teil des Werkes darf in irgendeiner Form
(durch Fotografie, Mikrofilm oder andere Verfahren)
ohne schriftliche Genehmigung des Verlages reproduziert
oder unter Verwendung elektronischer Systeme
verarbeitet, vervielfältigt oder verbreitet werden.
Umschlag nach Entwürfen
von Willy Fleckhaus und Rolf Staudt
Druck: Druckhaus Nomos, Sinzheim
Printed in Germany
ISBN 978-3-518-29877-0

Meinen Gefährt*innen

NORA　　TOBI
HANNAH　　WULF
FRANZI　　MIA
CHRISTIAN

Inhalt

Einleitung 9

1. Bereiche der Robotik und ihre ethischen Fragen 19

2. Die Arbeitsfelder der Roboterethik 35
   2.1 Roboter als moralische Handlungssubjekte 48
   2.2 Roboter als moralische Handlungsobjekte 72
   2.3 Inklusive Ansätze 95
   2.4 Kritische Zwischenbilanz 121

3. Verantwortungszuschreibung in der Mensch-Roboter-
   Interaktion 126
   3.1 Roboter als Verantwortungssubjekte 138
   3.2 Roboter als Verantwortungsobjekte 162
   3.3 Inklusive Ansätze der Verantwortungszuschreibung . 187
   3.4 Kritische Zwischenbilanz 198

4. Abschließende Bemerkungen – Plädoyer für einen
   inklusiven und kritischen Diskurs 204

Literaturverzeichnis 213

Einleitung

Seit Mitte des 20. Jahrhunderts halten Roboter Einzug in immer mehr Bereiche des menschlichen Lebens. Angefangen mit der Industrie und ihrem ersten Roboter *Unimate*[1] über Militär und Kriegsführung bis hin zu Service, Pflege, Medizin und Haushalt werden entweder bereits heute oder aber in absehbarer Zukunft Roboter eingesetzt. Die moralischen Fragen, die beim Bau von und im Umgang mit Robotern aufgeworfen werden, sind Gegenstand der philosophischen Disziplin der Roboterethik. Gegen eine häufig anzutreffende Intuition, dass Technik neutral sei, lässt sich einwenden, dass Technik allgemein Produkt menschlichen Handelns und damit immer (ob bewusst oder unbewusst) durch Normen und Werte bestimmt wird. Denn gerade durch ihre Intention unterscheidet sich eine Handlung vom Instinkt oder bloßen Verhalten (Anscombe 1957; Bratman 1987; Davidson 1980). Durch die Intention werden Werte in eine Handlung eingeschrieben. Menschen wählen über Gründe zwischen unterschiedlichen Handlungsalternativen, die zuvor implizit oder explizit gegen andere Gründe abgewogen wurden. Mit Robotern als spezifischen Technologien,[2] den in ihnen implementierten Werten und den sich aus ihnen ergebenden (gesellschaftlichen) Konsequenzen gehen also immer moralische Fragen einher (siehe zur sogenannten Neutralitätsthese der Technik auch Kapitel 4).

Auf den folgenden Seiten wird zunächst eine innerdisziplinäre Abgrenzung der Roboterethik von anderen Ethiken sowie weiteren philosophischen Disziplinen vorgenommen. Danach wird die außerdisziplinäre Verwandtschaft der Roboterethik mit nichtphilosophischen Fächern besprochen, bevor die eigentlichen Themen und

---

1 Ein Kompositum aus »Universal« und »Automation«; erbaut von Joseph Engelberger 1961 (de Miranda 2019a; Ichbiah 2005: 207).
2 Den folgenden Ausführungen liegt ein weiter Technikbegriff zugrunde, der Artefakte (Technologien, Sachtechnik), eingespielte, standardisierte Praktiken, Methoden und Verfahren (Techniken, Prozesstechnik), weitere Technikformen wie Werkstoffe (Realtechnik), Zeichen (Intellektualtechnik), Vollzüge (Sozialtechnik) sowie Attribute (bspw. technikaffin) umfasst (Hubig 2013, 1995; Kranz u. a. 1971-2007).

Fragen der Roboterethik und der sich daraus ergebende Aufbau der vorliegenden Studie vorzustellen sein werden. Eine (Arbeits-) Definition von »Roboter« erfolgt ebenfalls weiter unten im Text.

INNERDISZIPLINÄRE ABGRENZUNG: Die Roboterethik stellt innerhalb des sogenannten westlichen Kulturraums, auf den sich die folgenden Ausführungen beschränken, eine verhältnismäßig junge Bereichsethik dar, eine Teilbereichsethik der Maschinenethik, um ganz genau zu sein. Denn alle Roboter sind Maschinen, aber nicht umgekehrt alle Maschinen auch Roboter (Loh 2019a). Diese Einordnung der Roboterethik als (Teil-)Bereichsethik ruht auf einem Verständnis von Ethik als einer für Menschen spezifischen Kategorie des Handelns. So befasst sich die philosophische Disziplin der Ethik seit Aristoteles einerseits mit den menschlichen Sitten, Bräuchen und Gewohnheiten, andererseits mit dem guten Leben, nimmt darüber hinaus die wissenschaftliche Reflexion menschlicher Praxis vor und beurteilt die Kriterien guten und schlechten Handelns. Es wird vorausgesetzt, dass nur Menschen handelnde Wesen sind, deren Tun nicht blindem Instinkt und Trieb unterworfen ist, sondern durch Intentionen, Normen und Gründe geformt wird (Aristoteles 2006).

Die Rede von Bereichsethiken[3] bezieht sich nun auf zwei Typen: Bei den einen handelt es sich um Ethiken für den Umgang mit einem nichtmenschlichen Gegenüber. Hierzu zählen neben der Maschinen- und Roboterethik auch die Tier-, Pflanzen-, Umwelt-, Computer- und allgemein die Technikethik. Ähnlich wie in der Roboterethik nimmt etwa die Tierethik die moralischen normativen Kriterien in den Blick, die in der Züchtung, Domestikation und Haltung von Tieren, allgemein im Umgang mit Tieren und im Verhältnis von Menschen und Tieren eine Rolle spielen (Beauchamp/Frey 2011; Regan 1983; Schmitz 2014; Singer 2015). Bereits der Roboterethiker David Gunkel hat festgestellt, dass sich die Roboterethik insbesondere der Tierethik verwandt fühlen kann, insofern »[d]ie Frage nach der Maschine das Gegenstück zu der Frage nach dem Tier« (2012: 5)[4] darstelle. Dementsprechend

---

3 In der akademischen deutschsprachigen Philosophie ist der Oberbegriff für gewöhnlich die Angewandte Ethik, die sich in unterschiedliche Bereichsethiken gliedert (Nida-Rümelin 2005).
4 Sofern nicht anders angegeben, stammen im Folgenden alle Übersetzungen von mir.

hatte schon René Descartes Tieren und Maschinen zunächst denselben ontologischen Status zugeschrieben (Gunkel 2012: 3). Erst im 20. Jahrhundert wurde diese ontologische Gleichstellung von Tier und Maschine zugunsten der Tiere aufgehoben.

Die andere Gruppe an Bereichsethiken versammelt ethische Systeme für Sonderbereiche des menschlichen Lebens, in denen Werte vertreten, Normen geltend gemacht und Regeln formuliert werden, denen im Alltag der Menschen für gewöhnlich ein anderer Status zugeschrieben wird. Die Medizinethik, die Ethik humanitärer Interventionen, die Kriegs- und die Wirtschaftsethik sowie die Ethik internationaler Beziehungen lassen sich als Beispiele für diese Form von Bereichsethiken anführen. Dieser zweite Typ wird in der vorliegenden Studie lediglich am Rande angesprochen.

Nicht jede*r versteht die Roboterethik in der hier vorgeschlagenen Weise.[5] Oliver Bendel etwa identifiziert schon die Maschinenethik nicht als Bereichsethik, sondern stellt sie »auf eine Stufe mit der Menschenethik«, obwohl er zuvor der traditionellen Auffassung zustimmt, der zufolge sich »Ethik üblicherweise auf die Moral von Menschen« richtet. Weiterhin sieht auch Bendel in der »Roboterethik eine Keimzelle und ein Spezialgebiet der Maschinenethik, wenn sie nicht – wozu man mehr und mehr tendiert – als Bereichsethik aufgefasst wird« (alle Zitate in 2017a: 5). Die vorliegende Untersuchung verpflichtet sich dagegen einer Einordnung der Roboterethik sowohl als Spezialgebiet der Maschinen- als auch als (Teil-)Bereichsethik derselben.[6]

Die Roboter*ethik* ist noch einmal von der Roboter*philosophie* zu unterscheiden. Roboterethik ist eine Disziplin der Roboterphilosophie, die zusätzlich beispielsweise epistemologische, ästhetische, politikphilosophische und rechtsphilosophische Themen behandelt, wobei es innerhalb der Roboterphilosophie natürlich zu einer Überschneidung zahlreicher Fragen – wie etwa von ethischen

---

5 Im Folgenden nutze ich sowohl das Gender-Sternchen als auch die ausgeschriebene weibliche und männliche Form möglichst im Wechsel. An manchen Stellen wird bewusst nur die weibliche oder männliche Form angegeben. Auch bei Übersetzungen wird, sofern im Original nicht eindeutig eines der Geschlechter gemeint ist, ebenfalls das Gendersternchen bzw. die ausgeschriebene Form verwendet.
6 Zur Maschinenethik siehe Allen u. a. 2006; Anderson/Anderson 2011, 2007; Bendel 2019a; Edgar 2003; Misselhorn 2018a; Moor 2006; Rath u. a. 2019.

und politikphilosophischen Fragen – kommt (Coeckelbergh 2016a; Coeckelbergh u. a. 2018; Ford u. a. 2006; Seibt 2018). Auch im Rahmen dieser Studie ergeben sich an mehreren Stellen Brückenschläge von der Roboterethik in etwa politikphilosophische Gebiete (insbesondere in den Kapiteln 3.2 und 3.3). Eine roboterspezifische Entsprechung der philosophischen Anthropologie, also der philosophischen Disziplin, die nach dem Wesen ›des‹ Menschen fragt, existiert hingegen nicht. Zumeist begnügt man sich auch in philosophischen Untersuchungen zu Robotern mit einer lediglich ein paar Zeilen umfassenden Definition, wie sie auch weiter unten in diesem Text vorgenommen wird (erst recht gilt das für nichtphilosophische Werke). Dieses Phänomen wird in Kapitel 2.3 noch einmal genauere Aufmerksamkeit erfahren, wenn es um Ansätze geht, die die klassische Differenzierung zwischen moralischen Subjekten und Objekten sowie die klare (und üblicherweise anthropologisch-essenzialistische) Grenzziehung zwischen Menschen als den im strengen Sinne einzigen moralischen Subjekten einerseits und nichtmenschlichen Wesen andererseits hinterfragen.

AUSSERDISZIPLINÄRE VERWANDTSCHAFT: Aufgrund ihres Untersuchungsgegenstands tendieren Roboterethikerinnen und -ethiker zur Interdisziplinarität, denn sie erfahren erst aus der Kooperation mit der Informatik, Robotik, KI-Forschung, Kybernetik und weiteren Technik- beziehungsweise Computer- und Ingenieurswissenschaften, wie Roboter konstruiert, programmiert und designt werden. Umgekehrt zeigt sich in den vergangenen Jahren von Seiten der Technikwissenschaften sowie der Industrie ein wachsendes Bewusstsein für die ethischen Herausforderungen, die mit dem Bau und Vertrieb von Robotern einhergehen. Gleichwohl reichen diese Entwicklungen zumindest im deutschsprachigen Raum noch nicht so weit, verpflichtende Ethikkurse in der Ausbildung der Robotiker*innen von morgen zu etablieren oder Weiterbildungskurse für Unternehmen beziehungsweise in der Produktion von Robotern anzubieten (siehe hierzu auch Kapitel 4).

NÄHERE BESTIMMUNG DER ROBOTERETHIK UND AUFBAU DIESER STUDIE: Im deutschsprachigen Raum stellt die Roboterethik noch keine allgemein anerkannte Disziplin innerhalb der akademischen Philosophie dar, auch wenn das Interesse an teildisziplinübergreifenden Kollaborationen wächst. Im Vergleich mit dem englischsprachigen Raum, wo die ethische Auseinandersetzung mit artifiziellen Systemen seit Mitte des vergangenen Jahrhunderts einen Kanon klassischer Literatur hervorgebracht hat, präsentiert sich der deutschsprachige Diskurs überschaubar.[7] Hierzulande muss sich die Roboterethik aus den Reihen akademischer Philosophinnen und Philosophen ab und an noch den Vorwurf gefallen lassen, sie sei gar keine richtige Ethik beziehungsweise sie habe keinen spezifischen Gegenstand, da sich Ethik nur mit dem menschlichen Handeln beschäftige. Doch selbst wenn sich nach vorheriger Prüfung herausstellen sollte, dass Roboter keine moralischen Handlungssubjekte sein können und damit zu moralischem Handeln selbst nicht befähigt wären, sollte man ihnen einen Platz im moralischen Universum zuweisen. Schließlich sind alle möglichen Wesen und Entitäten – wie etwa Tiere, Pflanzen, Häuser, Autos, Smartphones, Landschaften oder ganze Ökosysteme – Objekte moralischen Handelns, und wir sprechen einer ganzen Reihe von nichtmenschlichen und zum Teil auch unbelebten Entitäten einen Wert, ja, in manchen Fällen sogar Rechte zu. Um was für eine Art von Wert es sich im Falle von Robotern handelt, bleibt freilich zu diskutieren und hängt von dem zugrunde liegenden Ansatz ab. Doch wo, wenn nicht in der Ethik, wäre der angemessene Raum für eine solche Diskussion? Nachdem im ersten Kapitel ein Überblick über die ethischen Fragen, die sich in einigen Bereichen der Robotik stellen, gegeben wurde, behandelt das gesamte zweite Kapitel ebendie Frage, welchen Wert wir einem jeweiligen Roboter zuschreiben sollten.

Vergleichbar den anderen Bereichsethiken, die sich mit nichtmenschlichen Wesen und Entitäten beschäftigen, wird in der Roboterethik darüber nachgedacht, inwiefern das fragliche Gegenüber selbst als moralischer Akteur und damit als Subjekt moralischen Handelns interpretiert werden muss, inwiefern Roboter also *moral agents* sind, »Entitäten, die Handlungen ausführen können« (Floridi/Sanders 2004: 349). Roboter als *Subjekte* moralischen Handelns, denen potenziell ein intrinsischer (das heißt ein absoluter oder Eigenwert) zukommt, sind Gegenstand von Kapitel 2.1.

[7] Zum englischsprachigen Diskurs siehe Asaro 2006; Bekey 2005; Brey u. a. 2008; Capurro/Nagenborg 2009; Lin u. a. 2017, 2012, 2011; Stahl 2004; Sullins 2006; Turing 1950; Versenyi 1974; Wallach/Allen 2009. Zum deutschsprachigen Diskurs siehe Hilgendorf 2014; Loh 2017a; Mainzer 2010; Misselhorn 2018a; Remmers 2018; Sombetzki 2016.

In einem zweiten Bereich wird danach gefragt, inwiefern man sich Robotern gegenüber in einer bestimmten Weise verhalten sollte beziehungsweise ob ihnen ein spezifischer Umgang zusteht und inwiefern sie damit in die Kategorie der sogenannten *moral patients* fallen, »als Entitäten, die man gut oder schlecht behandeln kann« (Floridi/Sanders 2004: 349). Mit Robotern als *Objekten* moralischen Handelns, denen ein intrinsischer oder ein instrumenteller Wert zukommt, befasst sich das Kapitel 2.2.[8] Weiterhin, in einem dritten Bereich, diskutiert die Roboterethik Alternativen zu dieser klassischen Unterscheidung zwischen Subjekten und Objekten moralischen Handelns. In Kapitel 2.3 wird sich zeigen, inwiefern einige Roboterethikerinnen und -ethiker die aristotelische Differenzierung zwischen moralischen Handlungssubjekten und -objekten sowie insbesondere das gängige Verständnis vom moralischen Handlungssubjekt problematisieren und welche Alternativen sie dafür vorschlagen.[9]

Die Roboterethik stellt also traditionelle ethische Fragen mit Blick auf Roboter – etwa danach, welche Kompetenzen wir generell als grundlegend für moralische Akteursschaft erachten, welche moralischen (und anderen) Werte wir artifiziellen Systemen implementieren sollten, auf was für ein moralisches Selbstverständnis es schließen lässt, wenn wir Roboter ›schlecht‹ behandeln, und in welchen Bereichen – zum Beispiel Industrie-, Militär-, Medizin-, Altenpflege-, Servicerobotik – wir uns auch zukünftig ausschließlich beziehungsweise in einem signifikanten Ausmaß auf menschliche und nicht auf artifizielle Expertise verlassen sollten.

Das dritte Kapitel und damit der zweite Hauptteil dieser Studie ist Fragen der Verantwortungszuschreibung in der Mensch-Roboter-Interaktion gewidmet – vorrangig aus ethischer Perspektive, bietet es dabei jedoch auch einige Ausblicke auf weitere für die Zuschreibung von Verantwortung relevante Handlungsräume wie etwa rechtliche und gesellschaftliche Verantwortlichkeiten, die mit Robotern einhergehen. Denn die Verantwortung ist

---

8 Zur in der Philosophie geläufigen Unterscheidung zwischen intrinsischem/absolutem Eigenwert (den etwas um seiner selbst willen hat) und instrumentellem/extrinsischem Wert (den etwas für etwas anderes hat) vgl. Korsgaard 1983 sowie Zimmerman/Bradley 2019.

9 Damit orientiert sich diese Studie in Kap. 2 grob an Gunkels Werk *The Machine Question* (2012), in dem der Autor ähnlich vorgeht.

nicht nur ein grundsätzliches Phänomen in nahezu jeder Sphäre menschlichen Handelns, sie wird auch von vielen Menschen als anthropologische Konstante gesehen und ist eine fundamentale ethische Kategorie. Daher ist die Verantwortung auch grundlegend für ein ethisches Nachdenken über Roboter. Eine Untersuchung von Verantwortungszuschreibungen in der Roboterethik sowie eine Analyse der mit dem Bau von Robotern einhergehenden Verantwortlichkeiten bietet zudem einen Brückenschlag zu weiteren Bereichen menschlichen Handelns, in denen Entscheidungen über den Einsatz von sowie den Umgang mit Robotern zu treffen sind, wie etwa in der Politik (politische Verantwortung), der Ökonomie (Konsument*innenverantwortung, Verantwortung von Unternehmen) und dem Recht (strafrechtliche Verantwortung). In Orientierung am zweiten Kapitel wird in Kapitel 3.1 danach gefragt, inwiefern Roboter Verantwortungs*subjekte* sein können, in Kapitel 3.2 diskutiert, inwiefern Menschen für Roboter als Verantwortungs*objekte* Rede und Antwort zu stehen haben, und in Kapitel 3.3 besprochen, welche alternativen Zuschreibungsmodelle von Verantwortung es in der Mensch-Roboter-Interaktion gibt.

Darüber hinaus schlägt das dritte Kapitel mehrere Antworten vor, wie mit einer gegenwärtig vermuteten Transformation dieser wichtigen menschlichen Kompetenz umgegangen werden kann (Loh 2019b). Die Vermutung einer Transformation der Verantwortung speist sich *zum einen* aus den fundamentalen Umwälzungen im Wesen ›des‹ Menschen, die einer Entwicklung autonomer, selbstlernender Roboter zugeschrieben werden. *Zum anderen* spricht man von radikalen Paradigmenwechseln und einer damit einhergehenden Transformation unseres Verantwortungsverständnisses in den Organisationsformen unserer gesellschaftlichen, politischen und ökonomischen Systeme aufgrund der Herausforderungen durch Robotisierung, Automatisierung, Digitalisierung und Industrie 4.0. Allenthalben wird auch der Sorge Ausdruck verliehen, dass dank dieser Umstände unserer modernen technisierten Massengesellschaft der Verantwortung ultimative Grenzen gesetzt sind, sich gar gefährliche Lücken in den Möglichkeiten, Verantwortung zuzuschreiben, auftun (siehe etwa Lenk 1994 und Matthias 2004 in Kapitel 3.2). Dennoch scheint der Ruf nach Verantwortung zugleich mit ungebrochener Vehemenz zu erklingen. Die Frage, die das dritte Kapitel beantwortet, lautet, ob wir trotz all dieser Veränderungen auf das traditionelle Konzept der Verantwortung weiterhin bauen können (die Kapitel 3.1. und 3.2) oder ob sich unser tradiertes Verständnis von Verantwortung tatsächlich wandelt beziehungsweise wandeln sollte (Kapitel 3.3).

(Arbeits-)Definition von »Roboter«: Einleitend wurde die Roboterethik als Teilbereichsethik der Maschinenethik bezeichnet, weil alle Roboter Maschinen, nicht aber alle Maschinen Roboter sind. Eine Maschine ist ein künstliches Gebilde, das aus durch ein Antriebssystem (Motor, Wind, Wasser) bewegten Teilen besteht und Energie umsetzt (Canguilhem 2012; Strandh 1980). Roboter sind spezielle Maschinen. Historisch geht der Ausdruck »Roboter« auf das tschechische Wort »robota« für Arbeit, Frondienst und Zwangsarbeit zurück, das 1920 von dem Künstler Josef Čapek geprägt wurde (vom slawischen Wortstamm »rab« für »Sklave«; Jordan 2017: 50; siehe auch deMiranda 2019b). Sein Bruder Karel Čapek nutzte es in dem Theaterstück *R.U.R. Rossum's Universal Robots* (1921) als Bezeichnung für humanoide Apparaturen, die den Menschen zu Diensten stehen. Der erste etablierte Bereich der Robotik, nämlich die Industrie, spiegelt die Vision, die Čapek in dem genannten Theaterstück entwirft (siehe hierzu Kapitel 1). Auch ist sie Kernbestand der sogenannten Industrie 4.0, der technologischen Transformation der menschlichen Arbeitswelt durch Digitalisierung und Automatisierung. Čapek ist allerdings kein uneingeschränkter Technikenthusiast, sondern geht in *R.U.R.* auf zahlreiche Herausforderungen ein, die die Erschaffung von Robotern mit sich bringt. Der Plot seines Stücks läuft letztlich auf eine Revolte der Roboter hinaus, die die Weltherrschaft anstreben. Čapek wirft darüber hinaus zahlreiche weitere philosophische Fragen auf, etwa die nach dem Wesen ›des‹ Menschen, nach der Verantwortung der Wissenschaftlerinnen und Wissenschaftler für ihre künstlichen Kreaturen sowie danach, was es heißt, eine emotionale Bindung zu einem anderen Wesen einzugehen. So endet sein Stück beispielsweise mit einer Liebesbeziehung, die sich zwischen zwei Robotern anbahnt. Damit ist in dem durch Čapek begründeten historischen Verständnis vom Roboter eine breite Grundlage für die Diskussionen angelegt, die in den sich anschließenden Jahrzehnten aufkommen sollten.

Den folgenden Ausführungen liegt eine erweiterte Version einer von Catrin Misselhorn (2013: 43) vorgeschlagenen Definition zugrunde, der zufolge ein Roboter eine elektro-mechanische Maschine ist, die a) über einen *eigenständigen Körper* und b) über mindestens einen *Prozessor* verfügt, c) *Sensoren* hat, die Informationen über die Welt sammeln, d) sowie über *Effektoren oder Aktoren* verfügt, die Signale in mechanische Abläufe übersetzen. Das Verhalten eines Roboters e) ist oder erscheint zumindest *autonom,* und er kann f) in seine Umgebung hineinwirken beziehungsweise physisch auf sie *Einfluss* nehmen. Dieses Verständnis ist nicht unproblematisch, sind doch einige der angeführten Bedingungen (wie beispielsweise Verkörperung, Autonomie und Einflussmöglichkeit) mehrdeutig und daher mindestens erklärungsbedürftig. Auch schließt es häufig als Roboter bezeichnete artifizielle Systeme wie etwa Computer, Chatbots, medizinische Assistenzsysteme und ferngesteuerte Drohnen aus. Damit eröffnet es den großen Graubereich, der von Technikphilosoph*innen ausgeleuchtet zu werden verdient und in dem der Science-Fiction-Schriftsteller Isaac Asimov bereits die roboternahe Sphäre vermutet hat, in der wir auch weiteren Verwandten und Bekannten der Roboter begegnen (1982: 53).

Nach der hier vorgeschlagenen Definition handelt es sich also um keinen Roboter im eigentlichen Sinne, wenn eine der genannten Bedingungen a) bis f) nicht vorliegt: So erfüllen Computer etwa nicht die Bedingung f). Die Art und Weise der Verkörperung spielt hingegen keine Rolle, Roboter gibt es in jeder denkbaren Gestalt, die humanoiden unter ihnen werden Androidinnen und Androiden genannt (Drux 1988). Computer sind im übertragenen Sinn eher das ›Gehirn‹ eines Roboters, so wie Algorithmen metaphorisch gesprochen etwa deren ›mentale Verhaltensmuster‹ und ›gelernte Abläufe‹ darstellen, nicht aber den eigentlichen Roboter selbst. Künstlichen Systemen wie beispielsweise dem chirurgischen Assistenzsystem *DaVinci* und ebenso Drohnen mangelt es an der Autonomiebedingung e) (Jordan 2017: 31, 59, 262-266). Die Bedingungen a) bis f) sind im Einzelnen notwendig und gemeinsam hinreichend für die in dieser Studie verwendete enge Definition von »Roboter«. Auf den folgenden Seiten werden insbesondere die philosophisch herausfordernden Facetten dieser Definition betrachtet, wie etwa das Autonomieverständnis (Kapitel 2.1) sowie das, was mit Einfluss gemeint ist (Kapitel 3.1 und 3.2).

An der einen oder anderen Stelle (insbesondere in Kapitel 1) wird diese Einführung auch Roboter in einem weiteren Sinne (also

Entitäten, bei denen eine oder mehrere der Bedingungen nicht erfüllt sind) zumindest streifen. Es geht weniger darum, strikt zwischen Robotern und Nichtrobotern zu differenzieren. Würden wir den Begriff »Roboter« jedoch generell in einem weiten Sinn verstehen, wozu auch die Alltagssprache neigt, dann kämen wir vermutlich dahin, ihn als generell deckungsgleich mit »Maschine« anzusehen.[10]

Ich bin mehreren Personen zu großem Dank verpflichtet, die mich bei der Entstehung dieses Buches unterstützt und mir mit Rat und ihrer Einschätzung zur Seite gestanden haben: John-Stewart Gordon, Isabella Hermann, Eric Hilgendorf, Tanja Kubes, Lara Lammer, Wulf Loh, Susanne Steigler und Mia Steinfeldt danke ich für ihre ausnehmend kritische Lektüre des Manuskripts, die unumwunden vorgebrachten Verbesserungsvorschläge, zahlreiche Literaturtipps, ihre Hinweise und Korrekturen, die meine Argumentation geschärft haben und insbesondere für die Diskussion meines Ansatzes sowie ihre wiederholten Aufforderungen zu mehr Genauigkeit und Ausführlichkeit. Durch das Team der Technik- und Medienphilosophie an der Universität Wien um Mark Coeckelbergh wurde mir ein sehr produktiver Raum zur Arbeit am und zum Austausch über das Buch gegeben, der nicht zuletzt auch durch meine Student*innen und die mit ihnen geführten Gespräche belebt und bereichert wurde. Auch möchte ich ausdrücklich meinem Lektor, Jan-Erik Strasser, für die hervorragende Zusammenarbeit im Allgemeinen sowie die sensible Lektüre des Manuskripts im Besonderen danken.

---

10 Ähnliche Definitionsvorschläge für »Roboter« finden sich bei Bekey 2005: 2; Breazeal 2004; Jordan 2017: 41-59; Mataric 2007: 2; Remmers 2018.

1. Bereiche der Robotik und ihre ethischen Fragen

Diese Studie fokussiert die drei Hauptarbeitsfelder der Roboterethik sowie Rolle und Funktion der Verantwortung in diesen. Zuvor wird nun ein Einblick in fünf Sektoren der Robotik und die dort aufgeworfenen ethischen Fragen gegeben, nämlich Robotik und Arbeit (paradigmatisch an der Industrierobotik diskutiert), autonomes Fahren, Medizin-, Therapie- und Pflegerobotik (als exemplarisch für den Großbereich der *Social Robotics*), Sexrobotik sowie Militärrobotik. Denn es existiert nahezu kein Bereich des menschlichen Alltags, in den Roboter (mit mehr oder minder ausgeprägter Autonomie sowie unterschiedlich differenzierten Lern- und Interaktionsfähigkeiten) noch nicht Einzug gehalten hätten. In den Kapiteln 2 und 3 werde ich wiederholt auf diese fünf exemplarischen Bereiche der Robotik zurückkommen. Weitere Sektoren der Robotik, die hier nicht in den Blick genommen werden können, sind beispielsweise Haushaltsrobotik, Robotik in der Bildung, Robotik als Spielzeug oder Robotik in Kunst, Literatur, Film und Musik (Ichbiah 2005; Jordan 2017: 61-98; Ceppi 2019; McNulty 2019; Verdicchio 2019).

Ausgehend von der seit Karel Čapek und dessen Theaterstück *R.U.R. Rossum's Universal Robots* (1921) ersten Dimension des menschlichen Alltags, in die Roboter signifikant eingebunden worden sind, der *Industrierobotik*, geht das Thema *Robotik und Arbeit* inzwischen weit über die Industrie im engen Sinne hinaus. *Autonome Fahrassistenzsysteme* finden in der öffentlichen Diskussion breite Resonanz, wird doch seit einiger Zeit auch im deutschsprachigen Raum verstärkt über ihre serienmäßige Produktion und Vermarktung nachgedacht. Bereits in der Gegenwart werden Roboter-Assistenzsysteme für *Medizin, Therapie und Pflege* entwickelt, wo sie die Pfleger*innen etwa bei körperlich anstrengenden Tätigkeiten unterstützen sollen. Darüber hinaus arbeitet man gerade in diesem Sektor an autonomen artifiziellen Systemen, die eigenständig in Privathäusern zum Einsatz gebracht werden, dort körperlich beziehungsweise geistig eingeschränkten Menschen in ihrem Alltag zur Hand gehen und unter Umständen sogar soziale Interaktionspartnerinnen und -partner sein sollen. Mit Robotern sexuellen Umgang zu haben, stellt vielleicht für viele Menschen derzeit weder eine alltagstaugliche noch gewünschte Option dar. Dennoch findet die *Sexrobotik* zunehmend größere Verbreitung. Darüber hinaus lassen sich mit ihr im Fokus einige grundlegende Fragen über die Möglichkeit von emotionalen Beziehungen mit Robotern auf den Punkt bringen, die auch in den Kapiteln 2.2 und 2.3 besprochen werden. In die Entwicklung der *Militärrobotik* schließlich fließen nicht nur beeindruckende finanzielle Summen, hier werden auch brisante Themen über den Einsatz artifizieller Systeme, die im wahrsten Sinne des Wortes über Leben und Tod zu entscheiden haben, virulent.

ROBOTIK UND ARBEIT (INDUSTRIEROBOTIK): In dem ersten etablierten Bereich der Robotik, nämlich der Industrie, sollen Roboter bislang vor allem diejenigen Arbeiten übernehmen, die als »dull, dangerous, and dirty« gelten, also als »langweilig, gefährlich und schmutzig«, wobei alles andere als ausgemacht ist, welche Tätigkeiten hierunter fallen (Marr 2017). Vor dem Hintergrund der sogenannten Industrie 4.0[1] sowie eines immer verbreiteteren Einsatzes von Maschinen in immer mehr und immer unterschiedlicheren Aufgabenbereichen wird schon seit längerem befürchtet, dass Roboter den Menschen ganz generell ihre Arbeit streitig machen werden (Brzeski/Burk 2015; Frey/Osborne 2013).

Langweilige, da repetitive und monotone, schmutzige und nicht zuletzt gefährliche Tätigkeiten an den Montage- und Fließbändern, in den Produktions- und Lagerhallen der Industrie werden bereits heute vermehrt von Robotern ausgeführt (Ichbiah 2005: 204-255; Jordan 2017: 219-242). Die *Kuka*-Roboter in der Automobilindustrie und die *Amazon*-Lagerroboter stehen exemplarisch für diesen Sachverhalt (Brodnig 2018; Knop/Jansen 2017).[2]

---

[1] »Industrie 4.0« meint die technologische Transformation der menschlichen Arbeitswelt durch Digitalisierung und Automatisierung über die Einführung miteinander vernetzter algorithmischer Systeme, die von der direkten Interaktion mit Menschen weitestgehend absehen können (Brynjolfsson/McAfee 2011; Ford 2015; LaGrandeur/Hughes 2017; Rickmann 2019; Sennett 2011; Stiegler 2016).

[2] Aber auch andere Professionen sind durch Facetten der Digitalisierung betroffen; befristete Arbeitsverträge, flexible Arbeitszeiten, die dazu führen, dass Menschen ganz selbstverständlich auch am Wochenende, an Feiertagen und zu in den jeweiligen Bereichen ungewohnten Tageszeiten arbeiten, ständige Erreichbarkeit sowie steigender Zeit- und Termindruck – die Transformation der Work-Life-

Das Thema Robotik und Arbeit wirft einige fundamentale philosophische Fragen auf: Welchen Wert hat Arbeit für uns? Unter welchen Bedingungen sind wir bereit, welche Tätigkeiten in welchem Ausmaß auszuüben? Was ist gute und was ist entfremdete Arbeit? Welchen Wandel insbesondere auch in der Bildung müsste eine Gesellschaft durchlaufen, um die zukünftigen Generationen auf das Zeitalter der Automation hinreichend vorzubereiten? Mit welchen Herausforderungen werden wir an der Schnittstelle von Arbeit im Zeitalter der Automation, Robotik und Menschen, die sich als Frauen definieren, konfrontiert? Wie lässt sich eine Gesellschaft ohne Arbeit und etwa auf der Grundlage eines bedingungslosen Grundeinkommens denken?

Die Philosophin Hannah Arendt hat in ihrem Buch *Vita activa oder Vom tätigen Leben* (1960) zwischen drei menschlichen Tätigkeitsweisen differenziert: *Arbeiten* als alles, was wir für unser Überleben tun (die Produkte des Arbeitens werden konsumiert), *Herstellen* als all das, was wir mit einer leitenden Vision planend tun (die Ergebnisse des Herstellens sind nicht zum Verzehr gedacht), *Handeln* als das, was Menschen nur gemeinsam sprechend tun, alles, was nicht eigentlich geplant oder produziert werden kann, sondern spontan zwischen Menschen entsteht und in letzter Konsequenz unkontrollierbar ist. Alle drei Weisen des Tätig-Seins sind gleichermaßen wichtig und lassen sich nicht aufeinander reduzieren, Arbeiten, Herstellen und Handeln sind Teil des menschlichen Daseins. Umso tragischer ist, so Arendt, der Schwund des Handelns und die allgemeine Transformation der Herstellungs- in Arbeitsprozesse, die sie in *Vita activa* für die Gegenwart konstatiert. Die Menschen – so Arendts kapitalismuskritisch treffende Diagnose – würden nichts mehr im eigentlichen Sinne tun oder herstellen, was Dauerhaftigkeit und die Stabilität der menschlichen Welt garantiere, sondern all ihr Treiben verlöre sich letztlich in endlosen Konsumschleifen. Der letzte Schritt dieser bereits zu einer Arbeitergesellschaft degenerierten Ansammlung von Stakeholdern, die nicht wirklich mehr miteinander lebten und handelten, sondern nur noch nebeneinander her vegetierten, ist die Abgabe der Arbeit

Balance zu einer, wie Oliver Suchy, Leiter des Projekts *Arbeit der Zukunft* beim DGB-Bundesvorstand, sagt, Work-Life-*Integration* –, sind de facto bestehende Tatsachen des Berufsalltags Vieler, Burn-Out und Depression oft die langfristigen Konsequenzen.

an die Maschinen. Was könnte schlimmer sein, fragt Arendt, als eine Welt, in der wir bereits vergessen haben, wie wir die Zeit, in der wir nicht arbeiten, überhaupt verbringen wollen? Was weiß das *Animal Laborans*, zu dem der Mensch der Gegenwart verflacht ist, mit sich anzufangen, wenn man ihm nun auch noch seine Arbeit nimmt (2014 [1960]: 12-13)?

Anhand dieser kurzen Ausführungen zeigt sich, inwiefern die ethischen Fragen, die sich im Sektor der Industrierobotik und ganz allgemein in der Auseinandersetzung mit dem Thema Robotik und Arbeit stellen, auf Herausforderungen der modernen Massengesellschaft antworten, die unabhängig von der Roboterethik bestehen. Angesichts der umfassenden Einführung artifizieller Systeme in die Arbeitswelt werden diese Probleme allerdings in bislang nicht dagewesener Weise akut.[3]

AUTONOMES FAHREN: Seit einigen Jahren erhält die Debatte um autonome Fahrassistenzsysteme auch im deutschsprachigen Raum vermehrt Aufmerksamkeit, denn es scheint absehbar, dass schon bald selbstfahrende Fahrzeuge das Straßenbild prägen werden.[4] Dabei ist es mittlerweile üblich, von fünf Stufen des automatisierten Fahrens zu sprechen: *assistiertes Fahren*, das derzeit bei den meisten Autos etwa in Form eine Tempomats bereits möglich ist, *teilautomatisiertes Fahren*, *hochautomatisiertes Fahren*, *vollautomatisiertes Fahren* sowie schließlich *fahrerloses Fahren* (Dahlmann 2016). Bislang schreibt das seit 1968 international gültige *Wiener Übereinkommen über den Straßenverkehr* den Fahrzeugführerinnen und -führern explizit die uneingeschränkte und dauernde Kontrolle des Fahrzeugs vor. Doch die seit 2014 an dem *Wiener Abkommen* vorgenommenen Modifikationen sollen das teilautomatisierte Fahren (zweite Stufe des automatisierten Fahrens) in naher Zukunft ermöglichen. Seit 2016 sind selbstfahrende Autos zulässig, die zu jeder Zeit durch die Fahrzeugführer*innen überstimmt und abgeschaltet werden können (Hilgendorf 2018a, 2018b, 2018c).

Das autonome Fahren verspricht die radikale Reduktion von

---

[3] Zu den philosophischen Fragen siehe Bendel 2015a; Gunkel 2017; Honneth 2008; Jaeggi 2016; Jaeggi/Kübler 2014; Marx 2015 (1867), 2009 (1844); May 2014; Misselhorn 2017; Notz 2011; Reuter 2016; Van Parijs/Vanderborght 2017; Wajcman 2006.

[4] Vgl. hierzu Jordan 2017: 137-181. Die folgenden Ausführungen beruhen z. T. auf einem gemeinsamen Text mit Andreas Herrmann (Herrmann/Loh 2018).

Unfällen im Straßenverkehr, die zu etwa 90 Prozent auf menschliches Versagen zurückgehen. Aber auch die besten autonomen Autos (so die realistische Einschätzung) werden Unfälle verursachen, allein aufgrund von Materialversagen. Auch können Fehler in der Software dazu führen, dass das Fahrzeug zu stark abbremst oder beschleunigt. Um Kollisionen im Straßenverkehr zu vermeiden, halten die Verkehrsordnungen vieler Länder die Fahrerinnen und Fahrer zu einem rücksichtsvollen und vorsichtigen Fahrverhalten an. Dies kann immerhin in einem bestimmten Ausmaß gelernt und geübt werden, wenn dadurch auch Spontanität und reflexartiges Reagieren in brenzligen Situationen nur äußert bedingt kalkulierbar und gegebenenfalls vermeidbar sind. Autonome Autos müssen über moralische Prinzipien verfügen, die man ihnen zuvor einprogrammieren muss, um bei drohender Gefahr im Straßenverkehr über das angemessene Fahrmanöver entscheiden zu können. Das bedeutet, dass, neben der Schwierigkeit, die nahezu unübersehbare Zahl von Szenarien im Straßenverkehr zu erfassen, im Vorhinein moralische Grundsatzentscheidungen zu treffen sind. So ist beispielsweise ein Auto, das die Sicherheit seiner Insass*innen über alles andere stellt, gesellschaftlich ebenso wenig akzeptabel wie ein Fahrzeug, das generell seine Passagiere opfert, um andere Verkehrsteilnehmerinnen und -teilnehmer zu retten. Zu einer Beantwortung der ethischen Fragen, die in das autonome Fahren involviert sind, wurde in Deutschland die weltweit erste Ethikkommission zum autonomen Fahren geschaffen, die 2017 ihren ersten Bericht vorlegte.

Im Mittelpunkt der Diskussion um die ethischen Grundsätze für das autonome Fahren steht gegenwärtig das sogenannte Trolleyproblem, das auf ein philosophisches Gedankenexperiment von Philippa Foot beziehungsweise auf die Strafrechtler Hans Welzel und Karl Engisch[5] zurückgeht (Engisch 1930; Foot 1967; Welzel 1951). Das Trolleyszenario ist ein beliebter Referenzpunkt in der Roboterethik, insbesondere in den beiden traditionellen Arbeitsfeldern (Kapitel 2.1 und 2.2), und findet in der Gegenwart vor allem in der Debatte um autonome Fahrassistenzsysteme erneut großen Anklang, wenn es dort auch häufig leider als eine Art Rätsel missverstanden wird, das man lösen muss, bevor man weiter über die

---

5 Ich danke Eric Hilgendorf für diesen Hinweis.

mögliche Einführung autonomer Autos nachdenken kann. Das Gedankenexperiment befragt uns allerdings lediglich über unsere Intuitionen – genauer darüber, ob wir einen außer Kontrolle geratenen Zug, der eine Gruppe Menschen zu überrollen droht, absichtlich so umleiten sollten, dass nur eine einzelne Gleisarbeiterin beziehungsweise ein einzelner Gleisarbeiter zu Tode kommt. Dahinter steht unter anderem die Überlegung, ob man in einer Gefahrensituation den Tod einiger Menschen in Kauf nehmen darf, um viele zu retten. Was hier den Ausschlag geben soll, wurde immer wieder in verschiedenen Varianten und mit der Charakterisierung der beteiligten Personen nach spezifischen Merkmalen wie etwa Alter, Geschlecht und Beruf überlegt. Sobald selbstfahrende Autos verbreitet sind, könnte dieses Problem auch jederzeit im Straßenverkehr auftreten (wenn auch die Ethikkommission diskriminierenden Szenarien mit guten Gründen einen ersten Riegel vorgeschoben hat; dazu weiter unten). Man denke etwa an ein autonomes Auto, vor dem plötzlich drei Kinder die Straße überqueren. Ein Zusammenprall erscheint unvermeidlich, da der Bremsweg des Fahrzeugs zu lang ist und es aufgrund parkender Autos nicht nach rechts ausweichen kann. Ein Ausweichen auf die Gegenfahrbahn würde allerdings zu einer Kollision mit einer älteren Fahrradfahrerin führen. Was ist in einer solchen Situation zu tun? Für welches Manöver sollte sich der Algorithmus entscheiden? Bislang trifft die Fahrerin beziehungsweise der Fahrer solche Entscheidungen reflexartig, da sie oder er keine Zeit zum Durchdenken ethischer Probleme hat. Beim autonomen Fahren entscheiden hingegen die zuvor einprogrammierten Algorithmen.

Ein (utilitaristischer) Zugang im geschilderten Fall besteht darin, die Fahrradfahrerin zugunsten der drei Kinder zu ›opfern‹, da man möglichst wenige Menschenleben beklagen möchte und zudem die Kinder im Unterschied zur Fahrradfahrerin ihr ganzes Leben noch vor sich haben. Diese Aufrechnung von Menschenleben verstößt jedoch nicht nur gegen die moralische Intuition vieler Menschen, sondern auch gegen das im Grundgesetz verankerte Prinzip der Menschenwürde. Menschen sind aufgrund ihrer Würde unendlich viel wert, und Unendlichkeit lässt sich nicht addieren. Die Überzeugung, Menschenleben nicht gegeneinander aufzusummieren, geht auf den Philosophen Immanuel Kant zurück, ist ein Grundgedanke der deontologischen Ethik (steht als solche also dem utilitaristischen Denken entgegen) und fester Bestandteil zahlreicher Rechtssysteme. Allerdings stößt auch diese Position an die Grenzen der moralischen Intuition, was sich zum Beispiel dann zeigt, wenn den möglichst wenigen zu rettenden Menschen möglichst viele geopfert werden. Irgendwann sehen sich viele Menschen zu dem Eingeständnis genötigt, dass die Anzahl doch irgendwie relevant ist, und verfallen damit dem utilitaristischen Kalkül, das die zu opfernde Person instrumentalisiert. Was sollten die Hersteller*innen von selbstfahrenden Autos tun? Wie sind die Algorithmen zur Fahrzeugsteuerung zu programmieren? Die Ethikkommission hat jedenfalls darauf hingewiesen, dass von der utilitaristischen Quantifizierung von Menschenleben anhand gleich welcher Kriterien unbedingt abzusehen ist, und entspricht damit dem im Grundgesetz verankerten deontologischen Prinzip von der Unantastbarkeit der menschlichen Würde.[6]

Bereits heute sind die Fahrzeugherstellerinnen und -hersteller darauf bedacht, dass es erst gar nicht zu Unfällen im Straßenverkehr kommt. Die Steuerungssysteme sind defensiv programmiert, das heißt, dass im Zweifel sofort gebremst und die Geschwindigkeit stets der Verkehrssituation angepasst wird. Kommt es dennoch zu einer Gefahrensituation, sollte in Übereinstimmung mit dem Grundgesetz sowie den Leitlinien der Ethikkommission keine in der Programmierung verankerte Bemessung der möglichen Opfer anhand gewisser Qualitäten erfolgen. Stattdessen ist das Steuerungssystem so auszurichten, dass es auf ein sicheres Ausweichmanöver abzielt. Ist dies nicht möglich, sollte die Geschwindigkeit in der Fahrspur und damit die Kollision maximal reduziert, allerdings die ursprüngliche Fahrtrichtung beibehalten werden, unabhängig davon, wer in diesem Fall zu Schaden kommt.

Gerät ein selbstfahrendes Auto in einen Unfall, kann die lenkende Person nicht mehr haftbar gemacht werden. Doch auch der Algorithmus, der das Fahrzeug steuert, ist nicht schuldfähig – bleiben also nur die Hersteller*innen. Jedoch lässt sich retrospektiv eine Schadenverursachung durch das System kaum mehr auf die ursprüngliche Programmierung oder das spätere selbständige

---

6 »Bei unausweichlichen Unfallsituationen ist jede Qualifizierung nach persönlichen Merkmalen (Alter, Geschlecht, körperliche oder geistige Konstitution) strikt untersagt. Eine Aufrechnung von Opfern ist untersagt« (Ethikkommission Automatisiertes und Vernetztes Fahren 2017: 11).

Dazulernen (das Trainieren durch Benutzung) zurückführen. Das Europaparlament arbeitet deshalb aktuell an einem Konzept, das es erlaubt, (einigen) Robotern, vergleichbar juristischen Personen, einen »Status als elektronische Personen« zuzuschreiben (Europäisches Parlament 2014-2019), analog zu einer Aktiengesellschaft, die ja ebenfalls kein Mensch, aber gleichwohl handlungs- und haftungsfähig ist. Selbstlernende Systeme müsste man öffentlich registrieren, über ein Vermögen verfügen lassen und mit einer obligatorischen Haftpflichtversicherung ausstatten. Man wird künftig vermutlich vermehrt über eine solche *electronic personhood* nachdenken, je mehr Situationen auftreten, in denen das bestehende Recht nicht mehr ausreicht.[7]

MEDIZIN-, THERAPIE- UND PFLEGEROBOTIK: Schon heute werden zahlreiche Assistenzsysteme eingesetzt, die die in den Sektoren Medizin, Therapie und Pflege tätigen Menschen in ihrer oftmals körperlich und geistig überaus fordernden Arbeit unterstützen. Von Hebe- und Transportsystemen über Programme, die in der Entscheidungsfindung hinsichtlich eines Einsatzes von Medikamenten beraten (Anderson u. a. 2006a, 2006b), bis hin zu Therapierobotern, die die Kommunikation mit den Patient*innen fördern – ein sich seit gut 15 Jahren beständig entwickelndes Feld, in dem Roboter auf vielfältige Weise eingesetzt werden, ist etwa die Therapie von Kindern mit Autismus (Richardson u. a. 2018; kritisch Elder 2017) –, existiert ein breites Spektrum an artifiziellen Systemen für eine Vielzahl unterschiedlicher Aufgaben in Krankenhäusern, Therapie- und Pflegeeinrichtungen (Ichbiah 2005: 350-389; Khetrapal 2019; Klein u. a. 2018; Weidner u. a. 2015). Das *DaVinci*-Operationssystem assistiert beispielsweise bei der Durchführung minimalinvasiver urologischer und gynäkologischer Operationen und wird derzeit an mehreren deutschen Universitätskliniken eingesetzt. Jedoch handelt es sich dabei im engen Sinne gar nicht um einen Roboter, denn die vier Arme der Maschine, die über eine von einer Chirurgin oder einem Chirurgen bediente Steuerkonsole gelenkt werden, lassen sich weder programmieren, noch sind sie in der Lage, eigenständig zu agieren. Damit verfügt das *DaVinci*-Sys-

---

7 Zum autonomen Fahren sowie zum Trolleyproblem siehe Bhargava/Kim 2017; Both/Weber 2014; Hevelke/Nida-Rümelin 2015a, 2015b; Hötitzsch/May 2014; Knoll 2008; Loh/Loh 2017; Maurer u. a. 2015; Millar 2017; Misselhorn 2018a: 184-204.

tem noch nicht einmal in einem schwachen Sinn über Autonomie (die Bedingung e); siehe Einleitung und Kapitel 2.1), unterliegt es doch der permanenten Kontrolle der Chirurgin beziehungsweise des Chirurgen. Die artifizielle Robbe *Paro* ist hingegen ein Beispiel für einen echten Pflegeassistenz*roboter*. *Paro* ist einer jungen Sattelrobbe nachempfunden und wird vorrangig in der (Alten-)Pflege und (Alten-)Therapie assistierend genutzt, denn insbesondere demenzkranke Menschen, die dazu neigen, sich von ihren menschlichen Betreuer*innen zu isolieren, öffnen sich ihr gegenüber. *Paro* reagiert auf äußere Reize, kann seinen Kopf, Schwanz sowie die Augen bewegen, Namen lernen und robbenähnliche Geräusche von sich geben (Ichbiah 2005: 406-407; Schulz/Barth 2006; Shibata/Wada 2011; Wada u. a. 2008).

Über die Arbeit mit Assistenzsystemen hinaus werden derzeit Pflegesysteme entwickelt, die direkt in den Privathäusern von Patientinnen und Patienten, älteren beziehungsweise geistig oder körperlich eingeschränkten Menschen zum Einsatz kommen sollen. Solche Roboter (wie etwa der *Care-O-bot*; siehe dazu Ackermann 2015; Misselhorn 2018a: 137), die für eine Vielzahl an Tätigkeiten in Haushalt und Pflege vorgesehen sind, existieren bislang allerdings lediglich als Prototypen.

Insgesamt steht die Robotik in Medizin, Therapie und Pflege exemplarisch für den Großbereich der *Social Robotics* (Breazeal 2002; Duffy 2008, 2004; Fong u. a. 2003; Markowitz 2015; Seibt u. a. 2016). Damit sind insbesondere solche Maschinen gemeint, die sich in direkter Interaktion mit Menschen befinden und zumeist in deren intimem Nahbereich die Rolle von artifiziellen Gefährt*innen[8] übernehmen sollen. Bezüglich der unmittelbaren Nähe zu ihren menschlichen Nutzerinnen und Nutzern sowie der delikaten Aufgaben, mit denen soziale Roboter vor allem in Medizin, Therapie und Pflege betraut sind, wie etwa die Assistenz beim Toilettengang, die Überwachung von Wasch- und Hygienetätigkeiten sowie das Umlagern, ergeben sich mehrere ethische Fragen: Wie autonom sind Patient*innen, deren Einnahme von Medikamenten etwa durch ein artifizielles Pflegesystem überwacht wird? Wird ihre Autonomie hinsichtlich einer freien Entscheidung zur Einnahme

---

8 Im Folgenden werden auch Roboter gegendert, da sie in vielen Fällen mit einem eindeutigen Geschlecht konstruiert werden, woraus sich eigene ethische Herausforderungen ergeben (exemplarisch zu sehen an der Sexrobotik).

oder Verweigerung der Medikamente gegebenenfalls eingeschränkt zugunsten ihrer Autonomie, sich frei in ihrer eigenen Wohnung bewegen zu können und nicht an ein Krankenhausbett oder Altenpflegeheim gebunden zu sein, wo sie rund um die Uhr überwacht werden würden? Wie sollte sich ein Roboter im Fall einer Verweigerung konkret verhalten (sollte er etwa die Patientin oder den Patienten zwingen, ihre beziehungsweise seine Medikamente einzunehmen oder Verwandte oder Ärzt*innen benachrichtigen)?

Weitere ethische Herausforderungen betreffen das Design der Maschinen: Die menschliche (*Anthropomorphismus*; Kapitel 2.2) oder tierische (*Zoomorphismus*) Gestalt sozialer Roboter begünstigt die von den Konstrukteurinnen und Konstrukteuren durchaus gewollte Möglichkeit einer emotionalen Bindung an die Maschinen. Es stellt sich damit allerdings die Frage, inwiefern sich ein artifizielles System überhaupt in einem genuinen Sinn als Gegenüber, mit dem man eine Beziehung oder gar Freundschaft eingehen kann, verstehen lässt und ob diejenigen, die behaupten, sich in einer solchen Beziehung zu befinden, nicht eigentlich einen Kategorienfehler begehen, indem sie dem unbelebten Objekt Kompetenzen zuschreiben, über die es schlicht nicht verfügt. Ebenfalls über ihre menschliche oder tierische Gestalt verstärkt werden Gefühle der Scham und des Vertrauens (Kapitel 3.1), die mit Blick auf Roboter eventuell ungerechtfertigt sind (das bleibt zu diskutieren), da es sich wie gesagt um künstliche Artefakte handelt, die weder verstehen, was Scham ist, noch angemessen darauf zu reagieren in der Lage sind. Daher ist es vielleicht auch übertrieben, ihnen zumindest in einem starken Sinn Vertrauen entgegenzubringen – allenfalls noch Materialvertrauen, das man metaphorisch auch in alle anderen technischen Werkzeuge zu investieren bereit ist, ließe sich, so die Kritik, rechtfertigen.

Weitere ethische Fragen betreffen die Sicherheit der Patientendaten, die von den Pflegesystemen gespeichert werden, sowie die mit Blick auf die Industrierobotik angesprochenen Themen einer angemessenen Gestaltung der Pflegeberufe beziehungsweise einer Auseinandersetzung mit der Frage, ob und unter welchen Bedingungen die Tätigkeiten in Medizin, Therapie und Pflege auch weiterhin vorrangig von Menschen ausgeübt werden sollten. Ebenso wie mit Blick auf den ersten Bereich der Robotik sind damit auch hier (feministische) Herausforderungen angesprochen, vor die sich insbesondere Menschen, die sich als Frauen verstehen, durch die Automatisierung und Digitalisierung bestimmter Berufe gestellt sehen.[9]

SEXROBOTIK: Für die meisten Menschen mag die Sexrobotik wie pure Science-Fiction klingen. In der Tat existieren jedoch immerhin bereits einige große internationale Unternehmen, die Sexroboter serienmäßig herstellen und vertreiben. Der Robotiker Douglas Hines hat 2010 mit *Roxxxy* den weltweit ersten Sexroboter auf den Markt gebracht.[10] *Roxxxys* interaktive Fähigkeiten wie »zuhören beziehungsweise verstehen was du sagst, sprechen, deine Berührung spüren, ihren Körper bewegen, beweglich sein sowie Gefühle und eine Persönlichkeit haben« zeichnen sie als einen sozialen Roboter und die Sexrobotik im Allgemeinen als Spezialbereich der oben beschriebenen *Social Robotics* aus. Obwohl Roxxxy durch die Interaktion mit ihren Nutzer*innen eine eigene Persönlichkeit (beziehungsweise so viele unterschiedliche Rollen wie gewünscht) zu entwickeln in der Lage sein soll, kann man ihr auch eine von fünf vorprogrammierten Persönlichkeiten geben, nämlich *Wild Wendy*, *S&M Susan*, *Mature Martha*, *Frigid Farah* und *Young Yoko*. Daneben lässt sie sich mit unterschiedlichen Frisuren und Haarfarben ausstatten. Neben den oben genannten Fähigkeiten soll *Roxxxy* auch imstande sein, eine »Unterhaltung zu führen«, »ihre Geschlechtsteile [zu] bewegen, während sie ›benutzt‹ wird« und sogar »einen Orgasmus [zu] haben« (TrueCompanion 2019). Ihr aktueller Preis liegt bei knapp $10 000. Laut Homepage des Herstellers existiert auch eine männliche Variante, *Rocky*, über die allerdings nahezu keine Informationen bereitgestellt werden.

Auch Matt McMullens Sexroboter *Harmony* wird als »perfekte Gefährtin« beschrieben, die nach Aussehen und Persönlichkeit den individuellen Bedürfnissen ihrer Nutzerinnen und Nutzer ange-

---

9 Zu den ethischen Fragen der Robotik in Medizin, Therapie und Pflege siehe Bendel 2019b, 2018a, 2015b; Boeker 2013; Borenstein u. a. 2017; Coeckelbergh 2013; Decker 2008; Draper/Sorell 2017; Gallagher u. a. 2016; Kirkpatrick u. a. 2017; Meacham/Studley 2017; Metzler u. a. 2016; Misselhorn 2018a: 136-155; Misselhorn u. a. 2013; Petersen 2012; Santoni de Sio/van Wynsberghe 2016; Scorna 2015; Stahl/Coeckelbergh 2016; van Rysewyk/Pontier 2015; van Wynsberghe 2016; Wilks 2010.

10 David Levy (2013) diskutiert, ob es *Roxxxy* tatsächlich gibt. Ich danke Susanne Steigler für diesen Hinweis, und auch Tanja Kubes hat mich darauf aufmerksam gemacht, dass es sich bei TrueCompanion um eine Scheinfirma handeln könnte.

passt werden kann. Noch mehr als *Roxxxy* ist *Harmony* »in vielen Gesprächsthemen bewandert und dazu gemacht, Unterhaltungen zu führen. Auch lernt sie mit der Zeit« (Realbotix 2019; siehe auch Danaher 2017a: 7). Auch für *Harmony* kann man zwischen zehn vorprogrammierten Charakteren wählen, sie kostet mehr als $ 5000, und es sollen auch männliche sowie Transgender-Versionen dieses Sexroboters existieren.

Der Sexroboter *Samantha*, der über ähnliche Features verfügt wie *Roxxxy* und *Harmony*, wurde unlängst mit einem »Moralkodex« und damit der Möglichkeit versehen, »Nein« zu sagen. Und schließlich wäre noch LumiDolls Sexroboter *Kylie* zu nennen, der aufgrund überdimensioniert großer Brüste auch als *Kuh-Kylie* bekannt ist (Mlot 2018; Morgan 2017).

Mit der Entwicklung von Sexrobotern gehen zahlreiche ethische Fragen einher, die sich nicht auf den feministischen Diskurs beschränken, auch wenn dieser zuweilen von einigen prominenten Vertreter*innen dominiert wird. Die Roboterethikerin Kathleen Richardson hat beispielsweise 2015 die *Campaign Against Sex Robots* ins Leben gerufen und vertritt ein radikal-feministisches Argument gegen Sexroboter im Allgemeinen, denn sie versteht diese »als Teil einer größeren Kultur der Ausbeutung und Objektifizierung, wodurch eine Kultur der Vergewaltigung bestärkt und der Handel mit Sex normalisiert wird« (Murphy 2017; siehe auch Murray 2017). Durch Roboter wie *Roxxxy*, *Harmony* und *Kylie*, insbesondere veranschaulicht an *Roxxxys* fünf (und *Harmonys* zehn) Persönlichkeitsmodi sowie an *Kylies* diskriminierendem Spiznamen, werden in der Tat höchst fragwürdige Geschlechterstereotype perpetuiert und heteronormative, patriarchale, Frauen instrumentalisierende und diskriminierende Machtstrukturen bestätigt. Denn natürlich, so ließe sich mit Richardsons Argumentation weiterdenken, ist *Samanthas* sogenannter Moralkodex kein echter Kodex, sondern kann im Gegenteil Nutzerinnen und Nutzer sogar dazu einladen, sich über das »Nein« hinwegzusetzen, also Vergewaltigung als gewöhnlichen Ausdruck gelebter Sexualität bestätigen. Spätestens hier wird die in der Einleitung bereits angesprochene Notwendigkeit ethischer Pflicht- und Weiterbildungskurse für angehende sowie bereits als solche tätige Ingenieur*innen offensichtlich (siehe hierzu auch Kapitel 4).

Richardsons Position konträr entgegen stehen einige Denkerinnen und Denker (auch wenn diese die genannten diskriminierenden Genderstereotypen in der Konstruktion existierender Sexroboter keinesfalls bestreiten würden) wie etwa Vanessa de Largie. Die australische Schauspielerin und Sexkolumnistin vertritt insofern ein liberal-feministisches Argument, als ihr zufolge Sexroboter Frauen gerade neue Möglichkeiten geben, sich von existierenden patriarchalen und verobjektivierenden Machtstrukturen zu befreien. De Largie spricht zudem aus leidvoller Erfahrung; eine Vergewaltigung verarbeitete sie mit ihrer Show *Every Orgasm I Have Is A Show Of Defiance To My Rapist*. Sie ziehe es vor, »wenn eine Person ihre Vergewaltigungsfantasie mit einem Sex-Bot auslebt und nicht mit einem Menschen« (de Largie 2017). Ein ähnliches Argument wird mit Blick auf Pädophilie gemacht; vielleicht ließen sich Sexroboter in Kindergestalt als Therapieassistenzsysteme einsetzen, so wie auch Sexroboter im Allgemeinen menschliche Therapeut*innen in ihrer Arbeit mit beispielsweise Traumapatientinnen und -patienten unterstützen könnten. Menschen mit bestimmten körperlichen Einschränkungen wären erst mit Sexrobotern in der Lage, ihre sexuellen Bedürfnisse zu befriedigen, wie vielleicht auch misanthropische Menschen gar in Sexrobotern erstmals eine angenehme und sie zufriedenstellende Form des Gegenübers finden (ÄrzteZeitung 2018; Bendel 2017b; Di Nucci 2017; Eichenberg u. a. 2019; McArthur/Danaher 2017; kritisch Strikwerda 2017).

Schließlich stellen sich mit Sexrobotern ähnliche Fragen hinsichtlich der Möglichkeit, mit ihnen Beziehungen einzugehen, wie bereits mit Blick auf Therapie- und Pflegeroboter. Auch knüpfen sie an das Themenfeld Robotik und Arbeit hinsichtlich der Herausforderungen, vor die beispielsweise die Eröffnung von Sexroboter-Bordellen die Sexindustrie und die dort tätigen Menschen stellt.[11]

MILITÄRROBOTIK: In der Militärrobotik überlagern sich zwei Bereichsethiken, nämlich ein Anwendungsfeld der Roboterethik (die sich mit dem Roboter als moralischem Gegenüber befasst) und die Militär- oder Kriegsethik (als Bereichsethik für einen Sonderbereich des menschlichen Lebens; siehe Einleitung). Die folgenden knappen Ausführungen befassen sich allerdings lediglich mit Aspekten, die Erstere betreffen.

11 Zu den ethischen Fragen, die mit der Sexrobotik einhergehen, arbeiten Bath 2010; Bendel 2019c; Bołtuć 2017; Cheok u. a. 2017; Danaher/McArthur 2017; Kubes 2019a, 2019b; Levy 2012, 2008; Loh 2019c; Scheutz 2012; Wennerscheid 2019; Whitby 2012.

Autonome Waffensysteme werden für die Bewegung in der Luft, dem Meer und auf dem Land entwickelt und stellen weltweit neben der Industrierobotik den Sektor in der Robotik dar, in den die meisten Gelder fließen.[12] Eines der jüngsten Großereignisse in der Debatte um Risiken, rechtliche und ethische Fragen hinsichtlich autonomer Waffensysteme stellte ein Treffen der United Nations Group of Governmental Experts (GGE) über letale autonome Waffensysteme (LAWS) im November 2017 dar, in dem ein etwaiges Verbot aktueller und zukünftiger autonomer Kriegstechnologien diskutiert wurde. Allerdings konnten keine abschließenden Richtlinien formuliert, sondern lediglich »die Notwendigkeit weiterer Gespräche festgestellt« werden (Misselhorn 2018a: 156). Die ethischen Herausforderungen in diesem Bereich lassen sich grob in zwei Fragenkomplexe einteilen: Wer trifft eine Entscheidung über das Agieren eines Roboters beziehungsweise wie lässt sich verhindern, dass Unbefugte die Kontrolle über die Roboter erlangen? Und: Wieviel Autonomie darf ein artifizielles System bekommen?

Das Entscheidungssubjekt in der Interaktion mit Kriegsrobotern: Für gewöhnlich unterscheidet die Debatte zwischen drei Kategorien der Einbindung von Menschen in den Entscheidungsprozess; Menschen sind entweder *in the loop*, *on the loop* oder *out of the loop*. *In-the-Loop*-Systeme unterliegen durchweg der Steuerung und Kontrolle der involvierten menschlichen Parteien, was beispielsweise aktuell bei allen größeren Drohnen der Fall ist (Jordan 2017: 206). Die menschlichen Nutzerinnen und Nutzer sind vollständig in den »Kreislauf« (»loop«) der Tätigkeit des fraglichen Systems eingebunden. Da die *In-the-Loop*-Systeme also noch nicht einmal in einem schwachen Sinn über Autonomie verfügen, stellen sie keine Roboter in dem in dieser Studie definierten Verständnis dar (siehe auch das *DaVincy*-System weiter oben sowie Kapitel 2.1 zum Thema Autonomie). Sind die beteiligten Menschen *on the loop*, dann überwachen sie die autonom agierenden Systeme und

---

12 Vgl. hierzu auch Dabringer 2011; Finn/Scheding 2010; Jordan 2017: 183-218; Marsiske 2012; Sauer 2014; Singer 2010, 2009. Ein Vorreiter auf diesem Gebiet ist die Defense Advanced Research Projects Agency (DARPA), eine Behörde des Verteidigungsministeriums der Vereinigten Staaten, deren jährliches Budget mehrere Milliarden US-Dollar beträgt und die im Rahmen der Abteilung für Taktische Technologie verstärkt Forschung zur Entwicklung autonomer artifizieller Systeme betreibt.

können jederzeit in deren Tun eingreifen. Letzteres ist bei *Out-of-the-Loop*-Systemen nicht mehr möglich. Die fraglichen Maschinen sind nicht nur autonom, sondern eine Interventionsoption durch die involvierten Menschen ist nicht mehr gegeben. Die ethischen Fragen hinsichtlich des Entscheidungssubjekts in der Interaktion mit Kriegsrobotern beziehen sich folglich auf den potenziellen Einsatz von *On-the-Loop*- sowie *Out-of-the-Loop*-Systemen. Wann ist es moralisch gerechtfertigt oder sogar geboten, solche Waffensysteme zu nutzen (Misselhorn 2018a: 158)? Ein Unteraspekt dieses ersten Fragenkomplexes betrifft die Datensicherheit autonomer Waffensysteme. Wie lässt sich vermeiden, dass die fraglichen Maschinen gehackt werden? Kann im Falle von *Out-of-the-Loop*-Systemen noch von einer übergeordneten und vorbeugenden Kontrolle durch die Hersteller*innen und Nutzer*innen die Rede sein? Wer trägt in der Interaktion mit *On-the-Loop*- und *Out-of-the-Loop*-Systemen welche Form von Verantwortung in welchem Ausmaß?

Der Entscheidungsgegenstand in der Interaktion mit Kriegsrobotern: Nicht nur ist zu klären, wer eine Entscheidung zu treffen hat (Mensch oder Maschine), sondern auch, worüber eine solche überhaupt gefällt wird. Handelt es sich ›lediglich‹ um die Identifikation etwaiger Zielobjekte und gegebenenfalls menschlicher Feindinnen und Feinde oder sollte das fragliche Waffensystem auch gegen diese vorgehen dürfen? Ohne Zweifel stellt bereits die Auswahl möglicher Ziele und eine Bestimmung derselben als zu bekämpfende Objekte eine ethisch ausnehmend delikate Angelegenheit dar, deren ›Erfolg‹ maßgeblich durch das vorherige Training des Waffensystems bedingt ist. Dieses Training erfolgt über Daten, mit deren Umgang das System lernt, wer und was in die ›Feindkategorie‹ gehört und wer beziehungsweise was nicht. Die Daten wiederum werden entweder von Menschen oder von Algorithmen ausgesucht, die wiederum von Menschen programmiert worden sind. Es liegt auf der Hand, dass sich hier Vorurteile einschleichen können.[13] Trifft die Maschine zusätzlich noch die Entscheidung

---

13 Einen vergleichbaren Fall, in dem ein neuronales Netz die Vergabe von Krediten vornimmt, beschreibt Thomas Ramge (2018: 26): »Wenn zum Beispiel eine KI-gestützte Kreditvergabe aufgrund der Trainingsdaten zu erkennen meint, dass eine ethnische Minderheit oder Männer über 53,8 Jahre oder Radfahrer mit gelben Helmen und 8-Gang-Schaltung Kredite weniger zuverlässig zurückzahlen, wird sie es bei ihrem Scoring-Modell berücksichtigen – egal ob dies illegal ist

über die Bekämpfung des zuvor ausgewählten Zielobjekts, dann liegt damit der Akt der Zerstörung beziehungsweise Tötung (die Frage über Leben und Tod also) vollständig bei ihr.

Der Bereich der Militärrobotik überschneidet sich mit dem oben besprochenen Feld von Robotik und Arbeit hinsichtlich der Frage, ob die Tätigkeiten in diesem Sektor nicht bis auf Weiteres – insbesondere dann, wenn es um Leben und Tod geht – ausschließlich menschlicher Expertise unterstehen sollten.[14]

---

oder vollkommen unsinnig. Das erlernte Vorurteil ist umso gefährlicher, weil die Maschine es nicht offenlegt.«

14 Zu den ethischen Fragen der Militär- und Kriegsrobotik siehe Altmann 2009; Arkin 2006; Asaro 2010, 2008; Galliott 2015; Guarini/Bello 2012; Kahn 2017; Krishnan 2009; Leveringhaus 2016; Misselhorn 2018a: 155-184; Lin u. a. 2009, 2008; Protevi 2008; Sharkey 2012; Weber 2009.

2. Die Arbeitsfelder der Roboterethik

Traditionell unterscheidet die Forschung in der Roboterethik *zwei Arbeitsfelder*. Im einen Bereich geht es um die Frage, inwiefern Roboter selbst als moralische Akteur*innen und damit als Subjekte moralischen Handelns begriffen werden müssen, inwiefern sie also *moral agents* sein können (Kapitel 2.1). Im anderen Feld wird diskutiert, inwiefern Roboter als *moral patients* zu verstehen sind, also als Wert- und vielleicht gar Rechtsträgerinnen und -träger, ganz allgemein aber zunächst als Objekte moralischen Handelns (Kapitel 2.2). Die beiden Arbeitsbereiche sind durchaus nicht exklusiv, sondern ergänzen einander. Beide stehen – wie zu zeigen sein wird – dank ihrer ethischen Prämissen vor einigen Herausforderungen, denen der dritte (und jüngere) Bereich der inklusiven Ansätze begegnen will (Kapitel 2.3).

NÄHERE BESTIMMUNG DER BEIDEN TRADITIONELLEN ARBEITSFELDER DER ROBOTERETHIK: Innerhalb des Arbeitsfelds, in dem Roboter als potenzielle *moral agents* betrachtet werden, wird danach gefragt, inwiefern sie zu moralischem Handeln fähig sind und über welche Kompetenzen sie hierfür in welchem Maße verfügen müssen. Abhängig von dem einem jeweiligen Ansatz zugrunde liegenden Verständnis von Akteursschaft, Moral und den dafür zu realisierenden Kompetenzen geht es um die Zuschreibung von Freiheit und Autonomie als Bedingung für moralisches Handeln, um kognitive Kompetenzen (wie Denken, Geist, Vernunft, Urteilskraft, Intelligenz, Bewusstsein, Wahrnehmung und Kommunikation), aber auch um Empathie und Emotionen. Entsprechend werden in Kapitel 2.1 einige der bekanntesten Positionen zu Robotern als moralischen Handlungssubjekten ebenso vorgestellt und diskutiert wie die möglichen Konsequenzen einer Anerkennung von *moral agency* (einiger) artifizieller Systeme.

Innerhalb des Arbeitsbereichs, in dem Roboter als *moral patients*, als Objekte moralischen Handelns, diskutiert werden, geht es darum, wie mit artifiziellen Systemen umzugehen ist, was für ein Wert ihnen zukommt, selbst wenn man sich darüber einig sein sollte, dass sie nicht zu moralischem Handeln in der Lage sind. Hier werden Roboter durchweg als Werkzeuge der Menschen verstanden. Themen umfassen etwa die Formulierung von Ethikkodizes in Unternehmen, die Wünschbarkeit und Möglichkeit von Beziehungen zu und mit Robotern, die ›Versklavung‹ von Robotern oder die Beurteilung des Einsatzes von Robotern zu Therapiezwecken. Einige Denkerinnen und Denker sprechen sich dafür aus beziehungsweise diskutieren die Möglichkeit, (einigen) Robotern (rudimentäre) Rechte zuzuschreiben. Ähnlich wie sich bereits Immanuel Kant in § 17 des zweiten Teils seiner *Metaphysik der Sitten* gegen Tierquälerei wendet, da diese zu einer Verrohung der Menschen führe, plädiert beispielsweise Kate Darling für Roboterrechte, da es den Menschen ihr zufolge dann eher gelinge, menschlich zu bleiben. Auch das Europaparlament arbeitet aktuell an einem Konzept, das es erlaubt, (einigen) Robotern den »Status als elektronische Personen« zuzuschreiben (Kapitel 2.2).

Dabei verbleibt innerhalb dieses Bereichs der Roboterethik die moralische Kompetenz (also die Entscheidung über das Verhalten eines Roboters, das durch dessen Personalisierung durch seine Nutzer*innen bedingt ist) durchweg bei den menschlichen Besitzerinnen und Besitzern, und die Kompetenzkompetenz (also die Entscheidung über etwaige Rahmenwerte und -prinzipien, die in der Programmierung des jeweiligen Roboters vorgegeben sind und von den Nutzer*innen nicht verändert werden können) bei den Herstellerinnen und Herstellern beziehungsweise beim Recht. Innerhalb dieses Arbeitsfelds der Roboterethik entscheiden somit ausschließlich die Menschen über die Moral ihrer Geschöpfe und darüber, wer im Falle eines Unfalls Verantwortung trägt (siehe auch Gordon 2019).

Die Gruppe der *moral agents* ist sehr viel kleiner als die der *moral patients*, denn wir gestehen (für gewöhnlich) nur Menschen im genuinen Sinne die Fähigkeit zum moralischen Handeln zu. Andere Entitäten sind moralisch höchstens bedenkenswert. Ein Wesen als moralisches Handlungssubjekt ist zugleich Wertträger*in, umgekehrt sind jedoch nicht alle Wertträgerinnen und -träger auch gleich moralische Handlungssubjekte.

Zentristische Ansätze: Alle Positionen, die in den Kapiteln 2.1. und 2.2 besprochen werden, und die damit entweder Roboter als *moral agents* oder als *moral patients* verstehen, lassen sich dem einen oder anderen zentristischen Ansatz (häufig einem Anthropozentrismus) zuordnen. Die Zuschreibung von moralischen

Werten ist dabei abhängig von der jeweils eingenommenen Perspektive. Eine anthropozentrische Position argumentiert dafür, dass ausschließlich Menschen einen intrinsischen oder Eigenwert haben. *Anthropozentrismus* bedeutet zum einen, dass Menschen ein moralischer Vorzug und damit Sonderstatus gegenüber allen anderen Wesen zukommt (*moralischer Anthropozentrismus*), zum anderen, dass nur Menschen über die Fähigkeit zur Erkenntnis verfügen und ein Urteilsvermögen ausbilden können (*epistemischer Anthropozentrismus*; Krebs 1997: 343). Eine Alternative zum Anthropozentrismus stellt etwa der *Pathozentrismus* dar, der moralisch allen leidensfähigen Wesen einen intrinsischen Wert zuschreibt und epistemisch die Position vertritt, dass Werte durch diese in die Welt kommen. In den Kreis dieser zentristischen Ansätze lassen sich ferner der *Biozentrismus*, der alles Lebendige moralisch und epistemisch berücksichtigt, und der *Physiozentrismus*, der die gesamte Natur (*holistischer Physiozentrismus*) beziehungsweise alles in der Natur (*individualistischer Physiozentrismus*) moralisch und epistemisch berücksichtigt, einordnen (Krebs 1997: 345). Der Einbezug von Robotern in den Horizont der mit einem Eigenwert ausgestatteten Dinge könnte eine weitere zentristische Perspektive eröffnen, einen *Mathenozentrismus* etwa (von griechisch »matheno«, »lernen«), der all das mit einem Eigenwert bemisst, was in einer spezifischen Weise gesteuert, programmiert oder lernfähig ist.

Die philosophischen Herausforderungen zentristischer Ansätze: Mit allen denkbaren zentristischen Ansätzen gehen nun einige philosophische Herausforderungen einher, wie unter anderem ein Essenzialismus, der dazu führt, dass diese Positionen durchweg exklusive (also exkludierende) Theorien darstellen und damit aus Sicht der inklusiven Theorien (Kapitel 2.3) Gefahr laufen, diskriminierend zu verfahren. Denn der Ausgangspunkt innerhalb der klassischen zwei Arbeitsfelder der Roboterethik ist immer zunächst ›der‹ Mensch, der den ethischen Common Sense vorgibt, den ›Normalfall‹ beziehungsweise den genuinen und ›Idealtypus‹ ethischen Handelns abbildet (unter impliziter Berufung auf Aristoteles und dessen Verständnis vom Menschen und dem genuin menschlichen Bereich ethischen Handelns). Damit ruht jede (aristotelische) Ethik, die ›den‹ Menschen als Dreh- und Angelpunkt definiert, zumindest implizit auf einem anthropologischen Fundament.

Die anthropologischen Disziplinen in Biologie, Kulturwissenschaften, Ethnologie und nicht zuletzt die philosophische Anthropologie schlagen je eigene Wege ein, um ›den‹ Menschen zu definieren und ›ihn‹ mit größtmöglicher Eindeutigkeit von allen anderen Wesen abzugrenzen. Dabei verfahren sie für gewöhnlich *essenzialistisch*, das heißt, sie suchen ›den‹ Menschen anhand eines einzelnen Attributs oder über eine Reihe von Eigenschaften zu beschreiben. Das *Historische Wörterbuch der Philosophie* stellt in dem Artikel »Mensch« insgesamt vier gängige anthropologische Ansätze vor, die letztlich alle essenzialistisch verfahren (Grawe u. a. 1971-2007: 1072): Der *Alkmaion-Topos* definiert ›den‹ Menschen über ein einzelnes Attribut. Alkmaion, ein Vorsokratiker aus dem späten 6. oder frühen 5. Jahrhundert vor Christus, unterscheidet Menschen erstmals anhand einer Kompetenz von anderen Lebewesen. Er definiert ›den‹ Menschen »dadurch, daß er allein begreift, während die übrigen [*Geschöpfe*] zwar wahrnehmen, aber nicht begreifen« (Diels 1966: 24, B 1a). Dagegen erfasst die *Kompositionsformel* ›den‹ Menschen nicht nur über eine Eigenschaft, sondern anhand von zwei oder mehreren Attributen. Der *Mikrokosmos-Makrokosmos-Ansatz* versteht ›den‹ Menschen als das im Kleinen, was der Kosmos im Großen ist. Die *Horizontformel* schließlich bestimmt ›den‹ Menschen »durch die Sphären, in die er nach oben und unten hineinragt« (Grawe u. a. 1971-2007: 1073; siehe dazu auch Loh 2017b).

Durch den in der Anthropologie und anderen Disziplinen für gewöhnlich vorherrschenden Essenzialismus, der von den zentristischen Ansätzen (und also von den in den Kapiteln 2.1 und 2.2 vorgestellten Positionen) übernommen wird, ergeben sich gewisse Herausforderungen wie insbesondere moralische Statuszuschreibungen, die einen spezifischen Umgang mit Pflanzen, Tieren, Maschinen und anderen Entitäten nahelegen. Indem sie immer einige Wesen aus dem moralischen Universum oder doch zumindest aus dem Raum der Wesen, denen ein intrinsischer oder absoluter Wert zukommt, ausschließen, sind zentristische (und damit anthropologisch essenzialistische) Positionen durchweg exklusive (also exkludierende) Theorien (dazu weiter unten mehr). Auch *diskriminierend* exkludierende Positionen wie etwa ein Speziesismus, Rassismus und Sexismus argumentieren oft essenzialistisch, indem sie den ausgeschlossenen Wesen bestimmte Eigenschaften aberkennen und sie dadruch benachteiligen und herabwürdigen. Mit dem (anthropologischen) Essenzialismus geht auch eine epistemische Ungewissheit darüber einher, ob das Gegenüber tatsächlich über die zugeschriebenen Eigenschaften verfügt. Denn unsere Zuschreibung bestimmter Kompetenzen wie etwa der Willensfreiheit fußt häufig auf einem metaphysischen Fundament. Eigentlich wissen wir nicht nur nicht, wie es ist, eine Maschine oder ein Tier, zum Beispiel eine Fledermaus zu sein – um den Titel eines berühmten Textes von Thomas Nagel (1974) zu paraphrasieren. Sondern wir wissen auch bereits nicht wirklich, wie es ist, unser menschliches Gegenüber zu sein. Denn es lässt sich nicht mit Eindeutigkeit feststellen, ob Menschen tatsächlich mit Willensfreiheit und ähnlichen Fähigkeiten ausgestattet sind. Wir können sie empirisch nicht eindeutig belegen. Der Unterschied liegt darin, dass wir im Fall von Menschen bereit sind, die Zusatzannahme zu treffen, dass sie über die fraglichen Kompetenzen verfügen (Churchland 1999; Coeckelbergh/Gunkel 2014).

Die Bereichsethiken adressieren auf der Grundlage einer für gewöhnlich aristotelisch, anthropologisch, zentristisch und essenzialistisch fundierten Ethik ein ebenfalls essenzialistisch definiertes Gegenüber zum Menschen, dem aufgrund bestimmter Eigenschaften ein moralischer Status zukommt (und verfahren somit exklusiv, also exkludierend). So wird etwa innerhalb eines pathozentrischen Ansatzes allen Wesen, denen Empfindungsfähigkeit zuzuschreiben ist, ein Platz im moralischen Universum eingeräumt, alle anderen werden ausgeschlossen. Ferner nehmen die in den Kapiteln 2.1 und 2.2 besprochenen Positionen nicht nur (implizit) einen (*moralischen*) Zentrismus und (anthropologischen) Essenzialismus an, sondern fußen auch (implizit) auf der Annahme einer *Subjekt-Objekt-Dichotomie*, die der aristotelischen Ethik sowie den zentristischen Ansätzen generell zugrunde liegt und die sich bei näherer Betrachtung als Konsequenz eines *epistemischen* Zentrismus einstellt. Erkennt doch zum Beispiel der epistemische Anthropozentrismus ein spezifisches *Subjekt*, nämlich ›den‹ Menschen, an, das – mit Erkenntnisfähigkeit, Urteilskraft und Vernunft (beziehungsweise vergleichbaren Kompetenzen) ausgestattet – allen anderen Wesen als den *Objekten* seiner Erkenntnispraxis Werte zuschreibt und das als einziges Wesen Werte überhaupt erst in die Welt bringt. Dasselbe gilt ebenso für andere moralisch zentristische Ansätze, beispielsweise für einen moralischen Pathozentrismus, in der Kombination mit einem epistemischen Anthropozentrismus. Aber auch andere epistemische Zentrismen bleiben dem der Subjekt-Objekt-Dichotomie impliziten Paternalismus verpflichtet, indem sie ein jeweiliges Erkenntnissubjekt definieren, das einem gedachten Gegenüber als dem Objekt Werte, Fähigkeiten und Kompetenzen zu- oder abspricht.

Nähere Bestimmung der inklusiven Ansätze: Die in Kapitel 2.3 besprochenen Ansätze stellen recht unterschiedliche Alternativen zu dem aristotelischen Ethik- beziehungsweise Bereichsethiken-Modell und dem damit einhergehenden anthropologischen Essenzialismus beziehungsweise dem häufig darin eingefassten moralischen und epistemischen Anthropozentrismus dar. Auch hier dreht sich die Debatte um die Zuschreibung von *moral agency* und *moral patiency*. Hinsichtlich der Frage nach moralischer Akteursschaft wird jedoch zum einen das tradierte Verständnis vom moralischen Handlungssubjekt hinterfragt. Zum anderen sollen Kompetenzen, die im Rahmen der üblichen Ansätze essenzialistisch einzelnen Handlungssubjekten zugeschrieben werden, nun relational als im Zusammenspiel unterschiedlicher Akteur*innen und Nichtakteur*innen sich realisierend verstanden werden. So kann ein einzelnes Handlungssubjekt etwa nicht allein verantwortlich sein, sondern immer nur mit anderen Wesen und Entitäten gemeinsam (siehe hierzu Kapitel 3.3).[1]

In ihrem Anliegen überschneiden sich die in Kapitel 2.3 vorgestellten Ansätze in mancherlei Hinsicht mit postfeministischen, poststrukturalistischen, postkolonialen und kritisch-posthumanistischen Positionen. Das einende Vorhaben all dieser Perspektiven ist ein (moralisch und epistemisch) *inklusives* (also *inkludierendes*) Programm, das weder versucht, die Position der Menschen gegenüber anderen Wesen hervorhebend abzusichern, noch die Menschen mit anderen, ›niederen‹ Wesen gleichstellen will.[2] Im Gegen-

---

1 Ein ganz ähnliches Denken liegt Hannah Arendts Handlungsverständnis zugrunde, wenn sie in *Vita activa* (1960) ausführt, dass Menschen niemals allein handeln, sondern ausschließlich mit anderen Menschen gemeinsam.
2 Es soll damit nicht der Eindruck erweckt werden, dass Inklusion per se etwas Gutes und Exklusion per se etwas Schlechtes ist. Die Exklusion von Kindern aus der Arbeitswelt ist bspw. etwas Gutes, während die Inklusion in die Institution ›Gefängnis‹ für das Individuum etwas Schlechtes ist. Ich danke Wulf Loh für diesen Hinweis.

satz zu *exklusiven* (also *exkludierenden*) Theorien, die die Menschen entweder als besonders und besser aufwerten und damit alle anderen Wesen moralisch abwerten beziehungsweise aus dem moralischen Universum *exkludieren* (wie die in den Kapiteln 2.1 und 2.2 diskutierten Ansätze) oder aber die Menschen selbst aus dem genuinen Bereich des Moralischen *exkludieren* (Danaher 2017b; Nadeau 2006), suchen die in Kapitel 2.3 diskutierten Ansätze alle anderen Wesen mit den Menschen moralisch auf eine Stufe zu stellen, sie also in das moralische Universum zu *inkludieren*.[3]

Es ist allerdings nicht das Ziel der inklusiven Ansätze der Roboterethik, mit dem Essenzialismus im Allgemeinen oder mit der Unterscheidung zwischen Subjekten und Objekten generell Schluss zu machen! Wohl aber soll ein kritisches Bewusstsein für die moralisch höchst fragwürdigen Konsequenzen einiger konkreter (insbesondere anthropologischer) Essenzialismen sowie einiger spezifischer Differenzierungen zwischen Subjekten und Objekten geschaffen werden (dazu Barad 2015a: 59).

FEMINISTISCHE ROBOTERETHISCHE ANSÄTZE: Vor dem Hintergrund des bislang Gesagten wird deutlich, warum im ersten Bereich der Roboterethik, in dem Roboter als potenzielle moralische Handlungssubjekte diskutiert werden (Kapitel 2.1), keine feministischen Positionen zu finden sind.[4] Geht es hier doch implizit um die Konzeption eines nichtmenschlichen Gegenübers nach den tradierten Gesichtspunkten eines vorrangig westlichen, weißen, heterosexuellen, aristotelischen, männlichen und eben exklusiven (und damit exkludierenden) Menschenbildes. In diesem Prozess erfuhr und erfährt ein Menschenbild Bestätigung, mit dessen Hilfe Menschen, die sich als Frauen verstehen, sowie diverse Minderheiten

3 Um die Unterscheidung zwischen in- und exklusiven Ansätzen an zwei tagespolitisch aktuellen Beispielen zu veranschaulichen: Die AfD vertritt einen *moralisch exklusiven* (also exkludierenden) Ansatz, indem sie manche Menschen moralisch diskriminiert, also aus dem Kreis der gleichwertig relevanten Rechteträgerinnen und -träger ausschließt. US-Präsident Donald Trump und seine Beraterin Kellyanne Conway lassen sich mit den Formulierungen »Fake News« und »alternative Fakten« als implizite Wegbereiter*innen eines *epistemisch exklu*siven (also exkludierenden) Ansatzes interpretieren, der in letzter Konsequenz jegliche Unterscheidung zwischen »richtig« und »falsch«, »Fakt« und »Fiktion« aufzuheben droht und bis dahin zuerst eine Reihe journalistischer Medien zu diskreditieren sucht.
4 Mir zumindest ist kein einziger feministischer roboterethischer Ansatz bekannt, der als solcher in diesen Bereich der Roboterethik einzuordnen wäre.

über Jahrhunderte hinweg Rechte aberkannt und deren (moralischer, rechtlicher, politischer, gesellschaftlicher) Status gegenüber Menschen, die sich als Männer verstehen, abgewertet wurde.

Im Rahmen des Vorhabens des zweiten Arbeitsfelds der Roboterethik, das Roboter als *moral patients* in den Blick nimmt (Kapitel 2.2), versammeln sich hingegen solche feministischen roboterethischen Positionen, die sich darüber einig sind, dass Roboter in keinem Fall moralische Akteur*innen sein sollen. Ihnen ist in erster Linie daran gelegen, den Status von Robotern als bloßen Objekten zu bestätigen, sie aus dem Bereich der genuinen moralischen Handlungssubjekte (Menschen) zu exkludieren und manche Arten von Robotern gar vollständig zu verbieten. So spricht sich etwa Kathleen Richardson generell gegen Sexroboter aus, da mit diesen heteronormative, patriarchale und diskriminierende Strukturen bestätigt würden (siehe auch Kapitel 1).

In scharfem Kontrast insbesondere zum ersten, aber auch zum zweiten Bereich der Roboterethik lässt sich eigentlich jeder der inklusiven Ansätze zumindest implizit, wenn auch nicht immer vorrangig, als eine feministische Position interpretieren, insofern alle hier eingeordneten Denkerinnen und Denker mit dem klassischen (humanistischen) Menschenbild und den damit einhergehenden Schwierigkeiten ringen. Zahlreiche feministische Ansätze finden sich in diesem dritten Bereich der Roboterethik, beispielsweise die von Lucy Suchman, Donna Haraway, Nina Lykke, Corinna Bath und anderen, von denen einige in Kapitel 2.3 in den Blick genommen werden.

GRUNDLAGEN DER ROBOTERETHIK: Allen Arbeitsfeldern liegt die Frage zugrunde, was Akteursschaft und was Moral ist und wie moralische Urteile gefällt werden. Ein Grundlagenwerk in dieser Debatte, das in Kapitel 2.1 näher besprochen wird, ist *Moral Machines* (2009) von Wendell Wallach und Colin Allen. Sie schlagen vor, allen Wesen Moralfähigkeit zuzuschreiben, die in Situationen geraten, in denen moralische Entscheidungen zu treffen sind. Dabei orientieren sie sich an dem in Kapitel 1 besprochenen Trolleyproblem. Eine moralische Entscheidung wird laut Wallach und Allen bereits dann gefällt, wenn sich auf den Gleisen Menschen befinden, die der Zug zu überrollen droht. Der Zug ›urteilt‹ ihnen zufolge, indem er dazu programmiert ist, unverzüglich zu stoppen, wenn sich Menschen auf den Gleisen aufhalten. Die Situation ähnelt, so Wallach und Allen, einer solchen, in der sich auch ein Mensch befinden könnte. Das genügt, um zumindest ein Nachdenken über Roboter als *moral agents* anzuregen, ohne annehmen zu müssen, artifizielle Systeme seien in derselben Weise wie Menschen zu moralischem Handeln befähigt. Wie gesagt, wird der Ansatz von Wallach und Allen in Kapitel 2.1 noch detaillierter betrachtet. An dieser Stelle soll er exemplarisch dafür herangezogen werden, wie aus roboterethischer Sicht mit den Fragen nach Akteursschaft, Moralität und moralischen Urteilen umgegangen wird (auch wenn Roboterethiker*innen mit diesen Konzepten in den jeweiligen roboterethischen Bereichen sehr unterschiedlich arbeiten und zum Teil hadern).

Eine weitere Frage, um die insbesondere die Diskurse in den beiden traditionellen Arbeitsfeldern der Roboterethik kreisen, ist die nach der Implementierung von Moral: Wie gelangt die Moral überhaupt ›in‹ die Maschine? Wallach und Allen unterscheiden drei prinzipielle Vorgehensweisen, artifizielle Systeme mit Moralität auszustatten: Top-down-Ansätze, Bottom-up-Ansätze und hybride Ansätze.

Im Rahmen der *Top-down-Ansätze* werden einem Roboter eine Reihe von Prinzipien oder Regeln einprogrammiert, nach denen er sich richten soll (etwa Immanuel Kants Kategorischer Imperativ, die Goldene Regel, die Zehn Gebote oder die Asimov'schen Robotergesetze). Dabei ist generell mit mindestens zwei Schwierigkeiten zu rechnen: Zum einen sind (insbesondere ethische) Regeln (wenn überhaupt) nur bedingt implementierbar. Ihre Interpretation ist kontextsensitiv, die Programmierung ist jedoch auf eine eindeutige Interpretation angewiesen. Zum anderen kann ein Konflikt zwischen den einzelnen Regeln auftreten. Legt man einen monistischen Ansatz zugrunde, wird eine Metaregel (etwa Kants Kategorischer Imperativ) programmiert, aus der alle Handlungsanweisungen situativ abzuleiten sind. Ein solcher monistischer Ansatz nimmt an, dass es keine moralischen Dilemma-Situationen gibt, da die Grundregel für alle Situationen eine konfliktfreie Antwort geben kann. Praktisch besteht aufgrund des Abstraktionsgrades des Moralprinzips die Gefahr, dass das fragliche System einander widersprechende, allerdings gleichermaßen gut begründbare Handlungsanweisungen daraus wird konkret ableiten können. Je konkreter also die Formulierung der moralischen Prinzipien, desto eher ist das System in der Lage, einen Fall in der Praxis unter das Prinzip zu subsumieren. Je konkreter aber besagte moralische Prinzipien, desto größer ist die Gefahr des Regelkonflikts, da umso mehr Prinzipien und Regeln nötig sind, je konkreter die Orientierung in einem jeweiligen Kontext sein muss. Es fehlt bei einem reinen Top-down-Ansatz das, was man ›gesunden Menschenverstand‹ nennen könnte. Menschen sind in der Lage, inkonsistent oder widersprüchlich zu handeln, Regeln zu brechen und sich einmal beispielsweise deontologisch, ein anderes Mal utilitaristisch zu entscheiden.

Bottom-up-Ansätze basieren auf der Grundlage von Lern- und evolutionären Algorithmen (randomisierte, stochastische oder probabilistische Algorithmen). Es handelt sich um nichtdeterminierte Algorithmen, bei denen nichtreproduzierbare Zustände auftreten. Im Gegensatz zu determinierten Algorithmen gelangt man bei diesen nichtdeterminierten Algorithmen in einem begrenzten Wahrscheinlichkeitsrahmen zu einer endlichen Menge von unterschiedlichen programmierten Zuständen.[5] Dabei werden nicht von vornherein moralische Regeln vorgegeben, sondern lediglich basale Parameter formuliert beziehungsweise basale Kompetenzen implementiert. Roboter entwickeln daraufhin durch verschiedene Formen des Lernens (Versuch und Irrtum, Imitation, Induktion und Deduktion, Exploration, Lernen über Belohnung, Assoziation und Konditionierung) moralisches Verhalten (Cangelosi/Schlesinger 2015). Bei den Bottom-up-Ansätzen unterscheidet man *Evolutionsmodelle* (Froese/Di Paolo 2010) von *Modellen menschlicher Sozialisation* (Breazeal/Scassellati 2002; Fong u. a. 2003). Erstere simulieren moralisches Lernen evolutionär, indem in einem künstlichen System voneinander leicht abweichende Programme einen ethischen Fall zu evaluieren haben. Diejenigen Programme, die ihn zufriedenstellend lösen, kommen in die ›nächste Runde‹, in der sie (miteinander rekombiniert) weitere ethische Fälle lösen. Evolutionäre Ansätze können noch vor dem Einsatz von Modellen menschlicher Sozialisation in früheren Stadien der Moralentwicklung in Robotern zum Einsatz kommen.

Modelle menschlicher Sozialisation berücksichtigen die Rolle

---

5 Auf die Unterscheidung zwischen determinierten und deterministischen bzw. nichtdeterminierten und nichtdeterministischen Algorithmen wird in Kapitel 2.1 näher eingegangen.

von Empathie und Emotionen. Dabei ist zwischen zwei Formen von Mitgefühl zu differenzieren (Stüber 2006), nämlich *perzeptueller Empathie*, die bereits dann gegeben ist, wenn das Beobachten einer Emotion eine vergleichbare oder kongruente Reaktion beim Gegenüber auslöst (Misselhorn 2009a, 2009b), und *imaginativer Empathie*, die einen Perspektivwechsel in Form eines Sich-Hineinversetzens in das Gegenüber erfordert. Perzeptuelle Empathie wird mithilfe bestimmter »Theories of Mind« oder über neuronale Resonanz und das Wirken von Spiegelneuronen erklärt und lässt sich bereits rudimentär in artifiziellen Systemen hervorrufen (Balconi/Bortolotti 2012; Mataric 2000; Rizzolatti/Siniglia 2008). Über diese grundlegende Form des Mitgefühls als Wurzel von prosozialem Verhalten verfügen bereits kleine Kinder, aber auch Schimpansen (Hoffman 2000; Warneken/Tomasello 2009). Imaginative Empathie dagegen entwickelt sich auf der Grundlage der perzeptuellen Empathie und wurde bislang nur als Produkt menschlicher Sozialisation beobachtet, nicht aber bei anderen Primaten. Sie ist kognitiv anspruchsvoller und in komplexere Formen moralischen Urteilens und Handelns involviert (Gallagher 2012). Zumindest perzeptuelle Empathie kann in der basalen Form eines Affektprogrammes (Ekman 1992) als automatisiertes Reaktionsschema auch durch Roboter simuliert werden, als zu Emotionen äquivalenten Zuständen.

Geht es bei den Top-down-Ansätzen also im Grunde um die Implementierung und Anwendung a priori festgelegter (moralischer) Regelsets, wird bei den Bottom-up-Ansätzen generell die Möglichkeit moralischen Lernens in den Blick genommen (Lima 2019). Sie beruhen auf einer metaethischen Annahme über die inhärente Kontextsensitivität von Moral, die bei Top-down-Ansätzen gerade fehlt. Moralisches Handeln und Entscheiden bedarf der Erfahrung und eines situativen Urteilsvermögens. Beides kann sich ein artifizielles System nur verkörpert aneignen beziehungsweise es simulieren. In den 1990er Jahren war es unter anderem Rodney Brooks, der als einer der ersten das Zusammenwirken von künstlichem System und Umwelt als Bedingung für die Entwicklung von Fähigkeiten betrachtete und von dieser Annahme ausgehend das Feld der *behavior-based robotics* begründete (Brooks 1991; Brooks u. a. 1999; siehe auch de Miranda 2019c). Zahlreiche berühmte Beispiele der gegenwärtigen Robotik und KI-Forschung, die sich an dem Ansatz verkörperten menschlichen Lernens orientieren – wie etwa die Lernplattformen *iCub*, *Myon*, *Cb2*, *Curi* und *Roboy* (die im Detail sehr unterschiedlichen evolutionsbasierten Ansätzen folgen) –, eignen sich (so ähnlich wie Kinder) Kompetenzen an, aus denen sie in spezifischen Kontexten konkrete Handlungsprinzipien ableiten.

Einige Denker*innen stehen insbesondere den Bottom-up-Ansätzen aufgrund ihrer potenziellen Lernfähigkeit, die unter Umständen dazu führen kann, dass sich artifizielle Systeme nicht mehr ohne weiters kontrollieren lassen, kritisch gegenüber. Hubert Dreyfus etwa hat die Entwicklung der künstlichen Intelligenz von ihren Ursprüngen an kritisch reflektiert und verweist auf die notwendig mangelhafte Kreativität der Maschinen. Hervorragend geeignet sind sie ihm zufolge allerdings zur Informationsverarbeitung im Sinne von komplexen Rechenvorgängen (Grosser 2014).

Hybride Ansätze kombinieren Top-down- mit Bottom-up-Ansätzen, indem ein ethischer Rahmen basaler Werte vorgegeben wird, der dann durch Lernprozesse an spezifische Kontexte anzupassen ist. Dabei ist die Auswahl der fraglichen Regeln von dem Einsatzbereich des jeweiligen Roboters abhängig. Um von einem hybriden Modell sprechen zu können, muss das System in der Lage sein, in einem anpassungsfähigen Spielraum zu agieren, innerhalb dessen es auf die Wertvorstellungen seiner Nutzer*innen kontextsensitiv reagiert.[6]

Bereits Georges Canguilhem hat innerhalb eines Spielraums unterschiedliche potenzielle »Freiheitsgrade« eines »Mechanismus« expliziert (wenn auch nicht in einem roboterethischen Kontext). Je mehr Spielraum, je mehr Freiheitsgrade oder Handlungspotenzial ein Mechanismus aufweist, desto weniger Teleologie im Sinne einer Finalität liegt Canguilhem zufolge vor (Canguilhem 2012: 185-186, 213). Übertragen auf hybride Ansätze bedeutet das, dass ein artifizielles System desto mehr Adaptivität und Möglichkeiten zur Wertanpassung aufweist, je weniger es an einen spezifischen Zweck gebunden ist (und umgekehrt). So muss etwa ein komplexer Serviceroboter für Privathaushalte, der nicht nur in der Küche oder im Garten helfen, sondern ebenso für gelegentliche Fußmassagen und Modetipps zu Diensten stehen soll, über einen sehr viel grö-

---

6 Misselhorn entwirft im Rahmen der Altenpflegerobotik ein solches hybrides System (Misselhorn u. a. 2013).

ßeren adaptiven Spielraum und damit über eine deutlich geringere Finalität verfügen als ein vergleichsweise einfacher Roboter, der nur den Tisch zu decken und die Spülmaschine einzuräumen hat. Ein solcher komplexer Serviceroboter wäre deshalb unter der Perspektive hybrider Ansätze zu entwickeln, da er zwar aufgrund seines Einsatzbereiches in einem bestimmten moralischen Rahmen agiert (*top-down*), hier allerdings in hohem Grade flexibel die Anweisungen der Nutzerinnen und Nutzer aufnehmen und antizipieren können muss (*bottom-up*).

In den folgenden Kapiteln wird immer wieder auf diese Unterscheidung zwischen Top-down-, Bottom-up- und hybriden Ansätzen zur Implementierung von Moral zurückgegriffen.

Eine weitere Differenzierung, die vorrangig für die beiden traditionellen Bereiche der Roboterethik von Relevanz ist, ist die Unterscheidung zwischen starker und schwacher künstlicher Intelligenz (KI). *Starke KI* meint Maschinen, die im genuinen Sinne des Wortes mit Intelligenz, Bewusstsein und Autonomie ausgerüstet sind. Da Alan Turing in seinem berühmten Aufsatz »Computing Machinery and Intelligence« (1950) diskutiert hatte, unter welchen Umständen die Rede von einer denkenden Maschine gerechtfertigt wäre, wird die starke KI-These für gewöhnlich auf ihn zurückgeführt. Die Abgrenzung einer schwachen KI von der starken KI hat John Searle in einer Reaktion auf Turings Artikel vorgenommen, die als das Gedankenexperiment des »Chinesischen Zimmers« bekannt ist (Searle 1984: 30-31, 1980). *Schwache KI* ist lediglich die *Simulation* spezifischer Kompetenzen in artifiziellen Systemen. Stuart Russell und Peter Norvig definieren in ihrem Standardwerk *Artificial Intelligence* (2003) die starke und schwache KI-These wie folgt (2003: 947):

Die Behauptung, Maschinen könnten möglicherweise intelligent handeln (oder vielleicht besser: so tun, *als ob* sie intelligent wären), wird von Philosoph*innen als schwache KI-Hypothese bezeichnet, und die Behauptung, dass Maschinen, die dies tun, *tatsächlich* denken (im Gegensatz dazu, Denken zu *simulieren*), wird die starke KI-Hypothese genannt.

Ihre Definition wird den folgenden Ausführungen zugrunde gelegt.

2.1 Roboter als moralische Handlungssubjekte

Ansätze, die sich mit der potenziellen *moral agency* artifizieller Systeme befassen, stellen die vermutlich (in einer breiteren Öffentlichkeit) ›exotischen‹ Anwendungsfälle moderner Technologien dar. Im Umlauf sind dabei vor allem entweder bedrohliche ›Terminator-Szenarien‹ oder Utopien einer künstlichen Superintelligenz, die die Singularität einläutet (Loh 2018a). Von beiden Extremszenarien möchte diese Studie einen sicheren Abstand wahren und unternimmt stattdessen den Versuch, den Bereich zwischen diesen beiden Extremen auszuloten und dabei mit kritischem Bewusstsein und philosophischer Gelassenheit zu ergründen, wie wir unsere technologischen Errungenschaften nutzen sollten.

Philosoph*innen, die sich mit der Frage befassen, inwiefern Roboter als moralische Handlungssubjekte denkbar sind, benötigen ein Konzept von Akteursschaft und eine Definition von moralischem Handeln, um beides gemeinsam auf artifizielle Systeme übertragen zu können. Im Folgenden werden einige der bekanntesten und aktuellsten Ansätze in diesem Bereich der Roboterethik vorgestellt und diskutiert. Das Kapitel schließt mit einigen Beispielen aus der Robotik, auf die die fünf Ansätze angewandt werden, um darüber zu urteilen, ob die fraglichen Roboter (den hier behandelten Denkerinnen und Denkern zufolge) als moralische Handlungssubjekte verstanden werden können oder nicht.[7]

Luciano Floridi und J. W. Sanders: In ihrem Aufsatz »On the morality of artificial agents« (2004) nehmen Floridi und Sanders sich vor zu zeigen, dass künstliche Systeme moralische Handlungssubjekte sein können, ohne über Willensfreiheit, mentale Zustände, Intentionalität, Intelligenz, Vernunft, Bewusstsein, Urteilskraft oder die Fähigkeit, Verantwortung zu tragen, zu verfügen (2004: 349; siehe auch Gunkel 2012: 71). Im Rahmen dieses Ansatzes, den sie »geist-freie Moral« (2004: 349) nennen, definieren sie Akteursschaft über drei Kompetenzen: *Interaktivität*, als die Fähigkeit, durch eine Zustandsveränderung auf einen (externen) Stimulus zu reagieren, beziehungsweise die Fähigkeit, in Wechselwirkung mit der Umwelt zu agieren; *Autonomie*, als die Fähigkeit, ohne

---

7 Weitere Ansätze zur artifiziellen moralischen Akteursschaft finden sich bei Bendel 2018b; Brand 2018; Coleman 2001; Grodzinsky u. a. 2008; Hall 2007; Himma 2009; Stahl 2004; Torrance 2008; Versenyi 1974.

(externen) Stimulus eine Zustandsveränderung herbeizuführen;[8] sowie *Anpassungsfähigkeit*, als die Fähigkeit zur Veränderung der Regeln, die einen Zustandswechsel provozieren. Diese drei Kriterien spezifizieren Floridi und Sanders zufolge das angemessene »Abstraktionsniveau« (2004: 351) zur Bestimmung von Akteursschaft. So kann etwa ein Stein nicht als Akteur gelten, durchaus aber ein »webbot« (also ein Filterprogramm, das ungewollte Mail identifiziert; 2004: 359, 362-363). Darüber hinaus sind auch Tiere (moralische) Akteur*innen (2004: 349). Was macht aus Tieren und anderen Akteurinnen und Akteuren nun aber moralische Handlungssubjekte?

Moral verstehen Floridi und Sanders als »›Schwellenwert‹, der durch die Observablen der Schnittstelle definiert wird, die das betreffende Abstraktionslevel festlegen« (beide Zitate in 2004: 349). Wenn seine Handlungen diesen Schwellenwert respektieren, ist das fragliche Wesen beziehungsweise sind dessen Handlungen als moralisch gut zu interpretieren, bei Missachtung des Schwellenwertes als moralisch verwerflich oder schlecht. Übersetzt in etwas einfachere Begriffe meinen Floridi und Sanders damit, dass eine Handlung genau dann als moralisch gelten kann, wenn sie moralisch gute beziehungsweise verwerfliche Konsequenzen hat. Eine Akteurin oder ein Akteur kann genau dann als solche beziehungsweise solcher bezeichnet werden, wenn sie oder er moralische Handlungen ausführen kann (2004: 346).

Aus ihrem Ansatz resultiert ein Verständnis von moralischer Akteursschaft, das nicht auf Intelligenz oder der Zuschreibung voller Verantwortlichkeit für ein Tun fußt. Dennoch, so Floridi und Sanders, lassen sich artifizielle Akteur*innen moralisch für ihre Handlungen haftbar machen. Sie differenzieren zwischen Verantwortung, die für gewöhnlich mit Moral assoziiert wird, und Haftung, die Teil ihres Konzepts von *moral agency* ist (2004: 351; siehe auch Kapitel 3.1). Aus ihrer Sicht geht die Fähigkeit, Verantwortung zu tragen, nicht notwendig mit moralischer Handlungsfähigkeit einher, wohl aber eine schwächere Form (Haftbarkeit), die es erlaubt, Roboter zu »moralisch konformem Verhalten [zu] erziehen« und auf diese Weise sogar die involvierten Menschen moralisch zu entlasten, »die nicht mehr die volle Verantwortung für die nun im-

---

8 Es handelt sich um eine einfache, basale oder negative Form der Autonomie; vgl. den nächsten Abschnitt zu Sullins' Ansatz.

merhin haftbaren Roboter übernehmen müssen« (beide Zitate in Neuhäuser 2014: 283).

Ein Vorteil ihres Ansatzes ist sicherlich, dass Floridi und Sanders in ihrer Definition von Akteursschaft auf komplexe, philosophisch anspruchsvolle Kompetenzen wie Vernunft, Intelligenz und Bewusstsein verzichten. Andererseits bestimmen sie Moral gar nicht im eigentlichen Sinne, sondern setzen ein Grundverständnis von moralisch guten und moralisch verwerflichen Handlungen und Handlungsfolgen voraus. Auch ist ihr Verständnis von Autonomie fragwürdig, lässt es doch offen, durch was die innere Zustandsveränderung hervorgerufen wird beziehungsweise wie sie hervorgerufen werden darf, um noch als autonom zu gelten.

Bei der Bestimmung von *moral agency* kommt es Floridi und Sanders zufolge nicht darauf an, mit welchen Kompetenzen eine artifizielle Akteurin oder ein artifizieller Akteur tatsächlich ausgestattet ist. Es genügt die Betrachtung von außen, um ein Wesen als moralisches Handlungssubjekt einzustufen. Damit verfahren sie grundsätzlich phänomenologisch und behavioristisch, ihre Untersuchung basiert »lediglich auf dem, was als beobachtbar spezifiziert wird und nicht auf irgendwelchen psychologischen Spekulationen« (2004: 365). Sie abstrahieren vollständig von etwaigen Intentionen, Wünschen oder mentalen Zuständen. Es geht einzig und allein um die Konsequenzen des Handelns, die extern beobachtet und interpretiert werden können. Haben die Handlungen eines Roboters moralisch gute oder verwerfliche Konsequenzen, kann er als artifzieller moralischer Akteur gelten, da er moralische Akteursschaft immerhin simuliert. Im Kreis der einschlägigen Positionen innerhalb dieses Arbeitsfeldes der Roboterethik, das sich mit der Frage nach *moral agency* befasst, ist eine solche Orientierung an der schwachen und nicht der starken KI-These eindeutig vorherrschend.

Und dennoch lassen sich vermutlich fast gar keine gegenwärtigen Roboter im Rahmen des Ansatzes von Floridi und Sanders als (moralische) Akteur*innen klassifizieren. Die allermeisten artifiziellen Systeme sind gegenwärtig nämlich *top-down* programmiert und verfügen damit nicht über Anpassungsfähigkeit in dem Sinne, dass sie in der Lage wären, in ihr eigenes algorithmisches Setup einzugreifen und die Regeln zu ändern, nach denen ein Zustandswandel vorgenommen werden kann. Demzufolge sind die Roboter dieser Tage nicht fähig, aus ihren moralischen Fehlern zu lernen. *Moral agency* nach Floridi und Sanders ist also offenbar an Bottomup- oder zumindest hybride Modelle gebunden.

Abschließend soll eine Herausforderung, die mit Floridis und Sanders' Ansatz einhergeht, angesprochen werden: Obwohl sie mit ihrer »›Abstraktionsmethode‹« (2004: 351) einen auf den ersten Blick und nach eigenen Angaben objektiven Weg zur Definition von (moralischer) Akteursschaft aufzuzeigen scheinen (und damit vorgeben, neutral, deskriptiv und unparteiisch zu verfahren), stellt doch die Einführung, Handhabe und Vorgabe ihres Abstraktionsverfahrens ein ethisch, politisch und ökonomisch wirkmächtiges Werkzeug bereit, das diejenigen, die es einsetzten, bevollmächtigt, »darüber zu entscheiden, wer oder was in die Gemeinschaft moralischer Subjekte inkludiert und wer oder was exkludiert wird und draußen bleiben muss« (Gunkel 2012: 73).

JOHN SULLINS: Anders als Floridi und Sanders, deren Definition von (moralischer) Akteursschaft mit philosophisch wenig anspruchsvollen Konzepten auskommen möchte, versammelt Sullins in seinem Text »When Is a Robot a Moral Agent?« (2006) gleich drei philosophisch komplexe Kompetenzen, nämlich Autonomie, Intentionalität und Verantwortung, als Bedingungen für *moral agency*. Über den Analogieschluss des domestizierten Hundes beziehungsweise des Blindenhundes (den er als Technologie beschreibt) mit anderen Technologien gelangt Sullins zu der Frage, ob auch ferngesteuerte oder autonome Roboter moralische Akteur*innen sind (2006: 24-25). Schließlich seien domestizierte Hunde sowohl mit natürlicher Intelligenz und einer »gewissen Form von Bewusstsein« als auch mit Lernfähigkeit ausgestattet (2006: 24). Ferngesteuerte Roboter können ihm zufolge nur in einem minimalen Sinne autonom genannt werden. Als moralische Akteurinnen oder Akteure hingegen müssten Roboter über »ein hohes Maß an der autonomen Fähigkeit zu urteilen und nach den entsprechenden Gründen zu handeln« verfügen (2006: 26). Sullins' drei Bedingungen für *moral agency*, die im Folgenden im Einzelnen besprochen werden, sollen die tradierte, allerdings in seinen Augen allzu voraussetzungsreiche, Bedingung der Personalität ersetzen. Roboter müssen, so Sullins, keine Personen sein, damit man ihnen moralische Handlungsfähigkeit attestieren kann.

Autonomie als eine der für moralische Akteursschaft notwendigen Kompetenzen spielt sowohl in Floridis und Sanders' als auch in Sullins' Ansatz eine große Rolle. Floridi und Sanders sehen darin, wie oben ausgeführt, die Fähigkeit, ohne (externen) Stimulus eine Zustandsveränderung herbeizuführen. Und auch Sullins versteht unter Autonomie etwas ganz Ähnliches, angefangen mit der Möglichkeit des Roboters, »zumindest einige der gewichtigen Entscheidungen bezüglich seines Handelns unter Nutzung der eigenen Programmierung zu treffen«, bis hin zu »komplexer moralischer und ethischer Urteilskraft« (beide Zitate in 2006: 26). Autonomie ist in der Tat für zahlreiche philosophische Ansätze zur moralischen Akteursschaft von Robotern zentral, weshalb ihrer Diskussion an dieser Stelle mehr Raum gegeben wird. Jedoch muss mit Autonomie zunächst, wie bei Floridi und Sanders sowie Sullins zu sehen, noch gar keine Willensfreiheit in einem anspruchsvollen Sinne gemeint sein. Autonomie kann auch negativ definiert auf die Abwesenheit von äußerem Zwang oder direkter äußerer Kontrolle rekurrieren (Lin u. a. 2008; kritisch dazu Remmers 2018: 32-35) – deshalb nennt etwa Sullins bereits einen Staubsaugerroboter autonom (2006: 26; zu den Staubsaugerrobotern siehe auch Ichbiah 2005: 160-166). Er spricht von Autonomie im »technischen Sinne« und meint damit eben dies, dass nämlich der fragliche Roboter nicht »unter der direkten Kontrolle« (beide Zitate in 2006: 28) etwaiger Nutzer*innen steht. Dieses *schwache oder negative Verständnis von Autonomie* stimmt mit der in der Einleitung vorgenommenen Definition von Robotern insgesamt überein: Roboter sind zumindest negativ autonom, sonst handelt es sich nicht um Roboter. Ob sie dadurch schon als Akteurinnen oder Akteure gelten können, ist hingegen fraglich und abhängig von dem jeweils zugrunde liegenden Ansatz.

Für andere kann von Autonomie erst dann die Rede sein, wenn die eigenen Handlungen durch interne Faktoren, die einer gewissen Kontrolle des Handlungssubjekts unterliegen, determiniert sind. Autonomie ist dabei nicht gleichbedeutend mit Nichtdeterminiertheit. Im Gegenteil – es geht um eine bestimmte Form der Determination, nämlich um Determination durch das fragliche Handlungssubjekt selbst. Für eine solche *kompatibilistische* Position ist es zweitrangig, wie das in Frage stehende moralische Subjekt zu den handlungsleitenden Gründen gelangt – etwa durch »zuschreibbare Präferenzen« (Pauen 2008: 48), Erziehung oder Programmierung (Frankfurt 1971, 1961; Pauen 2008, 2001; Taylor 1976; Watson 1975;

Wolf 1987). Etwas zugespitzt könnte man Programmierung als eine ›harte‹ Form der Erziehung deuten und Erziehung als eine sehr ›weiche‹ Form der Programmierung. Sullins nennt diese Form der *starken oder positiven Autonomie* »radikale Autonomie« (2006: 28). Er bezweifelt allerdings, dass irgendein Wesen (und seien es Menschen) darüber verfügt. Daher sieht er *negative Autonomie* als hinreichend für Autonomie im Sinne der ersten der drei für *moral agency* relevanten Kompetenzen an, obwohl sie für sich genommen für die Zuschreibung von moralischer Akteursschaft nicht genügt. Würde sie es, wären wir wohl gezwungen, auch »Bakterien, Tieren, Ökosystemen, Computerviren« (2006: 28) und Ähnlichem moralische Handlungsfähigkeit zu attestieren.[9]

Neben negativer Autonomie ist *Intentionalität* die zweite notwendige Bedingung. Sullins zufolge reicht auch hier eine schwache, negative Form aus: Es genügt anzunehmen, dass ein Roboter aufgrund seiner »Programmierung« und der »Umwelt, die ihn zum Handeln verleitet«, eine »Veranlagung beziehungsweise ›Intention‹« hat (2006: 28).

Zu guter Letzt stellt *Verantwortung* die dritte Kompetenz dar, die in Sullins' Augen für die Zuschreibung von moralischer Akteursschaft von Belang ist. Jedoch definiert er Verantwortung nur in noch gröberen Zügen als Autonomie und Intentionalität. Er nimmt lediglich an, dass Verantwortung etwas mit dem Anspruch durch ein moralisches Gegenüber zu tun hat, mit der Wahrnehmung »sozialer Rollen« also, mit dem »›Glauben‹, dass [man] die Pflicht hat, sich um« dieses moralische Gegenüber »zu kümmern« (alle Zitate in 2006: 28). Da das dritte Kapitel der Frage nach der Verantwortung in der Mensch-Roboter-Interaktion gewidmet ist und in Kapitel 3.1 Sullins' Ansatz erneut in den Blick genommen wird, soll hier nicht vertiefend auf diese Bedingung für die Möglichkeit einer Zuschreibung von *moral agency* eingegangen werden.

Insgesamt lässt sich konstatieren, dass sich Sullins nicht lange

---

9 Wenn Sullins auf S. 28 von Tieren im Allgemeinen spricht, klingt das zunächst wie ein Widerspruch zu dem Beispiel der domestizierten und Blindenhunde zu Beginn seines Textes. Doch meint er vielmehr, dass wir über die Zuschreibung von Autonomie neben Bakterien automatisch allen Tieren generell *moral agency* zuschreiben müssten. Hingegen spricht ihm zufolge nichts dagegen, einigen spezifischen Tieren (wie eben domestizierten Hunden) unter Rekurs auch auf Intentionalität und Verantwortung moralische Akteursschaft zu attestieren.

mit einer Definition der für seine These – dass (einige) Roboter moralische Akteur*innen sind – relevanten Konzepte aufhält. Deshalb vielleicht fällt ihm auch nicht auf, dass Verantwortung auf einer anderen Ebene anzusiedeln ist als Autonomie und Intentionalität, setzt sie doch (was ebenfalls in Kapitel 3.1 ausführlich besprochen wird) Autonomie und andere Fähigkeiten voraus. Auch wird aus der Lektüre seines kurzen Textes nicht deutlich, an welcher Stelle *genau* die Moral ins Spiel kommt beziehungsweise wann aus einer *einfachen* Akteurin oder einem einfachen Akteur eine *moralische* Akteurin oder ein moralischer Akteur wird. Autonomie allein ist, wie Sullins bemerkt, kein Garant für *moral agency*. Der Abschnitt über Intentionalität handelt vorrangig von solchen Intentionen, »Gutes oder Schlechtes zu tun«, und der im nächsten Absatz über Verantwortung angeführte ›Glaube‹ bezieht sich auf die »Motivation, moralische Fragen und Rätsel« anzugehen (alle Zitate in 2006: 28-29). ›Irgendwo hier‹ also taucht die Moral auf, aber was Moral genau ist beziehungsweise wie sie mit den sozialen Rollen und Pflichten einer verantwortlichen Akteurin oder eines verantwortlichen Akteurs zusammenhängt, wie moralische von nichtmoralischen Intentionen zu differenzieren sind, darauf geht Sullins nicht näher ein.

Ähnlich wie Floridi und Sanders formuliert auch Sullins implizit eine Theorie, die sich zumindest vorrangig auf *bottom-up* konstruierte oder zumindest hybride Modelle als potenzielle artifizielle moralische Handlungssubjekte bezieht. Denn negative Autonomie und Intentionalität liegen zwar bereits bei einigen *top-down* programmierten Robotern vor, allerdings sind diese nicht in der Lage, Verantwortung in der Ausübung sozialer Rollen und der Erfüllung von Pflichten gegenüber anderen moralischen Akteur*innen wahrzunehmen. Im Unterschied zu Floridi und Sanders jedoch scheint Sullins die starke KI-These zu vertreten, spricht er doch durchweg davon, dass Roboter, die negative Autonomie, negative Intentionalität und (vermutlich ebenfalls in einem schwachen Sinne) Verantwortung tatsächlich *haben*, moralische Akteur*innen *sind* (2006: 26, 28, um nur auf zwei von vielen Stellen zu verweisen).

JAMES MOOR: So kompakt sein Text »The Nature, Importance, and Difficulty of Machine Ethics« (2006) mit vier Seiten ist, so selbstverständlich wird Moors darin vorgenommene Unterscheidung zwischen vier Typen moralischer Akteurinnen und Akteure als Teil des klassischen Kanons der Roboterethik inzwischen besprochen. Sein primäres Anliegen zielt dabei zunächst gar nicht auf die Beantwortung der Frage nach der Möglichkeit, (einigen) Robotern moralische Akteursschaft zuzusprechen. Auch definiert er nicht, was ein Roboter ist oder welchen Unterschied, sofern überhaupt, er zwischen Maschinen im Allgemeinen und Robotern im Besonderen sieht. Viel grundlegender heben seine Überlegungen mit einer Klärung des Status von Maschinenethik für die Technik- und Ingenieurswissenschaften generell an. Die Philosophie, die leider immer »im Trüben« (2006: 18) nach Argumenten fische, habe hierzu bislang nicht viel Hilfreiches beitragen können. Da jedoch Ingenieur*innen bereits jetzt im Rahmen ihrer Arbeit in ethische Belange verstrickt seien, sollten sie sich, so Moor, unbedingt über die ethischen Dimensionen ihres Tuns im Klaren sein.

Ähnlich wie Sullins nimmt Moor keine eigene Definition von Moral und Ethik vor und bemerkt lediglich, dass es neben ethischen etwa noch »praktische, ökonomische und ästhetische Werte« (2006: 18) gibt. Unklar bleibt, wie sich diese unterschiedlichen Typen von Werten unterscheiden lassen und was das genuin Ethische der ethischen Werte ist. Bis auf Weiteres sind allerdings sowieso nur Menschen zu ethischem Handeln im strengen Sinne in der Lage, nur Menschen sind das, was Moor »ethische Akteur*innen im vollen Sinne« nennt (2006: 20; siehe auch Misselhorn 2018a: 72; Wallach/Allen 2009: 34), denn nur sie sind mit »Bewusstsein, Intentionalität und einem freien Willen« ausgestattet und verfügen damit über die notwendigen Bedingungen für *moral agency*. Dadurch können sie »explizite ethische Urteile fällen und [sind] in der Regel in der Lage, diese angemessen zu begründen« (beide Zitate in 2006: 20). Vollkommen unklar bleibt allerdings unter anderem, wie zwischen Bewusstsein und Intentionalität zu differenzieren ist, und auch, warum sich Moor gegen eine negative Bestimmung von Autonomie und stattdessen für das metaphysisch aufgeladene Konzept des freien Willens entscheidet. Folglich bleibt er an dieser Stelle so ›trübe‹, wie er es in seinem Text der Philosophie vorwirft. Ähnlich wie Floridi, Sanders und Sullins bedeutet für Moor moralische Handlungsfähigkeit die Möglichkeit, ethische Urteile zu fällen und diese zu begründen, was mit Lernfähigkeit einhergeht. Deshalb bleibt *moral agency* (einmal abgesehen davon, dass sie laut Moor sowieso im eigentlichen Sinne nur Menschen zu attestieren ist) vermutlich bis auf Weiteres nur *bottom-up* konstruierten oder zumindest hybriden Modellen vorbehalten. Und ebenso wie Sullins spricht auch Moor davon, dass Menschen die fraglichen Kompetenzen tatsächlich *haben* (2006: 20), was die implizite Orientierung an einer Version der starken KI-These nahelegt.

Es gibt jedoch auch einen bedeutenden Unterschied zwischen den Ansätzen von Floridi und Sanders sowie Sullins auf der einen und den Positionen von Moor und (wie noch zu sehen sein wird) Wallach und Allen auf der anderen Seite: Bei Ersteren gibt es entweder volle oder keine *moral agency*. Moor hingegen unterscheidet neben der oben genannten ethischen Akteursschaft im vollen Sinne noch drei Kategorien von *quasi*moralischen Akteurinnen und Akteuren, unter die auch nichtmenschliche Wesen fallen können. Zahlreiche artifizielle Systeme sind Moor zufolge »Akteur*innen mit ethischem Einfluss« (2006: 19; siehe hierzu auch Wallach/Allen 2009: 33). Allerdings ist fraglich, ob der Akteursbegriff hier überhaupt angebracht ist, denn dann hätten nicht nur Roboter, Maschinen und sonstige Technologien wie etwa Maschinengewehre oder Straßenbahnen (moralisch) negative oder positive Auswirkungen auf Menschen, sondern auch Naturkatastrophen. Unser Akteursverständnis, das traditionell gewissen Anforderungen wie etwa Personalität untersteht, läuft auf diese Weise Gefahr, untergraben und inflationär auf alle möglichen Entitäten übertragen zu werden.

Die von Moor als Nächstes beschriebenen »implizit ethischen Akteur*innen« (2006: 19; siehe hierzu auch Misselhorn 2018a: 71; Wallach/Allen 2009: 33) haben nun erstmals nicht nur ethisch signifikanten Einfluss, sondern können ihm zufolge auch selbst ethisch handeln, wenn auch nur indirekt. Ihr ethisches Handeln kommt über die Programmierung zustande, die »implizit ethisches Verhalten fördert – oder zumindest unethisches Verhalten vermeidet«. Da somit die Maschine nicht anders kann als moralischen Normen in ihrem Tun Ausdruck zu verleihen, bezeichnet Moor die ethische Programmierung als die »Natur« des fraglichen Roboters und die moralischen Normen als dessen »Tugenden« (alle Zitate in 2006: 19) – ein weiterer Beleg für die implizite Nähe zur starken KI-These in Moors Denken. Insbesondere sind für Moor an dieser Stelle Werte von Belang, die die »Sicherheit« der Nutzerinnen und Nutzer sowie die »Zuverlässigkeit« des Materials beziehungsweise des Tuns des Roboters betreffen. Aber einmal abgesehen von der (von Moor im Rahmen der implizit ethischen Akteur*innen vorgenommenen, allerdings nicht weiter gerechtfertigten) Eingrenzung moralischer Werte auf diese spezifische Gruppe von Sicherheits- und Zuverlässigkeitswerten bleibt er eine eindeutige Abgrenzung von den zuvor beschriebenen Akteurinnen und Akteuren mit ethischem Einfluss schuldig. Denn wie bereits in der Einleitung ausgeführt, realisiert jede Technologie implizit oder explizit die (auch moralischen) Werte ihrer Designer*innen, da alles, was wir als ein Handeln und nicht als bloßes instinktgesteuertes Verhalten identifizieren, von Intentionen und Zwecken geformt ist. Selbst ein Tisch, der, Moors Theorie folgend, höchstens als Akteur mit ethischem Einfluss gedeutet werden könnte, schließt implizit moralische Werte ein (auch solche, die die Sicherheit der Nutzer*innen und die Zuverlässigkeit des Materials betreffen). So gibt ein rechteckiger Tisch eine hierarchische Sitzordnung mit der Hausherrin oder dem Hausherren an der Kopfseite vor, ein runder Tisch hingegen weist allen an ihm sitzenden Personen einen gleichberechtigten Platz zu (Ihde 1990; Verbeek 2005).

Die höchste Form von quasimoralischer Akteursschaft, die ein Roboter erreichen kann, ist die »explizit ethische« Akteursschaft (2006: 19; siehe hierzu auch Misselhorn 2018a: 71-72; Wallach/Allen 2009: 33). Diese ist durch die Kompetenzen, ethische Urteile zu fällen und zu evaluieren, autonom in intransparenten Alltagssituationen zu entscheiden und mit unvorhergesehenen Faktoren umzugehen, gekennzeichnet und kommt der genuinen ethischen Akteursschaft, die Moor allein Menschen zugesteht, recht nahe. In der Tat nutzt Moor fast dieselben Worte, um die Fähigkeiten einer »explizit ethischen Akteurin« (oder Akteurs) und die einer »ethischen Akteurin im vollen Sinn« (oder Akteurs) zu beschreiben. Erstere beziehungsweise Ersterer »könnte plausible ethische Urteile fällen und sie rechtfertigen«. Letztere oder Letzterer »kann explizite ethische Urteile fällen und ist in der Regel fähig, sie angemessen zu rechtfertigen« (alle Zitate in 2006: 20). Darüber sind laut Moor die explizit ethischen Akteur*innen autonom, die ethischen Akteur*innen im vollen Sinn verfügen über Willensfreiheit. Hier findet sich also die Kompetenz der Autonomie, die wir bereits aus den Ansätzen von Floridi und Sanders sowie Sullins kennen. Es bleibt offen, wie genau der Unterschied zwischen diesen beiden Akteursformen zu bestimmen ist. Auch die explizit ethischen

Akteurinnen und Akteure scheinen dank ihrer Lernfähigkeit nur in *bottom-up* konstruierten beziehungsweise zumindest hybriden Modellen realisierbar zu sein. Welches Verständnis von Autonomie Moor zugrunde legt, bleibt ebenso offen, doch scheint er einem positiven Begriff von Autonomie (der besagt, dass das Handeln der fraglichen Akteurin oder des fraglichen Akteurs nicht nur nicht direkt durch externe Faktoren gesteuert, sondern zudem durch innere Strukturen bestimmt ist) näher zu stehen als Floridi, Sanders und Sullins.

Moor präsentiert einen philosophisch voraussetzungsreichen Ansatz mit einer auf den ersten Blick einprägsamen und pointierten Unterscheidung von vier Akteurstypen (davon drei quasimoralische), die sich allerdings auf den zweiten Blick als problematisch herausstellen. Mit der Annahme, dass zwischen genuin moralischer und vor allem *menschlicher* Akteursschaft auf der einen und unterschiedlichen Kategorien quasimoralischer und *nichtmenschlicher* Akteursschaft auf der anderen Seite zu differenzieren ist, ist Moor jedoch nicht allein. Wallach und Allen stehen ebenfalls für dieses Denken.

WENDELL WALLACH UND COLIN ALLEN: In ihrem Buch *Moral Machines* (2009) stellen sich Wallach und Allen die Frage, inwiefern Roboter als »artifizielle moralische Akteurinnen und Akteure« (2009: 4) zu verstehen sind. Sie definieren *moral agency* als graduelles Konzept, das zwei Bedingungen genügen muss, nämlich Autonomie und »Empfänglichkeit« (2009: 25) beziehungsweise Sensitivität für moralische Werte. Menschen gelten für sie (wie für Moor) als moralische Akteur*innen im genuinen Sinne. Einige Maschinen – etwa ein Autopilot oder das artifizielle System *Kismet* (das seine Ohren, Augen, Lippen sowie seinen Kopf bewegen und auf externe Stimuli wie die menschliche Stimme reagieren kann; 2009: 26, 28-29) – verstehen sie als »operationale moralische Akteurinnen und Akteure«, die immer »vollständig unter der Kontrolle ihrer Designer*innen und Nutzer*innen« stehen. In diesem Sinne sind operationale moralische Akteurinnen und Akteure eine »direkte Erweiterung der Werte ihrer Designer*innen« (alle Zitate in 2009: 30) und stehen Moors implizit ethischen Akteurinnen und Akteuren vermutlich am nächsten.

Für eine weitergehende Autonomie beziehungsweise moralische Sensitivität führen Wallach und Allen den Begriff der »funktionalen Moralität« (2009: 26) ein. *Funktionale Moralität* bedeutet, dass das fragliche System insofern autonomer und/oder werte-sensitiver ist als operationale moralische artifizielle Akteur*innen, als funktionale moralische Maschinen »selbst die Fähigkeit haben, moralische Herausforderungen zu beurteilen und darauf zu reagieren« (2009: 9, 27). Funktional moralische Roboter können sich weiterentwickeln, sie sind lernfähig. Nur besonderen Systemen kommt dieser Status funktionaler moralischer Akteursschaft zu, etwa dem medizinisch-ethischen Expertensystem *MedEthEx* (2009: 27; siehe dazu auch Kapitel 1).

Wallachs und Allens Ansatz der funktionalen Moralität einer graduellen Zuschreibung von Kompetenzen gründet auf dem Gedanken der funktionalen Äquivalenz: »So wie ein Computersystem Emotionen repräsentieren kann, ohne Emotionen zu haben, könnten Computersysteme in der Lage sein zu funktionieren, als ob sie die Bedeutung von Symbolen verstehen würden, ohne tatsächlich das zu haben, was man als menschliches Verstehen bezeichnen würde« (2009: 69). *Funktionale Äquivalenz* bedeutet, dass spezifische Phänomene verstanden werden, ›als ob‹ sie kognitiven, emotionalen oder anderen Kompetenzen und Fähigkeiten entsprechen. Dies ist der Simulationsaspekt in der funktionalen Äquivalenz, der implizit auf der schwachen KI-These beruht. Zudem kann damit auch gemeint sein, dass bestimmte Reaktionen künstlicher Systeme die Funktion äquivalenter kognitiver, emotionaler und anderer Kompetenzen annehmen. So können etwa Emotionen eine Kommunikationsfunktion beinhalten, die ein künstliches System (über die Simulation von Emotionen) funktional äquivalent ausfüllt. Wallach und Allen verzichten demnach auf die Annahme einer starken KI und fokussieren vielmehr die Zuschreibung von funktional äquivalenten Bedingungen und Verhaltensweisen. Die Frage, inwiefern Roboter irgendwann intelligent, bewusst oder autonom im Sinne der starken KI-These genannt werden können, wird durch die Frage ersetzt, in welchem Ausmaß und Umfang die jeweiligen Kompetenzen der Funktion entsprechen, die sie innerhalb der moralischen Evaluation spielen. Mit ihrem Ansatz präsentieren Wallach und Allen also eine funktionalistische Theorie. Der *Funktionalismus* behauptet, dass mentale Zustände über ihre »kausalen Rollen« (Lewis 1980) identifiziert werden können, die sie in der Kausalkette von Reiz (etwa der Schmerzreiz in der Hand bei

Berührung einer heißen Herdplatte) bis zur Reaktion (Wegziehen der Hand) spielen. Da die mentalen Zustände nicht notwendig an eine bestimmte Hardware gekoppelt sind (Levin 2017; Lewis 1980), können sie theoretisch von verschiedenen Hardware-Typen (etwa organisch vom Gehirn, artifiziell von einem Computer) realisiert werden. Computer haben dann keine mentalen Zustände im engeren Sinn, aber sie sind unter funktionalen Gesichtspunkten insofern äquivalent, als sie auf einer anderen Hardware die gleiche kausale Rolle in einem spezifischen Kausalzusammenhang spielen (Misselhorn 2018a: 84-87, 267-268).[10]

Wallachs und Allens Ansatz der funktionalen Äquivalenz zufolge muss es also in einem jeweiligen artifiziellen System etwas geben – einen physikalischen (programmierten, auf das Wirken von Algorithmen zurückzuführenden) Zustand –, das ein bestimmtes Verhalten des Roboters realisiert. Über den physikalischen Zustand der Maschine schweigen sie sich jedoch weitestgehend aus, sie sagen lediglich, dass operationale artifizielle Akteur*innen vollständig durch die Designerinnen und Designer (*top-down*) kontrolliert sind und funktional artifizielle Akteur*innen maschinelle Lernfähigkeit (*bottom-up*) simulieren. Wie die Kontrolle beziehungsweise die Lernfähigkeit physikalisch in dem jeweiligen artifiziellen System umzusetzen ist, benennen sie nicht eindeutig.

Um ihren Ansatz noch etwas zu konkretisieren, sei in einem *ersten Schritt* noch einmal darauf hingewiesen, dass sich Wallach und Allen den Übergang von operationaler über die funktionale bis hin zu voller Moralzuschreibung abhängig von Autonomie und moralischer Sensitivität *graduell* denken. Hilfreich ist hier Stephen Darwalls Unterscheidung zwischen vier Formen von Autonomie: »persönliche«, »moralische«, »rationale« und »agentiale« Autonomie (2006: 265). Während *persönliche Autonomie* die Fähigkeit umfasst, Werte, Ziele und letzte Zwecke zu definieren, beinhaltet *moralische Autonomie* die Möglichkeit, selbst gesetzte Prinzipien und ethische Überzeugungen zu reflektieren. Diese beiden Formen von Autonomie werden wohl, folgt man dem Gedankengang Wallachs und Allens, noch für lange Zeit menschlichen Akteurinnen und Akteuren vorbehalten bleiben, hingegen sieht Darwall *rationale Autonomie*

---

10 Ich danke Wulf Loh für die Unterstützung dabei, die richtigen Worte für eine Beschreibung der funktionalen Äquivalenztheorie von Wallach und Allen als funktionalistischen Ansatz zu finden.

auch für artifizielle Akteur*innen erreichbar. Rationale Autonomie gründet auf den »gewichtigsten Gründen«, die funktional äquivalent etwa in Form von Algorithmen repräsentiert werden könnten (2006: 265). Erst recht scheint die *agentiale Autonomie* – als ein spezifisches Verhalten, das nicht vollständig durch externe Faktoren bestimmt ist – Maschinen zuschreibbar. Agentiale Autonomie könnte etwa durch die Fähigkeit, interne Zustände eines artifiziellen Systems ohne externe Stimuli zu ändern, funktional äquivalent simuliert werden. Auf diese Weise wurde nun also Wallachs und Allens graduelles Verständnis von Autonomie durch Darwalls kategoriales Konzept von vier Autonomie-Typen ergänzt.

Das erlaubt es, nun in einem *zweiten Schritt* das philosophische Konzept der Autonomie auf physikalische Zustände im Innern eines Roboters zu übertragen: Wallach und Allen sehen (wie oben bereits gesagt) die operational artifiziellen Systeme vollständig unter der Kontrolle der Designer*innen und Nutzer*innen. Hingegen sind funktional moralfähige Roboter in einem gewissen Maße lernfähig. Eine Grenzziehung zwischen nichtmoralischen Werkzeugen, operational nicht lernfähigen und funktional lernfähigen Maschinen lässt sich in Form eines algorithmischen Strukturschemas vornehmen, indem man sich die Unterscheidung zwischen determinierten und deterministischen Algorithmen zunutze macht (Sombetzki 2016: 371-372): Während *deterministische Algorithmen* bei gleichem Input immer zu exakt demselben Output gelangen, führen *determinierte Algorithmen* bei gleichem Input zwar ebenfalls zum selben Output, weisen allerdings bei der Wahl der Zwischenschritte, die dahin führen, einen gewissen Spielraum auf. Es ist vorstellbar, Maschinen, die auf der Grundlage deterministischer Algorithmen funktionieren, die also gewissermaßen ›determinierter‹ sind als determinierte Algorithmen (also im Gegensatz zu determinierten Algorithmen nicht nur im Output, sondern auch im Informationsprozess determiniert sind), eine Ampel etwa, weder in der funktionalen noch in der operationalen Sphäre zu verorten. Es handelt sich immer noch um Maschinen, allerdings stehen sie den nichtmechanischen Werkzeugen wie beispielsweise einem Hammer näher als der operationalen Sphäre, denn im Rahmen rein deterministischer algorithmischer Strukturen gibt es keinerlei Spielraum – von Lernfähigkeit ganz zu schweigen. Die Sphäre operationaler Moralfähigkeit würde dann mit den Systemen betreten, die vornehmlich durch determinierte (aber nichtdeterministische) Algorithmen strukturiert sind, Wallach und Allen nennen hier exemplarisch einen Autopiloten. Und solche Fälle artifizieller Systeme, die vornehmlich auf der Grundlage nichtdeterminierter (und also nichtdeterministischer) Algorithmen operieren, könnten in der funktionalen Sphäre lokalisiert werden, denn diese verfügen, sowohl was die Zwischenschritte als auch was das Ergebnis anbelangt, über einen größeren Spielraum. Hier ließe sich auch von artifizieller Lernfähigkeit sprechen. Der Roboter *Cog*, auf den ich weiter unten zu sprechen komme, kann als Beispiel für ein solches System genannt werden.[11]

Mit Hilfe von Darwalls Differenzierung kann also eine klare Grenze zwischen artifizieller (operationaler und funktionaler) und genuiner (menschlicher) Handlungsfähigkeit gezogen werden. Während menschliche Akteurinnen und Akteure über alle vier Arten von Autonomie verfügen, ist Maschinen (zumindest auf absehbare Zeit) nur rationale und agentiale Autonomie funktional äquivalent zuzuschreiben. Eine generelle Modifikation aller implementierten algorithmischen Strukturen analog der evolutionären menschlichen Entwicklung ist Wallach und Allen zufolge bei keinem artifiziellen System vorstellbar, von der Wünschbarkeit ganz zu schweigen: Vorstellungen, in denen Maschinen die Weltherrschaft übernehmen, da sie in der Lage sind, ihre eigenen Parameter völlig ungebunden zu manipulieren, bleiben Uto- beziehungsweise Dystopien. Denn auch bei nichtdeterminierten Algorithmen sind nicht *alle* vorstellbaren Ergebnisse denkbar. Auch Menschen bleiben in ihren Möglichkeiten immer beschränkt, obwohl man ihren adaptiven Spielraum sehr viel größer einschätzt als den eines noch so komplexen Roboters (so weit die Vermutung).

Wallachs und Allens Ansatz der funktionalen Äquivalenz stellt eine attraktive, da nachvollziehbare und pragmatische, Position innerhalb des Arbeitsfeldes der Roboterethik dar, das sich mit der Frage nach artifizieller moralischer Akteursschaft beschäftigt. Die prominenten Einwände, die dagegen formuliert werden, richten sich letztlich gegen funktionalistische Ansätze per se. So diskutiert David Gunkel in *The Machine Question* (2012: 74-88; siehe auch

---

11 Wer die Unterscheidung zwischen determinierten und deterministischen Algorithmen noch nicht eingängig findet, sei auf Hopcroft u. a. 2002 sowie Selig u. a. 2004 verwiesen.

Misselhorn 2018a: 84-87) einige Herausforderungen, vor die sich der Funktionalismus gestellt sieht. Davon sollen an dieser Stelle lediglich zwei Problematiken benannt werden, nämlich der unüberwindbare Anthropozentrismus des Funktionalismus und die daraus folgende Sklavenethik. Gunkel führt (mit explizitem Rekurs auf Wallachs und Allens Ansatz) aus, dass funktionalistische Ansätze anthropozentrisch seien, da es ihnen, obwohl sie die »Gemeinschaft moralischer Akteur*innen anderen, zuvor ausgeschlossenen Subjekten öffnen«, letztlich ausschließlich um den »Schutz menschlicher Interessen und Investitionen« (nämlich um die jeweilig für moralische Akteursschaft in Anschlag gebrachten menschlichen moralischen Kompetenzen) gehe. Aus diesem dem Funktionalismus inhärenten Anthropozentrismus folgt, so Gunkel, in letzter Konsequenz notwendig ein Paternalismus beziehungsweise eine »Sklavenethik« (alle Zitate in 2012: 85), die alle nichtmenschlichen Formen des Gegenübers als moralisch den Menschen und ihrem Maßstab untergeordnet einstuft. Obwohl sich also der Funktionalismus innerhalb der Roboterethik einem noblen Ziel verschreibt, nämlich einer echten Erweiterung der moralischen Gemeinschaft um (zumindest einige) Roboter, resultiert aus ihm schließlich eine nichtmenschliche Wesen exkludierende Position.[12]

Abschließend soll auf zwei Differenzen zu Moors Ansatz hingewiesen werden, dem Wallach und Allen auf den ersten Blick recht nahe stehen: Zum einen vertritt Moor (zumindest implizit) eine Version der starken KI-These (vergleichbar Sullins), Wallach und Allen hingegen vertreten über ihren funktionalistischen Ansatz eine Version der schwachen KI-These (ähnlich wie Floridi und Sanders). Zum anderen ruht ihr Verständnis von *moral agency* auf zwei graduell zuschreibbaren Kompetenzen (Autonomie und moralische Sensitivität). Moors Ansatz ist hingegen nicht graduell, insofern ihm zufolge ausschließlich im vollen Sinne ethische Akteur*innen (also Menschen) über Bewusstsein, Intentionalität und einen freien Willen verfügen, quasimoralischen nichtmenschlichen Akteurin-

---

[12] Gunkels Ansatz wird in Kap. 2.3 als inklusive roboterethische Position besprochen. Seine Kritik an Wallachs und Allens Theorie als eine gegen den Funktionalismus generell gewandte ist also letztlich einer grundsätzlichen Hinterfragung des Verständnisses vom moralischen Handlungssubjekt geschuldet, die ihm zufolge zu einer Exklusion anderer Wesen aus dem Kreis der mit einem Eigenwert ausgestatteten Akteur*innen führt.

nen und Akteuren (insbesondere Robotern) hingegen andere (und im Zweifel geringere) Fähigkeiten zu attestieren sind.

CATRIN MISSELHORN: In den in ihrem argumentativem Kern recht ähnlich aufgebauten Texten »Robots as Moral Agents?« (2013) und »Maschinenethik und ›Artificial Morality‹« (2018b) definiert Misselhorn Akteursschaft über »Selbstursprünglichkeit« und »die Fähigkeit, sich an Gründen zu orientieren« (2018b: 30-31, 2013: 44). Hingegen gibt es keine Bestimmung von Moral oder Ethik, was hinsichtlich der Schlüsse, zu denen sie gelangt, problematisch ist (dazu weiter unten mehr). Mit diesen beiden Bedingungen für Akteursschaft (und dann weiterhin für *moralische* Akteursschaft) kombiniert Misselhorn die zuvor besprochenen vier Ansätze von Floridi und Sanders, Sullins, Moor sowie Wallach und Allen.

Selbstursprünglichkeit, die erste Bedingung für Akteursschaft, erläutert Misselhorn damit, dass »Handlungen nicht durch externe Faktoren determiniert sind, sondern eine gewisse Flexibilität aufweisen beziehungsweise unter der Kontrolle des Akteurs oder der Akteurin stehen« (2013: 44). Sie nennt diese Fähigkeit auch »Akteurskausalität […], das heißt, dass eine Handlung von einem Akteur ohne vorhergehende Ursache initiiert wird« (2018b: 30). In der Besprechung von Sullins' Ansatz wurde zwischen einfacher oder negativer Autonomie auf der einen Seite und starker oder positiver Autonomie auf der anderen Seite differenziert. Erstere liegt bereits bei der Abwesenheit von äußerem Zwang vor, Letztere erfordert darüber hinaus eine innere Bestimmung durch die Akteurin oder den Akteur. Interessanterweise definiert Misselhorn Selbstursprünglichkeit beziehungsweise Akteurskausalität anhand der drei Bedingungen für Akteursschaft, die Floridi und Sanders nennen: Interaktivität, Adaptivität und »basale Autonomie« (als die Fähigkeit, ohne externen Stimulus eine Zustandsveränderung herbeizuführen; 2018b: 31, 2013: 44). Ihr zufolge ergeben also alle drei Kompetenzen gemeinsam ihr komplexes Konzept von Selbstursprünglichkeit. Damit erweitert Misselhorn das negative Autonomieverständnis von Floridi und Sanders sowie von Sullins um Interaktivität und Adaptivität zu einem positiven Verständnis von Autonomie, das nicht mit einer metaphysisch anspruchsvollen Idee von Willensfreiheit zusammenfällt (im Gegensatz zu der, die Moor für seine vollen ethischen Akteur*innen vor Augen hat). Dennoch stimmt sie grundsätzlich mit Moor beziehungsweise Wallach und

Allen darin überein, dass es eine genuine Form von Akteursschaft und moralischer Handlungsfähigkeit gibt, die (bis auf Weiteres) Menschen vorbehalten und nicht auf Roboter übertragbar ist.

Die zweite Bedingung für Akteursschaft, *die Fähigkeit, nach Gründen zu handeln*, wird von Misselhorn näher bestimmt als »Möglichkeit […], Informationen zu verarbeiten«. Mit Blick auf *moralische* Akteursschaft sind hierbei natürlich nicht irgendwelche, sondern die »Repräsentationen moralischer Werte« beziehungsweise moralischer Gründe von Belang, »das heißt, es gibt funktionale Äquivalenz zu moralischen Überzeugungen, moralischen Pro-Einstellungen und Intentionen« (alle Zitate in 2018b: 31). Hier wird der Bezug zu Wallachs und Allens Ansatz funktionaler Äquivalenz und vor allem deren zweiter Bedingung für *moral agency*, nämlich moralische Sensitivität, deutlich (2013: 46-48). Allerdings erweitert sie auch Wallachs und Allens Position noch um ein Moment, das wir in ähnlicher Weise (als Intentionalität) bereits aus Sullins' Theorie kennen, das dort allerdings nicht weiter ausgeführt wurde. Unter Berufung auf Michael Bratmans BDI-Software-Modell (*Belief-Desire-Intention*, was für gewöhnlich mit Weltwissen/Meinungen-Ziele/Wünsche-Absichten/Intentionen übersetzt wird; Bratman 1987) erläutert sie, dass ein Roboter »als funktional äquivalent zu einem menschlichen Akteur verstanden werden [kann], wenn [er] über Zustände verfügt, denen eine analoge Funktion zukommt, wie Meinungen, Wünschen und Intentionen beim Menschen« (2018b: 31; siehe auch 2018a: 87-88). Dieses Softwaremodell gibt Aufschluss über die »Repräsentationen« von Robotern, »die angeben, wie sich die Dinge in der Welt verhalten, in bestimmten logischen Beziehungen zueinander stehen und handlungsrelevant sind« (2018a: 88). Misselhorn schließt damit, dass artifizielle »Systeme, die zu selbstursprünglichem Handeln aus Gründen in der Lage sind, als Akteure gelten« (2018b: 31) können.

Wie bereits angedeutet, sind Roboter darüber hinaus zwar auch in der Lage, moralische Gründe funktional äquivalent abzubilden, jedoch kann ihnen nicht »[v]ollumfängliche moralische Handlungsfähigkeit, wie sie Menschen typischerweise besitzen« (2018b: 31), attestiert werden. Misselhorn begründet ihre Position ähnlich wie Moor damit, dass Maschinen bis auf Weiteres weder über Bewusstsein noch über Willensfreiheit, Reflexionsvermögen beziehungsweise Verstehen verfügen. Warum allerdings all diese

Kompetenzen für Moralität nötig sein sollen, wird nicht weiter erklärt. Hinzu kommt, dass insbesondere mit Blick auf die zuletzt genannte Bedingung für volle *moral agency*, Reflexion beziehungsweise Verstehen, auf den ersten Blick kein Unterschied zu Floridis und Sanders' Adaptivität zu sehen ist, die Misselhorn doch in ihr Verständnis von Selbstursprünglichkeit eingebunden hatte. Bedeutet Adaptivität bei Floridi und Sanders gerade die Fähigkeit zur Veränderung der Regeln, die einen Zustandswechsel hervorrufen, bestreitet Misselhorn nun, dass Roboter »ihre moralischen Entscheidungen und die ihnen zugrunde liegenden Werte […] reflektieren, diese begründen oder gar selbstständig verändern« könnten. Aus dieser Annahme folgert sie, dass artifizielle Systeme, obwohl zu moralischem Handeln generell befähigt, keine »moralische Verantwortung« (beide Zitate in 2013: 32) tragen können.

Misselhorns Position ist eine überzeugende Kumulation der Ansätze von Floridi und Sanders (explizite Übernahme der drei Bedingungen für Akteursschaft sowie implizite Orientierung an der schwachen KI-These), Sullins (implizite Orientierung an Intentionalität als eine Bedingung für Akteursschaft), Moor (implizite Orientierung am Konzept der vollen ethischen Akteurin beziehungsweise des vollen ethischen Akteurs) sowie Wallach und Allen (explizite Übernahme ihres Ansatzes zur funktionalen Äquivalenz, implizite Orientierung an der schwachen KI-These, implizite Ähnlichkeit zwischen dem Handeln nach Gründen und der Sensitivität für Werte, implizite Orientierung am Konzept der genuinen Moralität, die nur Menschen zukommt). Dabei irritiert lediglich die Ungereimtheit in der Frage der Fähigkeit zur Reflexion, die funktional moralischen Maschinen abgesprochen wird, allerdings in der von Floridi und Sanders übernommenen Anpassungsfähigkeit bereits enthalten scheint.

Mit »Verstehen« (2013: 48-51), »Bewusstsein« (2013: 51), »Verantwortung« (2013: 51-52) sowie »Willensfreiheit« (2013: 52-53) diskutiert Misselhorn vier Vermögen, die gegen die Annahme sprechen, Roboter könnten moralische Handlungssubjekte sein. Sie schließt damit, dass alle genannten Kompetenzen »ambig« wären, je nach Interpretation Robotern zu- oder abgesprochen werden könnten, und verteidigt ein »hybrides Konzept von Akteursschaft«, das es erlauben soll, im vollen Sinne einem Wesen auch Verstehen oder Reflexion, Bewusstsein, Verantwortung und Willensfreiheit zuzusprechen, »wohingegen es für primitivere Formen der moralischen Handlungsfähigkeit genügt, dass diese Eigenschaften nur in einem schwächeren Sinn instanziiert werden oder zum Teil sogar gänzlich fehlen« (2013: 54). In aktuelleren Texten wird sie deutlicher, indem sie volle moralische Akteursschaft ausschließlich Menschen vorbehält, belässt es hier zur Begründung jedoch lediglich bei einigen Annahmen über Moralität und über den Zusammenhang zwischen moralischer Handlungsfähigkeit und moralischer Verantwortung.

BEISPIELE: Abschließend sollen einige Beispiele aus der Robotik, nämlich der Roboter *Kismet*, das Kunstprojekt *BlessU-2*, das Therapieassistenzsystem *Paro* sowie die Roboter *Cog* und *iCub*, besprochen und die fünf zuvor diskutierten Ansätze darauf übertragen werden, um etwaige Unterschiede in der Zuschreibung artifizieller moralischer Akteursschaft aufzuzeigen.

Das von Cynthia Breazeal in den späten 1990ern am MIT entwickelte artifizielle System *Kismet* kann seine Ohren, Augen, Lippen sowie seinen Kopf bewegen und reagiert auf externe Stimuli wie die menschliche Stimme (Breazeal 2002: 145; Jordan 2017: 43, 284; Wallach/Allen 2009: 28-29). Die von Floridi und Sanders an *Kismet* angelegten Kriterien für moralische Akteursschaft – Interaktivität, Adaptivität und (negative) Autonomie – würden es nicht erlauben, ihn als artifiziellen moralischen Akteur zu identifizieren. Zwar kann *Kismet* auf seine Umwelt reagieren, indem er basale Emotionen äquivalent zu einem jeweiligen Stimulus simuliert; wird er beispielsweise ausgeschimpft, schlägt er die Augen nieder, wird er angelacht, reißt er die Augen auf und plappert scheinbar glücklich unverständliche Laute. Auch negative Autonomie besitzt *Kismet*, da er (anders als zum Beispiel eine Drohne; siehe Kapitel 1) nicht direkt von außen gesteuert werden muss. Die *moral agency* scheitert jedoch an der dritten Bedingung, nämlich der Anpassungsfähigkeit, denn *Kismet* kann sich nicht spontan anders entscheiden, er kann sich beispielsweise nicht überlegen, auf Ärger mit simulierter Freude zu reagieren. Auch Sullins zufolge kann *Kismet* vermutlich nicht als moralischer Akteur interpretiert werden, da er zwar über negative Autonomie und negative Intentionalität verfügt (er simuliert in einem sehr schwachen Sinne über seine Emotionen Wünsche und Bedürfnisse), aber wohl nicht in der Lage ist, Verantwortung zu simulieren. Allerdings ist es schwierig, hier zu einem eindeutigen Urteil zu gelangen, da Sullins nicht genau sagt, was er mit Verantwortung meint. Legt man Moors Ansatz zugrunde, wäre *Kismet* vermutlich in die niedrigste Kategorie von Akteursschaft einzuordnen und also als Akteur mit ethischem Einfluss zu beurteilen. Denn in *Kismets* Programmierung spielen weder die Werte der Sicherheit und Zuverlässigkeit des Materials eine große Rolle (die ihn zu einem implizit ethischen Akteur machen würden), noch verfügt er über positive Autonomie, Urteilskraft oder die Fähigkeit, mit neuen und unsicheren Situationen umzugehen (wodurch er als explizit ethischer Akteur zu interpretieren wäre). Wallach und Allen identifizieren *Kismet* in ihrem Buch *Moral Machines* (2009) als operationalen moralischen Akteur und sprechen ihm in einem äußerst rudimentären Sinne moralische Sensitivität zu. *Kismet* als einen operational moralischen Akteur zu verstehen, liegt ihnen zufolge an der nur geringen Zuschreibung von Autonomie. Er steht immer noch vollständig unter der Kontrolle seiner Nutzer*innen. Auch Misselhorn würde *Kismet* nicht als artifiziellen moralischen Akteur einstufen, verfügt er doch weder über positive Autonomie (Selbstursprünglichkeit oder Akteurskausalität), noch kann er nach Gründen handeln.

Der Roboter *BlessU-2* stellt ein Kommunikationskunstwerk des Medienkünstlers und Elektroingenieurs Alexander Wiedekind-Klein dar. *BlessU-2* wurde für die Weltausstellung Reformation in Wittenberg 2017 in der evangelischen, hessisch-nassauischen Landeskirche (EKHN) zum Einsatz gebracht und spendete dort Besucherinnen und Besuchern seinen Segen (Packeiser 2017; Pluta 2017; Rahn 2017a, 2017b). *BlessU-2* simuliert zwar keine Emotionen wie *Kismet*, jedoch ist sein Handlungsspielraum gegenüber dem *Kismets* deutlich erweitert, spricht er doch mit einer weiblichen oder männlichen Stimme in mehreren Sprachen verschiedene Segenswünsche. Allerdings würde er wohl dennoch von Floridi und Sanders nicht als moralischer Akteur eingestuft werden, denn zwar verfügt er über Interaktivität und (negative) Autonomie, jedoch nicht über Adaptivität. *BlessU-2* ist nicht in der Lage, spontan etwa statt einer Segnung einen Fluch auszusprechen. Ebenso wenig würde Sullins in ihm einen *moral agent* erkennen, da (ähnlich wie im Falle *Kismets*) *BlessU-2* die Fähigkeit, Verantwortung zu tragen, gänzlich abgeht. Neben negativer Autonomie simuliert *BlessU-2* hingegen in einem schwachen Sinne (negative) Intentionalität. In Moors Ansatz käme *BlessU-2* aller Voraussicht nach nicht über die schwächste Kategorie (Akteur*innen mit ethischem Einfluss) hinaus – aus ähnlichen Gründen, die bereits mit Blick auf *Kismet* angeführt wurden. Und ebenso wie in *Kismet* würden Wallach und Allen auch in *BlessU-2* einen operational moralischen Akteur sehen, der vollständig unter der Kontrolle seines Designers steht und von seinem programmierten Verhalten nicht abweichen kann. Schließlich würde ihn vermutlich auch Misselhorn nicht als moralisches Handlungssubjekt interpretieren, da *BlessU-2* weder über positive Autonomie (Selbstursprünglichkeit oder Akteurskausalität) verfügt noch nach Gründen handeln kann.

Vergleichbar *Kismet* und *BlessU-2* würden Floridi und Sanders auch die Roboterrobbe *Paro* (siehe Kapitel 1) nicht als artifiziellen moralischen Akteur auffassen, denn *Paro* verfügt zwar über Interaktivität und negative Autonomie, allerdings nicht über Anpassungsfähigkeit. Sein Handlungsspielraum scheint gegenüber dem von *Kismet* nicht größer, sondern eher noch eingeschränkter zu sein. Diesem Urteil würde vermutlich auch Sullins folgen, wobei in der Tat die Frage zu stellen bliebe, ob *Paro* als therapeutischem Assistenzsystem nicht doch in einem ganz rudimentären Sinne die (negative) Fähigkeit, gegenüber den Patient*innen Verantwortung zu tragen, attestiert werden müsste. Da *Paro* für den Einsatz im Therapiebereich konzipiert wurde, sind in seiner Konstruktion und Programmierung Werte der Sicherheit und Zuverlässigkeit des Materials implementiert, weshalb Moor ihn vermutlich als implizit ethischen Akteur identifizieren würde. Da der Roboter allerdings weder über positive Autonomie noch über Urteilskraft verfügt und auch nicht mit neuen und unsicheren Situationen umgehen kann, lässt er sich nicht als explizit ethischen Akteur interpretieren. Aus ähnlichen Gründen würden ihn deshalb auch Wallach und Allen lediglich als operational moralischen, nicht aber als funktional moralischen Akteur sehen. Und ebenso wenig könnte Misselhorn *Paro* als *moral agent* auffassen, da es ihm an positiver Autonomie sowie der Fähigkeit, nach Gründen zu handeln, mangelt.

Der Roboter *Cog* ist der erste Roboter, der aufgrund seiner besonderen Form der Verkörperung in einem starken Sinne mit seiner Umgebung interagieren kann. Seine Autonomie ist aufgrund eines »unüberwachten Lernalgorithmus« (Brooks u. a. 1999: 70; siehe auch Cangelosi/Schlesinger 2015: 22; Ichbiah 2005: 117-119) deutlich komplexer. *Cog* lernt aus Erfahrung. So beginnt er zum

Beispiel (ohne darauf programmiert worden zu sein), ein Spielzeugauto nur noch von vorne oder hinten anzustoßen, um es in Bewegung zu versetzen, nachdem er durch mehrere Versuche feststellen konnte, dass es sich nicht bewegt, wenn es von der Seite angestoßen wird. Vermutlich würden Floridi und Sanders in ihm einen (wenn auch vielleicht keinen moralischen) Akteur sehen, da er über Interaktivität, Autonomie und auch (wie dieses Beispiel zeigt) über Anpassungsfähigkeit verfügt. Sullins' anspruchsvollen Kriterien für *moral agency* (negative Autonomie, negative Intentionalität, Verantwortung) kann *Cog* hingegen zumindest hinsichtlich der Verantwortung nicht gerecht werden. Moor zufolge wäre *Cog* immerhin als impliziter, wenn nicht sogar als expliziter ethischer Akteur zu interpretieren, da er dank seiner Lernfähigkeit auch in ungewohnten Situationen rudimentär einsatzfähig bleibt (zumindest in einem deutlich stärkeren Sinne als *Kismet*, *BlessU-2* oder *Paro*) und dank seines unüberwachten Lernalgorithmus vielleicht in einem basalen Sinn über Urteilskraft verfügt. Wallach und Allen würden *Cogs* moralische Sensitivität sowie seine Autonomie im Vergleich zu der von *Kismet*, *BlessU-2* oder *Paro* wohl als deutlich gesteigert sehen. Vielleicht ist es auch gerade diese (begrenzte) Lernfähigkeit, die es erlaubt, ihn als einen schwach funktionalen oder zumindest stark operationalen Akteur zu verstehen. *Cog* steht nicht mehr vollständig unter der Kontrolle seiner Designer*innen. Auch Misselhorn würde in ihm vermutlich einen artifiziellen (potenziell moralischen) Akteur sehen, da er über Selbstursprünglichkeit beziehungsweise Akteurskausalität verfügt und in einem schwachen Sinn auch nach Gründen handeln kann.

Der Roboter *iCub*, dessen Entwicklung im Rahmen des EU-Projekts RobotCub von sieben europäischen Universitäten finanziert wird, ist in Aussehen und Kompetenzen einem zwei- bis vierjährigen Kind nachempfunden (Cangelosi/Schlesinger 2015: 345-40; Sandini u. a. 2007). Bislang verfügt *iCub* über einige Grundfähigkeiten wie Krabbeln, Objekterkennung und Objektmanipulation (er kann kleinere Objekte greifen) und interessanterweise Bogenschießen (Kormushev 2010; Kormushev u. a. 2010). In einem Video wird anhand des Vorgangs, Müsli in eine Schüssel zu füllen, vorgeführt, wie sich *iCub* über Nachahmung und Übung neue Fähigkeiten aneignen kann (iCub HumanoidRobot 2011). Floridi und Sanders würden ihn – mit seinen beeindruckenden Fähigkeiten der Interaktivität, Adaptivität und Autonomie – ohne Zweifel als einen artifiziellen (potenziell moralischen) Akteur einstufen. Auch das Urteil der anderen Denkerinnen und Denker bezüglich *iCub* fiele vermutlich ähnlich aus wie hinsichtlich des Roboters *Cog* – wenn nicht sogar noch eindeutiger hinsichtlich der Zuschreibung artifizieller (potenziell moralischer) Akteursschaft. Denn auch *iCub* verfügt über Lernfähigkeit und scheint damit zumindest potenziell befähigt (wenn auch wahrscheinlich in nur geringem Ausmaß), auch in moralisch relevanten Umständen Entscheidungen zu treffen. Vor diesem Hintergrund lässt sich darüber nachdenken, inwiefern es moralisch fragwürdig ist, einem Roboter, der einem zwei- bis vierjährigen Kind nachempfunden ist, Bogenschießen beizubringen!

ZUSAMMENFASSUNG: Zwei Merkmale sind allen Ansätzen gemeinsam. *Zum einen* sind sich alle darin einig, dass Autonomie eine wesentliche Bedingung für artifizielle (moralische) Akteursschaft ist. Davon einmal abgesehen stellen sich die jeweiligen Autonomiekonzeptionen einigermaßen verschieden dar, von Formen schwacher, basaler oder negativer Autonomie (Floridi und Sanders sowie Sullins) über hybride Autonomiebegriffe wie bei Wallach und Allen, die zwischen operationaler und funktionaler Moralität lediglich quantitative Unterschiede hinsichtlich der Zuschreibung von Autonomie treffen, bis hin zu einem starken, anspruchsvollen oder positiven Autonomieverständnis (Moor und Misselhorn). *Zum anderen* scheinen alle besprochenen Positionen anzunehmen, dass *artificial moral agency* ausschließlich in *bottom-up* konstruierten oder in hybriden Modellen zu realisieren ist, da in diesen maschinelles Lernen und damit Entscheidungen des artifiziellen Systems möglich sind, die nicht von den Programmierer*innen vorgegeben wurden.

Die Frage nach Verantwortung ist für die Ansätze von Floridi und Sanders, Sullins und Misselhorn explizit von Belang und lässt sich ohne Schwierigkeiten in die Positionen von Moor sowie Wallach und Allen integrieren (siehe Kapitel 3.1). Sie scheint eng mit dem jeweiligen Verständnis von Moralität verknüpft, obwohl in keinem Fall genauere Ausführungen zu dem zugrunde liegenden Verständnis von Moral und Ethik sowie dem Konzept (moralischer) Verantwortung erfolgen. Darüber hinaus findet sich in allen Ansätzen bis auf den von Floridi und Sanders eine Vorstellung von Intentionalität beziehungsweise von Handeln nach Gründen. Bei Floridi und Sanders sowie bei Moor wird die Lernfähigkeit betont (bei Floridi und Sanders über Adaptivität, bei Moor über Urteilskraft sowie Handeln in unbekannten und intransparenten Situationen).[13]

Schließlich ruhen alle Ansätze in ihrem jeweiligen Verständnis von (moralischer) Akteursschaft zumindest implizit auf einer anthropologischen Prämisse. Moor, Wallach und Allen sowie Misselhorn differenzieren explizit zwischen voller, genuiner und vor allem *menschlicher* Moral und den Zuschreibungsweisen artifizieller Moralität, die in diesen Fällen immer schwächer beziehungsweise als Quasimoral verstanden wird. Aber auch die Positionen von Floridi und Sanders sowie Sullins gehen von einem menschlichen Begriff moralischer Akteursschaft aus, den sie dann kritisieren (wie Sullins anhand der Bedingung der Personalität, die er mit seinen Kriterien – Autonomie, Intentionalität, Verantwortung – zu umgehen sucht) beziehungsweise übertragen (Floridi und Sanders über Interaktivität, Adaptivität und Autonomie).

Zur Übersicht und zum direkten Vergleich der Ansätze werden die Ergebnisse dieses Unterkapitels in Tabelle 1 zusammengefasst.

2.2 Roboter als moralische Handlungsobjekte

Im zweiten Bereich der Roboterethik wird darüber nachgedacht, inwiefern das Gegenüber ein Wert- und vielleicht gar Rechtsträger ist, ob man sich ihm gegenüber in einer bestimmten Weise verhalten sollte beziehungsweise ob ihm ein spezifischer Umgang zusteht, inwiefern es ganz allgemein aber zunächst ein *Objekt* moralischen Handelns ist und damit in die Kategorie der sogenannten *moral patients* fällt. In den meisten Fällen wird *moral patiency* als abhängig von moralischer Akteursschaft, als reines Negativ zu dieser, betrachtet, als Begriff, der keiner eigenständigen Überlegungen bedarf (Gunkel 2012: 94-95; Hajdin 1994: 180; Regan 1983: 152). Moralische Akteur*innen, so dieser Gedankengang, der von Floridi und Sanders als »Standardposition« (2004: 350) bezeichnet wird,

---

13 Auch Floridi und Sanders werden noch (wenn auch in unerwarteter Weise) von Intentionalität sprechen (vgl. Kap. 3.1).

	Floridi und Sanders	Sullins	Moor	Wallach und Allen	Misselhorn
KI-These (implizit)	schwach	stark	stark	schwach	schwach
Moralimplementierung (implizit)	*bottom-up*	*bottom-up*	*bottom-up*	*bottom-up*	*bottom-up*
Autonomie	negativ	negativ	positiv	positiv	positiv
Verantwortung	Haftung	Ja	Nein	Ja	Nein
weitere Eigenschaften moralischer Handlungssubjekte	Interaktivität, Adaptivität	(negative) Intentionalität, Verantwortung	Handeln in Alltagssituationen, Umgehen mit Unsicherheit, Urteilskraft	moralische Sensitivität	Fähigeit, nach Gründen zu handeln
Genereller Unterschied zu Menschen?	Nein	Nein	Ja (Bewusstsein, Intentionalität, freier Wille)	Ja (Autonomie und moralische Sensitivität im genuinen Sinne)	Ja (Bewusstsein, Verstehen, freier Wille, Verantwortung)
Sind diese Roboter moralische Handlungssubjekte?					
Kismet	Nein	Nein	Akteur mit ethischen Implikationen	operationaler moralischer Akteur	Nein
BlessU-2	Nein	Nein	Akteur mit ethischem Einfluss	operationaler moralischer Akteur	Nein
Paro	Nein	Nein	impliziter ethischer Akteur	operationaler moralischer Akteur	Nein
Cog	Ja	Nein	impliziter oder expliziter ethischer Akteur	schwach funktionaler moralischer Akteur	Ja
iCub	Ja	Nein	impliziter oder expliziter ethischer Akteur	(schwach) funktionaler moralischer Akteur	Ja

Tabelle 1: Positionen zur *moral agency*

sind zugleich auch Objekte moralischen Handelns, da es gerade der Status der *moral agency* gebietet, diese Wesen auch in einer spezifischen (moralisch angemessenen) Weise zu behandeln (kritisch hierzu Bendel 2018b: 34). Moralische Subjekte und Objekte moralischen Handelns fallen unter dieser Perspektive zusammen. Wie in Kapitel 2.1 deutlich wurde, ist der Kreis der moralischen Akteurinnen und Akteure allerdings klein, da die für gewöhnlich angesetzten Bedingungen moralischer Akteursschaft anspruchsvoll sind.[14]

Umso weniger überrascht, dass andere Denker*innen implizit oder explizit auch jede reduzierte oder Quasi-Akteursschaft nichtmenschlicher Wesen generell ablehnen. Das bedeutet allerdings nicht unbedingt (wie im Fall von Joanna Bryson), dass diese Wesen dann immerhin den Status eines moralischen Handlungs*objekts* erhalten, also *moral patients* sein dürfen. Sondern ganz im Geiste der Standardposition wird ihnen mit dem Wegfall der Möglichkeit, in die Gemeinschaft der moralischen Handlungssubjekte aufgenommen zu werden, auch verweigert, wenigstens als Objekte moralischen Handelns zu gelten. Mit ihnen dürfen Menschen in der Tat verfahren, wie sie wollen, kein Verhalten ihnen gegenüber kann in irgendeiner Form als moralisch verwerflich gelten. Aus Sicht der Vertreter*innen der Standardposition existiert *moral patiency* nicht eigenständig, sondern ist grundsätzlich an *moral agency* gebunden. Liegt Letztere nicht vor, gibt es Erstere auch nicht. Vor dem Hintergrund der Standardposition erforderte eine Einführung in die Roboterethik lediglich eine Auseinandersetzung mit der Frage, ob Roboter moralische Akteurinnen und Akteure sein können. Verneint man dies, wie etwa Joanna Bryson, fällt damit auch die Notwendigkeit weg, sich mit der Frage einer etwaigen *moral patiency* der fraglichen Maschinen zu befassen.

Wie bereits David Gunkel bemerkt, wendet sich Bryson in der Tat nicht nur konsequent gegen etwaige Unternehmen, Robo-

---

14 Darüber hinaus zeigt sich bereits bei einigen Befürworter*innen von *artificial moral agency* (Moor, Wallach und Allen, Misselhorn), dass, obwohl man (einigen) Robotern durchaus gewillt ist, moralische Handlungsfähigkeit im Grunde zuzubilligen, dennoch ein Unterschied zwischen Menschen auf der einen und allen anderen nichtmenschlichen Wesen auf der anderen Seite zu treffen ist. Aus der Perspektive von Moor, Wallach, Allen und Misselhorn sind Roboter nicht in derselben Weise handlungsfähig wie Menschen, weshalb ihnen gegenüber auch ein anderes moralisches Verhalten angemessen ist.

tern moralische Akteursschaft zuzugestehen. Sondern von dieser
»›Tatsache‹« (dass Roboter keine moralischen Akteur*innen *sind*;
Gunkel 2012: 95) leitet sie ebenfalls eine Absage an deren etwaige
moral patiency ab. Wie mit jedem anderen Werkzeug, wie mit jedem anderen Gegenstand auch sollten wir Bryson zufolge ebenfalls
mit Robotern umgehen dürfen, wie wir wollen – ihnen gegenüber
existiert kein moralisch unangemessenes oder verwerfliches Verhalten, so wie es schließlich auch kein moralisch unangemessenes oder
verwerfliches Verhalten gegenüber »einem Auto, Klavier oder Sofa«
gibt (2018, 2010).

Im Gegensatz dazu glauben viele andere Denkerinnen und
Denker, dass zumindest einige artifizielle Systeme einen spezifischen Umgang beanspruchen können, selbst wenn sie nicht zu eigenständigem (moralischem) Handeln in der Lage sein sollten. Gemäß dieser Intuition, der wir auf das Feld der *moral patiency* folgen,
dürfen wir mit diesen Robotern nicht einfach umgehen, wie es uns
passt. Es gibt einige Wesen, die Objekte moralischen Handelns sein
können, die also einen spezifischen (moralisch angemessenen) Umgang erfordern, ohne selbst moralische Akteur*innen auch nur in
einem rudimentären oder Quasi-Sinne zu sein. Einige entsprechende Ansätze werden in diesem Kapitel vorgestellt und diskutiert.

Theoretisch kommen zunächst einmal alle Roboter als moralische Handlungsobjekte in Betracht; Einschränkungen dieser maximal inklusiven Sicht, die jedem artifiziellen Wesen einen Platz in
der Gemeinschaft der *moral patients* zuzugestehen bereit ist, sind
durch die jeweiligen Ansätze zu rechtfertigen. Die Überlegungen
zu den Objekten moralischen Handelns nehmen im Folgenden
von Themen und Positionen ihren Ausgang, die innerhalb des
gedanklichen Horizonts der Standardposition *moral patiency* als
abhängig von *moral agency* definieren. Aus dieser Sicht sind artifiziellen Systemen (wenn überhaupt) nur deshalb Werte oder gar
Rechte zuzuschreiben, weil sie für Menschen eine Rolle spielen,
für Menschen von Belang sind. Um diese Position des Anthropozentrismus (Kapitel 2, Einleitung) geht es allerdings an dieser
Stelle nicht vorrangig. Von Interesse ist hier eher die Tendenz zur
Vermenschlichung künstlicher Objekte: *Anthropomorphisierung*.
Welche philosophischen und ethischen Konsequenzen sich aus der
psychologischen Tatsache ergeben, dass Menschen dazu neigen,
künstliche Kreaturen mit menschlichen Attributen zu belegen und

dadurch in eine andere Beziehung zu ihnen zu treten beziehungsweise ihnen einen anderen Wert zu geben, wird das erste Thema der folgenden Seiten sein.

In einem zweiten Schritt werden Ansätze zu der Frage, ob (einigen) Robotern (rudimentäre) Rechte zustehen, diskutiert, denn die Anerkennung von Rechten (wobei hier den moralischen Rechten gegenüber strafrechtlichen Normen Vorrang eingeräumt wird; Tavani 2018: 4) stellt gerade die Realisierung eines spezifischen Verhaltens gegenüber einem Wesen dar (siehe auch Gordon 2018: 1).

In einem dritten Schritt kommen drei Denker*innen zu Wort, die die Frage nach Robotern als moralischen Handlungsobjekten explizit in den Blick nehmen und sie in unterschiedlich ausgeprägter Abhängigkeit vom Konzept der *moral agency* beantworten. Schließlich werden die Beispiele aus der Robotik, die das Kapitel 2.1 abgeschlossen haben, aufgegriffen und nun vor dem Hintergrund der Positionen zur *moral patiency* erneut diskutiert.

ANTHROPOMORPHISMUS: Die Vermenschlichung nichtmenschlicher Entitäten betrifft nicht allein ihre äußere Gestalt,[15] sondern auch das Verhalten der fraglichen Wesen und damit die Zuschreibung menschlicher Kompetenzen sowie die Interaktion beziehungsweise Kommunikation mit diesen (Fink 2012: 200). Daher wird im Feld der *Social Robotics* (siehe auch Kapitel 1) zuweilen einerseits zwischen dem »anthropomorphen Design«, welches vorrangig die äußerlich wahrnehmbaren Kriterien wie »Form, Sprachfähigkeiten, Gesichtsausdruck« und Ähnliches umfasst, und andererseits dem »sozialen Phänomen, das aus der Interaktion zwischen einem Roboter und einer Nutzerin oder einem Nutzer« entsteht und »*Anthropomorphismus*« (im eigentlichen Sinne) genannt wird, differenziert (alle Zitate in Lemaignan u. a. 2014: 226). Im Bereich der *Social Robotics*, der deshalb für die Frage nach den philosophischen Herausforderungen des Anthropomorphismus von besonderer Relevanz ist, werden derzeit artifizielle Systeme entwickelt, die Menschen in ihrem Alltag zur Hand gehen sollen. Und nicht nur das, soziale Roboter sind Kate Darling zufolge gerade »entworfen worden, um als Begleiter*innen für Menschen zu fungieren« (2012). Ob der Staubsaugerroboter *Roomba*, Rasenmäherroboter

---

15 Wenn auch die griechischen Wurzeln des Wortes »Anthropomorphismus« (»anthropos« für »Mensch« und »morphe« für »Form«, »Gestalt«) vorrangig auf diese zu verweisen scheinen.

wie der *Automower*, der Verkaufsassistent *Paul*, der Kundinnen und Kunden durch die Gänge des Elektrohandels Saturn führt, oder die gegenwärtig in ihren Fähigkeiten noch recht eingeschränkten Haushaltsassistenzsysteme und Unterhaltungsroboter wie *Pepper* (Ichbiah 2005: 156-203; Markowitz 2015: 41; Rondinella 2016) – sie alle stehen für die wachsende Gruppe der sozialen Roboter, die im Nahbereich der Menschen zum Einsatz kommen und daher über soziale Kompetenzen verfügen müssen, abhängig davon, was ihre jeweilige Aufgabe ist und inwieweit sie damit in direkte Interaktion mit Menschen treten.

Ralph Becker interpretiert den Anthropomorphismus vorrangig epistemologisch, als »Sachverhalt, daß der Mensch Objekte *auf menschliche Weise* beobachtet«, und bindet diese den Menschen eigene Art der Beobachtung explizit an den Anthropozentrismus zurück (siehe Kapitel 2, Einleitung) als den, wie Becker sagt, »Subjektbezug einer Weltanschauung, die den Menschen an die Spitze einer Wertehierarchie stellt, zum Nabel der Welt macht oder zum Endzweck des Seins erhebt« (beide Zitate in 2011: 15). Becker differenziert zwar terminologisch zwischen Anthropomorphismus und Anthropozentrismus, erläutert allerdings nicht ihren Zusammenhang; er gibt lediglich an, dass der Anthropomorphismus im Vergleich zum Anthropozentrismus historisch den größeren »Begriffsumfang besitzt und im Laufe der Geschichte am meisten ausdifferenziert wird« (2011: 28). Und in der Tat sind vom Anthropomorphismus weit mehr Werttheorien betroffen als lediglich der Anthropozentrismus, wenn dieser vermutlich auch die der anthropomorphen Einschätzung nichtmenschlicher Entitäten gängigste wertehierarchische Entsprechung ist.[16]

Nun scheint unsere Fähigkeit zur Vermenschlichung zunächst eine psychologische Tatsache und damit primär Thema der Sozialwissenschaften, der Psychologie sowie (im Zusammenhang mit Robotern) der Science and Technology Studies zu sein. Allerdings dient die anthropomorphe Brille, durch die die nichtmenschliche Welt häufig betrachtet und bewertet wird, nicht selten als Vehikel

---

16 Ebenso kann bspw. auch ein Pathozentrismus mit einem anthropomorphen Blick die leidensfähigen von den nicht leidensfähigen Wesen unterscheiden – einmal abgesehen davon, dass bereits die Einschätzung von menschlicher Leidensfähigkeit als moralisch signifikant, ihre Verallgemeinerung auf alle Menschen und Übertragung auf nichtmenschliche Wesen ein anthropomorpher Akt ist.

für eine Platzierung der vermenschlichten Wesen im moralischen Universum. Denn als je menschlicher wir ein Gegenüber einschätzen, je ähnlicher wir es uns selbst machen, desto mehr identifizieren wir uns damit, desto eher sind wir auch bereit, ihm einen ›dem‹ Menschen ähnlichen (moralischen) Wert zu attestieren – und sind dazu auch gewissermaßen gezwungen, wenn wir nicht argumentativ inkonsistent sein wollen. Folgt man diesem Gedankengang, hätte vom Anthropomorphismus eigentlich bereits in Kapitel 2.1 die Rede sein müssen, ging es hier doch vorrangig um die Identifizierung von Robotern als moralischen Akteur*innen nach menschlichen Gesichtspunkten. Doch obwohl das stimmt, reicht der anthropomorphe Blick über die Grenzen des roboterethischen Bereichs, in dem es um die potenzielle *moral agency* artifizieller Systeme geht, hinaus und schließt auch solche Wesen in das moralische Universum ein, die nach allgemeiner Auffassung nicht selbst moralisch handeln können, die allerdings via Vermenschlichung zu Objekten moralischen Handelns gemacht und damit aus der Masse der moralisch irrelevanten Entitäten herausgehoben werden.

Von Seiten der Psychologie wird die Anthropomorphisierung traditionell negativ, »als eine Voreingenommenheit, ein Kategorienfehler, ein Hindernis für den Fortschritt des Wissens und als eine psychologische Disposition angesehen, die typisch ist für diejenigen, die unreif und unaufgeklärt sind, das heißt für kleine Kinder und ›Naturvölker‹« (Damiano/Dumouchel 2018: 2; siehe auch Duffy 2003: 180-181). Sherry Turkle geht noch einen Schritt darüber hinaus, indem sie diese Beobachtungsweise für ethisch problematisch erklärt, sieht sie doch in vermenschlichten Robotern eine Art »›betrügerische‹ Technik« (Damiano/Dumouchel 2018: 1; siehe auch Lin 2012: 11). Denn zum einen würden uns vermenschlichte Roboter den Besitz von Geisteszuständen und zum anderen die »Illusion von Beziehungen«, die wir eigentlich nur mit Menschen eingehen können, vorgaukeln (Turkle 2011: 514, 2007, 2005: 62; siehe auch Jordan 2017: 285-286). Da auf diese Weise einer »Kultur der Simulation« Vorschub geleistet werde, in der »›echte‹ soziale Beziehungen« zum bloßen Anschein degenerieren (Damiano/Dumouchel 2018: 4), fordert Turkle gar den völligen Ausschluss anthropomorphisierter Technologien aus jeglichen »menschlichen Beziehungen« (2010: 4). Ihr Argument einer betrügerischen Technik beziehungsweise einer Kultur der Simulation lässt sich insofern nachvollziehbar tugendethisch interpretieren, als das gute Leben als durch menschliche Beziehungen geformt verstanden werden kann. Menschen begehen dann einen moralischen Fehler, wenn sie diese echte Form der Beziehung durch ein von einem Roboter evoziertes Trugbild ersetzen.[17] Turkle dürfte als Vertreterin der starken KI-These gelten können, da sie annimmt, dass ein »simuliertes Gefühl niemals ein Gefühl, simulierte Liebe niemals Liebe ist« (2010: 4; siehe auch Damiano/Dumouchel 2018: 5).

Ihre radikale Absage an die Vermenschlichung von Robotern ruht mit den beiden oben genannten sozialpsychologischen Prämissen allerdings auf einem schwachen Fundament. Denn erstens ist es fraglich, ob hilfsbedürftige Menschen zum Beispiel in der Roboterrobbe *Paro* einen Begleiter mit Geisteszuständen gefunden zu haben meinen, ja, ob der Besitz von Geisteszuständen für sie tatsächlich ausschlaggebend für die Möglichkeit ist, sich an das artifizielle Gegenüber emotional zu binden. Und zweitens stellt die Beziehung zu *Paro* für diese Menschen zumindest potenziell eine echte Beziehung und nicht nur die Illusion einer solchen dar. Vor dem Hintergrund dieser Einwände auf Turkle wird also deutlich, dass aus der bloßen Möglichkeit eines ›Betrugs‹ durch artifizielle Systeme nicht automatisch eine Notwendigkeit desselben erwächst. Umgekehrt bedürfen auch menschliche Beziehungen nicht der Prämisse einer Annahme bestimmter Geisteszustände, wie an Menschen mit starken kognitiven Beeinträchtigungen, mit denen natürlich emotionale Bindungen eingegangen werden können, nur allzu deutlich wird. Zudem lassen sich Menschen auch von anderen Menschen nicht selten täuschen, wenn ihnen Emotionen vorgespielt werden, die nicht wirklich vorhanden sind.

Der traditionell negativen Konnotation des Anthropomorphismus in der Psychologie[18] und Turkles Bedenken begegnen Studien

---

17 Das Argument gegen den Anthropomorphismus lässt sich auch deontologisch und utilitaristisch ausbuchstabieren: deontologisch, wenn ich etwa aufgrund meiner emotionalen Bindung an einen Roboter meine Pflichten gegenüber anderen Menschen vernachlässige, und utilitaristisch, sollte ich bspw. dank Vermenschlichung meinem Roboter Leidensfähigkeit attestieren und ihn deshalb in die Gesamtglückssumme mit einbeziehen. Ich danke Wulf Loh für diesen Hinweis.

18 Auch in der Psychologie gibt es eine positive Interpretation des Anthropomorphismus, wenn darauf hingewiesen wird, dass unter dem anthropomorphen

der *Social Robotics* deshalb mit einer positiven Interpretation dieser menschlichen Fähigkeit zur Vermenschlichung. So entwerfen Luisa Damiano und Paul Dumouchel in ihrem Text »Anthropomorphism in Human-Robot Co-evolution« (2018) einen optimistischen Ansatz, der den Anthropomorphismus nicht als »kognitiven Fehler betrachtet«, sondern »als ein grundlegendes Werkzeug« (beide Zitate in 2018: 5), das in der Mensch-Roboter-Interaktion zum Einsatz gebracht werden und diese unterstützen und verbessern kann. Unter Berufung auf zahlreiche empirische Studien geben Damiano und Dumouchel an, dass das Besondere sozialer Roboter ist, dass diese »dazu tendieren, die traditionellen ontologischen Kategorien zu verwischen, die die Menschen für gewöhnlich zur Beschreibung der Welt nutzen«, allen voran die Subjekt-Objekt-Dichotomie, aber auch die Kategorien von belebt und unbelebt, empfindungsfähig und nicht empfindungsfähig. Soziale Roboter sind Damiano und Dumouchel zufolge immer ›irgendwo dazwischen‹, Roboter zu anthropomorphisieren ermögliche deshalb eine »neuartige Wissenschaft vom Menschen« (alle Zitate in 2018: 4).

Auch Brian Duffys Frage, ob Roboter in jedem Fall vermenschlicht werden sollten, selbst wenn wir technisch dazu durchaus in der Lage wären, klingt nicht unreflektiert positiv, sondern wie ein Appell an eine moralische Reflexion unserer technologischen Entwicklungsmöglichkeiten (2003: 188; siehe auch Złotowski u. a. 2015: 350). Darling vertritt die Position, dass die Anthropomorphisierung von Robotern lediglich dort »erstrebenswert ist, wo sie die Funktion der fraglichen Technologie verbessert« (2017: 174). So argumentiert sie, dass sich Menschen mit sozialen Robotern, die in der Altenpflege und in Haushalten zum Einsatz kommen, sehr wohl identifizieren können und sollen, da diese Maschinen mit ihren Besitzer*innen in einem intimen Verhältnis stehen und sich diese sonst nicht genügend auf die artifiziellen Systeme einlassen könnten. Mit etwa Minenspürrobotern sollten Menschen hingegen vermutlich keine enge emotionale Bindung eingehen, um den durchaus wahrscheinlichen Verlust der fraglichen Maschine nicht allzu sehr zu betrauern und dadurch vielleicht sogar zu riskieren, der eigenen Rolle als Soldatin oder Soldat nicht mehr an-

---

Blick nichtmenschliche Wesen »familiärer, erklärbar und berechenbarer« würden (Fink 2012: 200).

gemessen nachkommen zu können. Unbenommen lässt sich über die primäre (sekundäre, tertiäre etc.) Funktion eines artifiziellen Systems in vielen Fällen vortrefflich streiten. Auch Catrin Misselhorn gelangt in ihrer Auseinandersetzung mit dem »unheimlichen Tal«, das der Robotiker Masahiro Mori in der Kreation künstlicher Figuren immer dann bemerkt, wenn diese den Menschen zu ähnlich werden, zu einem vergleichbaren Schluss wie Darling (Mori 1970: 33-35). Misselhorn zufolge darf ein Roboter dem Menschen nicht »zu ähnlich« sein, wenn er »Empathie« bei uns »hervorrufen« soll (2009b: 117). Andernfalls laufen wir Gefahr, in der Interaktion mit einem Roboter diesen nicht eindeutig in wichtige Kategorien wie belebt/unbelebt und beseelt/unbeseelt einordnen zu können, was uns irritiert, abstößt oder gruselt.

Dass Menschen in der Lage sind, emotionale Bindungen zu allen möglichen (auch nichtmenschlichen) Wesen einzugehen, bedeutet nicht automatisch, dass alle Beziehungen zu allen Wesen generell denselben (moralischen) Status haben müssen, sondern soll an dieser Stelle zunächst als Potenzial positiv anerkannt werden. Denn so vielfältig die Arten des zwischenmenschlichen Kontakts, der sich etwa in Geschäfts-, Liebes-, sexuellen und freundschaftlichen Beziehungen realisiert, so facettenreich kann sich das Gegenüber darstellen: Menschen erkennen Tiere als Familienmitglieder an, um deren Ableben sie trauern, sie spielen ihren Zimmerpflanzen auf der Violine vor, um ihr Wachstum anzuregen, sie hängen über Jahrzehnte an ihren Schnuffeldecken und geben ihren Autos Namen. Glaubt man Hannah Arendt, liegt das vielleicht daran, dass Menschen bereits in ihrem Denken niemals gänzlich allein, sondern immer schon an ein imaginiertes Gegenüber gebunden sind. Arendt nennt dies das innere Zwiegespräch zwischen »mir und mir selbst« (2015 [1971], 1998). Jede Beziehung, die ein Mensch eingeht, kann als potenzieller Ausdruck dieser anthropologischen Konstante interpretiert werden. Hier soll mein Plädoyer für eine positive Einschätzung der menschlichen Fähigkeit zur Vermenschlichung zunächst dazu dienen, Robotern immerhin den Status von *moral patients*, Objekten moralischen Handelns, zuzugestehen. In Kapitel 2.3 werde ich unter Bezugnahme auf den Ansatz von Damiano und Dumouchel erneut darauf zurückkommen, dann allerdings, um die traditionelle Gegenüberstellung von moralischem Subjekt und Objekt zu hinterfragen.

Nicht nur Lebewesen, auch Objekte wecken unterschiedliche Gefühle in uns, sie vermitteln Geborgenheit, leisten Gesellschaft oder regen uns auch mal auf. Vermutlich hat jede*r Leser*in dieser Zeilen schon einmal den eigenen Computer angeschrien, viele von uns besitzen eine Lieblingstasse, eine Glückssocke oder sprechen mit dem alten Spielzeugteddy. Einige Menschen gehen sogar intime Verbindungen mit Objekten ein: So heiratete Aaron Chervenak 2016 in Las Vegas sein iPhone und die Berlinerin Michelle lebt seit 2014 in einer festen Partnerschaft mit dem Modell einer Boeing 737-800 (Dittmann 2016; Mansholt 2016). Die beiden sind damit Mitglieder einer kleinen Gruppe von Menschen, denen *Objektophilie* beziehungsweise *Objektsexualität* ›diagnostiziert‹ wird, also eine ungewöhnlich stark ausgeprägte emotionale Bindungsfähigkeit an bestimmte Gegenstände.[19] Entgegen der gängigen Reaktion, über solche Fälle zu lachen, empört den Kopf zu schütteln oder sie als pathologisch beziehungsweise verrückt abzutun, wie es vermutlich auch Turkle tun würde, interpretiere ich sie als höchstens auffällige oder besondere Beispiele der Fähigkeit, Beziehungen nicht nur zu Mensch und Tier, sondern auch zu Unbelebtem und Objekthaftem eingehen zu können.

Aber ist denn nicht eine Geschäftsbeziehung von ganz anderer Qualität als eine freundschaftliche Beziehung? Und sich Schutz und Geborgenheit suchend in die Lieblingsdecke hineinzukuscheln bedeutet doch noch lange nicht, die Decke auch zu lieben. Also sind Michelle und Aaron vielleicht doch ›nicht ganz dicht‹, wenn sie ihre iPhones heiraten und sexuellen Umgang mit Modellflugzeugen pflegen? Diesem Urteil hätte zumindest Aristoteles zugestimmt, der in der *Nikomachischen Ethik* (Buch VIII. 1-7) Freundschaften aus Lust, Nutzen und Tugend unterscheidet und die Möglichkeit von Freundschaft mit unbeseelten Dingen dabei kategorisch ausschließt. Diese These untermauert er in *Über die Seele/De anima* mit einer entsprechenden Theorie von Beseeltheit, der viele Leserinnen und Leser vielleicht intuitiv zustimmen würden. So scheinen sich Objekte doch gerade dadurch zu definieren,

---

19 Der Begriff »objectum sexuality« wurde von der schwedischen Modellbauerin Eija-Riitta Eklöf-Berliner-Mauer geprägt, die sich als mit der Berliner Mauer verheiratet sah. Seitdem wird er nicht durchweg negativ als Fremdzuschreibung, sondern durchaus auch als Selbstbezeichnung von Objektsexuellen gebraucht (Marsh 2010; Müller 2006; Stasiénko; Terry 2010; Thadeusz 2007).

dass sie tot sind, also keine Seele haben, eben bloß Dinge sind. Aus ebendiesem Grund lassen sich Aristoteles zufolge mit ihnen weder Freundschaften im genuinen Sinne eingehen noch Liebesbeziehungen führen noch sexuelle Akte ausüben. Freundschaft und Liebe mit unbelebten Objekten wäre, so würde Aristoteles vermutlich bemerken, ein Kategorienfehler und Selbsttäuschung (was wiederum an Turkles Position erinnert), Sex mit Dingen einfach Masturbation.

Andererseits lässt sich darüber, was eine Seele ist und welchen Entitäten eine solche zukommt, vortrefflich streiten. Die Antwort auf diese Frage ist auch kulturspezifisch: So steht Aristoteles mit seiner Position exemplarisch für die klassisch westliche Sicht der Dinge, im Animismus, im japanischen Shintōismus oder in der germanischen Mythologie hingegen ist die Vorstellung von beseelten Objekten durchaus gängig (Bird-David 2000; Breen/Teeuwen 2010; Guthrie 2000; Hardacare 2016; Harvey 2005; Lokowandt 2001). Zudem begründen Leute wie Michelle und Aaron ihre Bindung an die geliebten Gegenstände gar nicht einmal damit, dass diese mit einer Seele ausgerüstet und deshalb liebenswert seien, sondern damit, dass sie die Erwartungen, die die beiden jeweils an Liebesbeziehungen stellen, vollständig erfüllen: im und mit dem Gegenüber zur Ruhe zu kommen, gemeinsam einzuschlafen, eine erfüllte Sexualität zu haben, Gespräche zu führen, sich wertzuschätzen.

Daher soll an dieser Stelle eine erste vorsichtige Definition von (freundschaftlichen) Beziehungen vorgeschlagen werden, die nicht essenzialistisch an die Bedingung der Beseeltheit geknüpft ist (und als Ausblick auf die in Kapitel 2.3 angestellten Überlegungen gedeutet werden kann): Eine Beziehung bis hin zu einer Freundschaft kann man desto eher mit einem Gegenüber eingehen, je mehr es eine befriedigende Antwort auf die eigenen Bedürfnisse zu geben imstande ist. Inwiefern und in welchem Ausmaß das jeweils der Fall ist, unter welchen Umständen etwas als angemessene Antwort interpretiert und ob das Gegenüber dabei noch als bloßes Objekt moralischen Handelns oder bereits selbst als vollwertiges moralisches Subjekt gesehen wird, mag jede*r für sich entscheiden. Erinnern wir uns etwa an E. T. A. Hoffmanns berühmte Erzählung *Der Sandmann*, in der sich der Student Nathanael in eine automatisierte, humanoide Holzpuppe namens Olimpia verliebt, freilich ohne zu wissen, dass es sich bei der betörenden Kunstfigur um einen leblosen Apparat handelt. Obwohl im Gespräch wortkarg und in ihrem sonstigen Verhalten eher einfach gestrickt, kann Olimpia doch zunächst Nathanaels Bedürfnisse befriedigen, er erlebt die Beziehung als reziprok. Wer kann darüber urteilen, ob diese Form der Zuneigung besser oder schlechter ist als die zu einem anderen Menschen? Handelt es sich doch bei den Themen Freundschaft, Liebe und Sexualität um die intimsten und für viele Menschen wertvollsten Bereiche des menschlichen Daseins.[20]

Wen das Thema Liebe und Freundschaft mit Blick auf Objekte zu sehr irritiert, der sei an weniger intime Formen der Beziehung wie etwa in den *Social Robotics* erinnert. Eine von Marian Banks und Kolleg*innen durchgeführte Studie (2008) hat ergeben, dass alte Menschen zu einem Roboterhund (in diesem Fall *AIBO* von Sony) eine ganz ähnliche Bindung aufbauen können wie zu einem echten Hund (siehe auch Ichbiah 2005: 183-187). Der Roboterrobbe *Paro* gegenüber, von der weiter oben bereits (sowie in Kapitel 1) die Rede war, öffnen sich insbesondere demenzkranke Menschen, die oftmals dazu neigen, sich von ihren menschlichen Betreuerinnen und Betreuern zu isolieren. In Kapitel 2.3 wird auf diesen Ansatz, der immerhin der Möglichkeit nach weit über die Forderungen, Roboter als moralische Handlungsobjekte anzuerkennen, hinausreicht, zurückgekommen. An dieser Stelle sollte damit zunächst eine Wertschätzung der Positionen von Damiano und Dumouchel, Duffy, Darling sowie Misselhorn zum Ausdruck gebracht werden, die in der Fähigkeit zur Anthropomorphisierung nichtmenschlicher Entitäten potenziell etwas Positives zu erkennen bereit sind.

RECHTE FÜR ROBOTER: Obwohl im Bereich der Rechtsprechung derzeit einige aufsehenerregende Ansätze diskutiert werden – so arbeitet das Europaparlament aktuell an einem Konzept, das es erlaubt, (einigen) Robotern den »Status als elektronische Personen« (2014-2019) zu geben, und so wurde dem Roboter *Sophia* im Oktober 2017 in Saudi-Arabien die volle Staatsbürgerschaft zugespro-

---

20 Ein inklusiver Ansatz, wie in dieser Studie in den Kapiteln 2.3 und 3.3 vertreten, möchte die Fähigkeiten der Menschen, sich emotional an alle möglichen Formen von menschlichen und nichtmenschlichen Gegenübern zu binden, in den Vordergrund stellen und gegenüber exklusiven Ansätzen der potenziellen Diskriminierung und Degradierung bestimmter Weisen, in denen Menschen Beziehungen eingehen, hervorheben.

chen (Wootson 2017) –, beschränkt sich die vorliegende Studie auf den *moralischen* Status von Robotern.[21]

Einen nachvollziehbaren Übergang zwischen den Debatten um Rechtsansprüche und moralische Rechte für (einige) artifizielle Systeme bietet Kate Darling, die ihre Position mit Blick auf »Strafrechte« (Darling 2012; siehe auch Laukyte 2017: 1) vorstellt, diese allerdings unter Rekurs auf Immanuel Kant begründet. Ähnlich wie sich bereits Kant in § 17 des zweiten Teils der *Metaphysik der Sitten* gegen Tierquälerei wendet, da diese zu einer moralischen Verrohung der Menschen führe (1797: AA VI, 443), plädiert Darling für Roboterrechte, da es den Menschen ihr zufolge dann eher gelinge, menschlich zu bleiben. Ihr Argument bleibt dabei auf den Bereich der sozialen Roboter beschränkt, da diese in intimen und emotionalen Beziehungen mit Menschen stehen und daher ihrer

---

21 Ansätze, die sich mit strafrechtlichen und auch ethischen Roboterrechten befassen, finden sich bei Beck 2010; Calverley 2011, 2006; Gunkel 2018a, 2018b, 2018c; McNally/Inayatullah 1998; Robertson 2014; Tavani 2018. Einige, wie z. B. Tavani (2018: 4), nehmen an, dass das Konzept der elektronischen Person starke Ähnlichkeit zum Konzept der juristischen Person aufweist. Eric Hilgendorf zufolge geht es in dieser Debatte jedoch »weniger um Rechte für Roboter, sondern darum, wie Haftungslücken bei Schädigungen von Menschen durch Maschinen vermieden bzw. geschlossen werden können. Angenommen, ein einwandfrei funktionierendes selbstlernendes System hat ›das Falsche‹ gelernt und verursacht deshalb einen Sachschaden. Wenn man davon ausgeht, dass dem Hersteller hier kein Fehler anzulasten ist, besteht die Gefahr, dass der Geschädigte keinen Schadensersatz erhält. Der konkrete ›Schädiger‹ ist eine Maschine und kann deshalb bislang weder verklagt noch sonst wie zur Verantwortung gezogen werden. Rechtliche oder moralische Verantwortungssubjekte können, so die seit der Aufklärung ganz vorherrschende Auffassung, nicht Sachen, sondern nur andere Menschen, also ›natürliche Personen‹, sein. Immerhin hat das Recht bereits vor über einhundert Jahren die Figur der ›juristischen Person‹ anerkannt, sodass z. B. Unternehmen verklagt werden können. Gäbe es diese Möglichkeit nicht, so würden viele Geschädigte auf ihren Schäden sitzen bleiben, denn angesichts der erheblichen Komplexität eines Großunternehmens ist häufig nicht erkennbar, welcher Mensch genau den Schaden zurechenbar verursacht hat. Derselbe Gedanke könnte dazu führen, auch elektronische Personen anzuerkennen. Hersteller müssten ihren Robotern eine bestimmte Vermögensmenge zuordnen (z. B. über eine Versicherung), und Geschädigte hätten dann die Möglichkeit, unmittelbar die Maschine zu verklagen und sich, wenn sie Recht bekommen, aus dem Vermögen der Maschine entschädigen zu lassen« (Beck u. a. 2019: 247-248). Um Fälle dieser Art geht es Hilgendorf zufolge im Rahmen der Debatte um die elektronische Person.

Ansicht nach eines besonderen Umgangs bedürfen. Ebenfalls Kant interpretierend, attestiert auch Anne Gerdes sozialen Robotern Rechte, da unsere »indirekten Pflichten *in Bezug auf* nichtmenschliche Wesen und Tiere auf unseren [direkten] Pflichten *gegenüber* uns selbst beruhen« (2017: 277). Kant zufolge haben Menschen als Vernunftwesen im eigentlichen Sinne nur direkte Pflichten gegenüber sich selbst, alle weiteren Pflichten gegenüber nichtmenschlichen Wesen sind als indirekte Pflichten aus den direkten Pflichten abgeleitet: »Selbst die Dankbarkeit für lang geleistete Dienste eines alten Pferdes oder Hundes (gleich als ob sie Hausgenossen wären) gehört indirect zur Pflicht des Menschen, nämlich in Ansehung dieser Thiere, direct aber betrachtet ist sie immer nur Pflicht des Menschen gegen sich selbst«. Da allerdings Kant in den §§ 16 und 17 der *Metaphysik der Sitten* nicht ausschließlich vom zwar »lebenden, obgleich vernunftlosen Theil(.) der Geschöpfe«, also von Tieren, spricht, sondern auch das »Leblose in der Natur« (alle Zitate in 1797: AA VI, 442-443) in seine Erwägungen einbezieht, können und müssen sich die indirekten Pflichten Gerdes zufolge konsequent auch auf Roboter erstrecken.

Sowohl Darling als auch Gerdes übernehmen in ihrer Ausweitung von Kants Gedankengang auf soziale Roboter dessen impliziten Anthropozentrismus. Denn Maschinen werden eben nicht um ihrer selbst willen als moralische Handlungsobjekte identifiziert, sondern aufgrund ihres Nutzens für die Menschen. Ihnen kommt kein intrinsischer Wert zu. Roboter sind damit zwar *moral patients*, die auf ein moralisch angemessenes Verhalten Anspruch haben, allerdings aus instrumentellen Gründen, nämlich zum Schutz des moralisch angemessenen menschlichen Charakters.

Herman Tavani formuliert hingegen unter Rekurs auf Hans Jonas einen physiozentrischen Ansatz, der sozialen Robotern moralische Rechte und damit den Status von moralischen Handlungsobjekten zugesteht. Ihm zufolge bringt eine Orientierung an Jonas zwei Vorteile gegenüber anderen philosophischen Positionen mit sich: Zum einen wären unsere Pflichten gegenüber Robotern (anders als innerhalb des Horizonts von Kants Denken) nicht bloß indirekte, sondern »direkte«, da »soziale Roboter ein wichtiger Teil unserer technologischen Welt sind, der gegenüber wir Menschen bereits direkte Verpflichtungen haben«. Zum anderen »inkludiert Jonas' ethische Theorie explizit nichtmenschliche Entitäten als

›Objekte‹ mit einem Anspruch auf moralische Rücksichtnahme« (Tavani 2018: 12). Tavanis Überlegungen stützen sich dabei vorrangig auf Jonas' Hauptwerk *Das Prinzip Verantwortung* (1984), in dem dieser einen radikalen Wandel menschlicher Moral und Verantwortungswahrnehmung aufgrund »der modernen Technik« (1984: 11) fordert. Jonas formuliert vor dem Hintergrund einer scharfen Kritik der »bisherige[n] Ethik«, die sich nicht mit einer etwaigen »Wirkung auf nichtmenschliche Objekte« befasst, da sie ausschließlich dem »direkten Umgang von Mensch mit Mensch« moralische Signifikanz beimisst und also durchweg »*anthropozentrisch*« ist (alle Zitate in 1984: 22), einen neuen Kategorischen Imperativ: »Handle so, daß die Wirkungen deiner Handlung verträglich sind mit der Permanenz echten menschlichen Lebens auf Erden« (1984: 36). Jonas' Imperativ klingt zwar anthropozentrisch, unterscheidet sich allerdings von Kants ursprünglichem Kategorischen Imperativ, der in seiner Grundformel »Handle nur nach derjenigen Maxime, durch die du zugleich wollen kannst, dass sie ein allgemeines Gesetz werde« lautet (1785, AA IV: 421), unter anderem dadurch, dass er den Kontext menschlichen Handelns, die Erde, und damit die nichtmenschliche und auch unbelebte Natur direkt in die moralische Evaluation mit einschließt.

Ohne an dieser Stelle den Raum zu haben, einen detaillierten Vergleich von Kants und Jonas' Ansätzen zu unternehmen, lässt sich hier immerhin auf den ersten Blick feststellen, dass Jonas den expliziten Anspruch erhebt, aus dem anthropozentrischen Weltbild der herkömmlichen Ethiktraditionen, allen voran Kants Ethik, auszubrechen. Sein neuer Kategorischer Imperativ soll einen Physiozentrismus begründen, der auch der (belebten und unbelebten) Natur einen intrinsischen Wert attestiert (Krebs 1997: 352, 358). Demzufolge käme auch Robotern, wie Tavani korrekt bemerkt, als Teil der nichtmenschlichen und unbelebten Natur ein Platz im moralischen Universum zu, sie wären um ihrer selbst willen wertvolle *moral patients*. Wie bereits in der Einleitung zum zweiten Kapitel in dem Abschnitt über die gängigen zentristischen Ansätze bemerkt, unterscheidet man für gewöhnlich einen holistischen Physiozentrismus, der die *gesamte* Natur moralisch und epistemisch berücksichtigt, von einem individualistischen Physiozentrismus, der *alles in der* Natur moralisch und epistemisch berücksichtigt. Es lässt sich nicht eindeutig ausmachen, welche physiozentrische Position Jonas (und mit ihm Tavani) vertritt. Es bleibt somit die Frage bestehen, ob jeder Roboter für sich genommen einen intrinsischen Wert hat, ob nur eine Gruppe besonderer Roboter (wie etwa die der sozialen Roboter, auf die sich Darling und Gerdes fokussieren) oder gar nicht einmal ein einzelnes artifizielles System, sondern lediglich ›der‹ Roboter allgemein als Teil der technischen Seite von Mensch und Natur beziehungsweise die Roboter als Spezies.

Darüber hinaus verbleibt auch Tavani mit seiner Position, aufgrund derer immerhin »einige Arten sozialer Roboter sich als moralische Handlungsobjekte für moralische Erwägungen qualifizieren« (2018: 1), innerhalb des Horizonts zentristischer Ansätze und ist damit den philosophischen Einwänden ausgesetzt, vor die sich diese generell gestellt sehen. Einleitend wurden drei Schwierigkeiten zentristischer Ansätze genannt, nämlich die moralisch fragwürdigen Konsequenzen des jeweiligen Zentrismus, der (anthropologische) Essenzialismus, der jedem Zentrismus innewohnt, sowie der implizite Paternalismus, der mit der in einem (epistemischen) zentristischen Ansatz eingebetteten Subjekt-Objekt-Dichotomie einhergeht. Selbst ein individualistischer Physiozentrismus muss, um handlungsfähig zu bleiben, einigen Entitäten einen instrumentalistischen, also einen schwächeren als einen intrinsischen, Wert zuschreiben oder auf andere Weise eine Wertehierarchie definieren. Und auch innerhalb eines physiozentrischen Ethiksystems wird das moralisch Signifikante essenzialistisch identifiziert – all das, was zur Natur gehört, hat einen Eigenwert. Schließlich bleibt auch innerhalb des physiozentrischen Horizonts die Differenz zwischen erkennenden Subjekten und (an-)erkannten Objekten bestehen, selbst dann, wenn der Physiozentrismus nicht nur auf moralischer, sondern auch auf epistemischer Ebene zum Einsatz kommt und damit der Natur beziehungsweise allen Teilen der Natur Erkenntnisvermögen und Urteilskraft attestiert.

Ansätze zur moral patiency: Abschließend werden nun drei Ansätze besprochen, die Argumente für die Akzeptanz von Robotern als Objekten moralischen Handelns formulieren. Robert Sparrows (2004) und David Levys (2009) Theorien sind dabei deutlich enger an das Konzept der moralischen Akteursschaft gebunden, verstehen sie doch *moral patiency* in direkter Abhängigkeit von *moral agency*. Sofern Roboter als moralische Handlungs*subjekte* zu identifizieren sind, erlangen sie automatisch ebenso den Status moralischer Handlungs*objekte* (einleitend als Standardposition definiert). Deborah Johnson (2011) hingegen sieht in Robotern potenzielle *moral patients*, auch wenn sie nicht als artifizielle moralische Akteurinnen und Akteure in Betracht kommen.

Wie der Titel seines Textes »The Turing Triage Test« (2004) bereits vermuten lässt, entwickelt Sparrow ein an Alan Turings berühmtes Imitationsspiel (Turing 1950) angelehntes Verfahren, um den Zeitpunkt auszumachen, zu dem Maschinen Intelligenz und andere menschliche (oder sogar übermenschliche) Fähigkeiten erworben haben und demzufolge moralisch bedenkenswert beziehungsweise moralische Akteur*innen geworden sind. Aus Sparrows Perspektive gilt es also zunächst, *moral agency* zu definieren, um damit ausmachen zu können, welche Bedingungen Roboter zu erfüllen haben, um ebenso als *moral patients* anerkannt zu werden. In seinen Augen handelt es sich dabei um drei Kompetenzen, nämlich »Bewusstsein, Wünsche und Projekte« beziehungsweise Pläne (2004: 203).

Die Kriterien artifizieller moralischer Akteursschaft, die Sparrow nennt, erinnern an die Positionen von Sullins und Misselhorn (Kapitel 2.1). Ebenso wie Sullins bedient sich auch Sparrow des Beispiels des Hundes, um seinen Leserinnen und Lesern einen moralisch signifikanten Schwellenwert zu vergegenwärtigen, den ein Wesen, das moralisch bedenkenswert sein soll, erreichen muss. Ohne von *moral patiency* wörtlich zu sprechen, exemplifiziert Sparrow mit seinem Ansatz somit den einleitend in dieses Kapitel erläuterten Sachverhalt, dass dieses Konzept für gewöhnlich gar nicht als eigene moralische Kategorie in den Blick genommen, sondern als Negativfolie zur und vollständig abhängig von *moral agency* interpretiert wird (siehe zu Sparrows Ansatz auch Gunkel 2012: 97-98).

David Levy hingegen spricht in seinem Text »The Ethical Treatment of Artificially Conscious Robots« (2009: 210) wörtlich von einem Roboter als potenziellem *moral patient*. Danach allerdings verfährt er wieder ganz ähnlich wie Sparrow, wenn er Bewusstsein als das ausschlaggebende Kriterium bezeichnet, das über eine gerechtfertigte ethische Behandlung einer Entität entscheidet (2009: 214-215). Wie in Sparrows geht auch in Levys Denken der Status, moralisch bedenkenswert, ein *moral patient* zu sein, automatisch mit der Zuschreibung von Bewusstsein einher, was einem

Wesen gleich moralische Akteursschaft attestiert. Denn Levy setzt für sein Argument direkt beim Menschen ein, um in einem zweiten Schritt zu fragen, ob die menschliche Kompetenz des Bewusstseins auch artifiziell hergestellt werden kann (2009: 210-211; siehe auch Gunkel 2012: 96-97). Sowohl Sparrow als auch Levy kommen also in ihrem offensichtlich vorhandenen Bewusstsein für die Eigenständigkeit der Frage nach einem moralisch angemessenen Verhalten gegenüber Robotern dennoch nicht von der moralischen Akteursschaft los.

Anders hingegen bindet Deborah Johnson in ihrem Text »Computer Systems« (2011) die Qualifikation dafür, dass eine Entität moralisch bedenkenswert ist, nicht an moralische Akteursschaft. Sie stellt fest, dass Roboter (beziehungsweise bei ihr: Computersysteme) »moralische Relevanz« haben. Allerdings komme ihnen »Bedeutung und Signifikanz« nicht aus sich selbst heraus zu, wie das bei autonomen Akteurinnen und Akteuren der Fall ist, sondern allein »in ihrer Beziehung zu Menschen; sie sind Bestandteile soziotechnischer Systeme« (2011: 168). Johnson beschreibt den Diskurs über die Moralität technologischer Artefakte als dualistisch, da entweder angenommen werde, Computersysteme seien moralische Akteur*innen, oder aber, dass ihnen überhaupt keine moralische Relevanz zukomme (2011: 168). Die aus ihrer Sicht für moralische Akteursschaft entscheidende Eigenschaft, die Computersystemen abgehe, ist »Freiheit«, das bedeutet Johnson zufolge, dass sie nicht über »mentale Zustände« verfügen und »keine Absicht zu handeln [haben], die sich aus ihrer Freiheit ergäbe« (alle Zitate in 2011: 182). Im Gegensatz zu künstlichen und allen anderen belebten Wesen verfügen Menschen über Freiheit und Urteilskraft (2011: 173). Andererseits sind Computersysteme aufgrund ihrer »Intentionalität und Leistungsfähigkeit« moralisch bedenkenswert beziehungsweise Objekte moralischen Handelns. Die ihnen von den menschlichen Designerinnen und Designern eingegebene Intentionalität und Zielgerichtetheit in ihrem Tun ist der Dreh- und Angelpunkt der *moral patiency* von Computersystemen. Wie alle anderen Ansätze, die in diesem Kapitel diskutiert worden sind (mit Ausnahme von Tavani), folgt auch Johnson einem klaren Anthropozentrismus in ihrer Lokalisierung von Computersystemen im moralischen Universum, denn Intentionalität komme diesen lediglich aufgrund der »Intentionalität ihrer Designer*innen« (2011: 179) zu.

Beispiele: Nun sollen die Beispiele aus der Robotik (*Kismet*, *BlessU-2*, *Paro*, *Cog* sowie *iCub*; siehe Kapitel 2.1) erneut besprochen und die zuvor diskutierten Ansätze darauf übertragen werden, um etwaige Unterschiede in der Zuschreibung von *artificial moral patiency* aufzuzeigen.

Von den neun Positionen, die in diesem Kapitel mit Blick auf je unterschiedliche thematische Schwerpunkte besprochen worden sind – Turkle, Damiano und Dumouchel sowie Duffy zum Anthropomorphismus, Darling, Gerdes und Tavani bezüglich Roboterrechten sowie Sparrow, Levy und Johnson als eigene Positionen zur potenziellen *moral patiency* von Robotern –, würden vermutlich nur Gerdes, Tavani und Johnson den Roboter *Kismet* als Objekt moralischen Handelns interpretieren. Ähnlich wie Joanna Bryson lehnt auch Sherry Turkle eine mögliche Identifizierung von Maschinen als moralische Handlungsobjekte prinzipiell ab, und nach der einleitend in diesem Kapitel mit Darling gegebenen Definition sozialer Roboter als spezielle Servicroboter, die artifizielle Gefährt*innen der Menschen sein sollen, kann *Kismet* nicht als solcher interpretiert und daher vermutlich weder von Damiano und Dumouchel, Duffy sowie Darling als *moral patient* eingestuft werden, die sich explizit insbesondere mit sozialen Robotern und deren Platz im moralischen Universum beschäftigen. Da Sparrow und Levy die klassische Standardposition vertreten, der zufolge Roboter nur dann als moralische Handlungs*objekte* anerkannt werden, sofern sie auch moralische Handlungs*subjekte* sind, und *Kismet* den von beiden an *moral agency* angelegten Bedingungen nicht genügt (Sparrow zufolge sind das Bewusstsein, Wünsche und Projekte, laut Levy Bewusstsein), wird er auch in den Augen von Sparrow und Levy nicht als *moral patient* aufgefasst werden können. Anders als Darling definiert Gerdes hingegen in ihrer Kant-Interpretation die moralisch bedenkenswerten Roboter nicht näher, weshalb davon auszugehen ist, dass nicht nur die sozialen Roboter, sondern potenziell alle artifiziellen Subjekte ihr zufolge den Status eines moralischen Handlungsobjekts erhalten können. Da Tavani seinen physiozentrischen Ansatz nicht näher als einen holistischen oder individualistischen Physiozentrismus konkretisiert, ließe sich *Kismet* vermutlich auch aus seiner Perspektive als *moral patient* verstehen. Schließlich würde Johnson *Kismet* aufgrund seines Mangels an Freiheit nicht als moralischen Akteur auffassen, aber dank seiner programmierten Intentionalität und Zielgerichtetheit als moralisch bedenkenswertes Objekt.

Ein Urteil über das Kommunikationskunstprojekt *BlessU-2* hinsichtlich seiner etwaigen *moral patiency* würde vermutlich ähnlich ausfallen. Aus denselben Gründen wie im Falle *Kismets* dürften Gerdes, Tavani und Johnson nun auch *BlessU-2* als moralisches Handlungsobjekt identifizieren, wohingegen Turkle, Damiano und Dumouchel, Duffy, Darling, Sparrow sowie Levy dies bestreiten müssten.

Bezüglich *Paro* würden nun bis auf Turkle, Sparrow und Levy vermutlich alle Denkerinnen und Denker die Therapierobbe als moralisches Handlungsobjekt interpretieren. Da *Paro* in die Kategorie der sozialen Roboter fällt, sähen sie sowohl Damiano und Dumouchel, Duffy sowie Darling als *moral patient*. Den von Gerdes, Tavani und Johnson im- oder explizit für moralische Handlungsobjekte definierten Kriterien entspricht *Paro* erst recht (da dies bereits bei *Kismet* und *BlessU-2* der Fall war). Da Turkle den prinzipiellen Ausschluss von Robotern aus dem moralischen Universum fordert, darf in ihren Augen *Paro* kein moralisches Handlungsobjekt sein. Und weder Sparrows noch Levys Bedingungen für *moral agency* (und damit *moral patiency*) kann *Paro* genügen.

Der Roboter *Cog* würde von den in diesem Kapitel besprochenen Ansätzen vermutlich in derselben Weise hinsichtlich seiner etwaigen *moral patiency* eingeschätzt werden wie bereits *Kismet* und *BlessU-2*. Nur Gerdes, Tavani und Johnson könnten ihn als moralisches Handlungsobjekt identifizieren.

Schließlich möchte ich vor dem Hintergrund der zur potenziellen *moral patiency* vorgestellten Positionen auch das evolutionäre Lernsystem *iCub* ähnlich wie die Roboterrobbe *Paro* als sozialen Roboter interpretieren. Nach meinem Dafürhalten wären daher lediglich Turkle, Sparrow und Levy nicht in der Lage, *iCub* als *moral patient* zu betrachten (und das aus denselben Gründen wie hinsichtlich *Paro*).

ZUSAMMENFASSUNG: Zu Anfang dieses Kapitels wurden die heterogenen Strategien vorgestellt, nach denen *moral patiency* jeweils zuzusprechen beziehungsweise abzuerkennen ist. Solange nicht festgelegt wird, auf welche Roboter sich der Blick zu richten hat, muss angenommen werden, dass potenziell allen Robotern ein bestimmtes moralisch angemessenes Verhalten zusteht. Das scheint bei den Ansätzen von Gerdes, Tavani und Johnson der Fall zu sein. Sie alle laufen Gefahr, den Kreis der potenziell moralisch bedenkenswerten Wesen über Gebühr auszudehnen. Bei Gerdes und Johnson entsteht dieses Problem aufgrund der Tatsache, dass sie in den diskutierten Texten die Gruppe der Roboter als potenzielle *moral patients* nicht näher eingrenzen (beziehungsweise dass im Rahmen von Johnsons Theorie eigentlich alle Technologien eine durch die Designerinnen und Designer einprogrammierte Intentionalität aufweisen und daher moralisch bedenkenswert sind). Tavani hingegen vertritt in seiner Jonas-Interpretation einen nicht weiter konkretisierten Physiozentrismus, der einer genaueren Ausführung bedarf, um ethische Tragfähigkeit beweisen zu können.

Damiano und Dumouchel, Duffy sowie Darling grenzen den Bereich der moralisch bedenkenswerten artifiziellen Systeme auf den der sozialen Roboter ein. Ihren jeweiligen Überlegungen folgend lässt sich vergleichsweise leicht ausmachen, welche Roboter als *moral patients* zu identifizieren sind und welche nicht. Allerdings stellt sich durchaus die Frage, ob beziehungsweise warum es wirklich nicht möglich sein soll, etwa in *Kismet* oder *Cog* einen künstlichen Gefährten (und also einen sozialen Roboter) zu sehen, wenn doch manche Menschen intime Bindungen zu Modellflugzeugen oder Smartphones einzugehen in der Lage sind. Weiterhin sind diese Ansätze zu sozialen Robotern als den einzigen moralischen Handlungsobjekten ebenfalls damit überfordert, die etwaige moralische Signifikanz von Kunstwerken (was den Roboter *BlessU-2* betreffen würde) in den Blick zu nehmen. Denn sind nicht Kunstwerke moralisch bedenkenswert? Würden wir tatsächlich sagen, dass es moralisch irrelevant ist, wie wir uns gegenüber einem Kunstwerk verhalten? Während sich die Argumente von Gerdes, Tavani und Johnson also als zu weit und unkonkret darstellen, laufen Damiano und Dumouchel, Duffy sowie Darling nun Gefahr, mit ihrer Eingrenzung des Bereichs der *artificial moral patiency* auf die sozialen Roboter die Kategorie des moralisch Bedenkenswerten als zu exklusiv und eng zu definieren.

Sparrow und Levy hingegen können dieses roboterethische Arbeitsfeld hingegen gar nicht erst eigenständig und unabhängig von dem der *moral agency* in den Blick nehmen.

Hier die Ergebnisse dieses Unterkapitels, zusammengefasst in Tabelle 2:

Anthropomorphismus	Turkle	Damiano und Dumouchel	Duffy
Anthropomorphismus	negativ	positiv	positiv
Rechte für Roboter	Nein	Ja	Ja
Zentrismus	Anthropozentrismus	Anthropozentrismus, inklusiver Ansatz	Anthropozentrismus
Sind diese Roboter moralische Handlungsobjekte?			
Kismet	Nein	Nein	Nein
BlessU-2	Nein	Nein	Nein
Paro	Nein	Ja	Ja
Cog	Nein	Nein	Nein
iCub	Nein	Ja	Ja

Rechte für Roboter	Darling	Gerdes	Tavani
Anthropomorphismus	positiv	positiv	positiv
Rechte für Roboter	Ja	Ja	Ja
Zentrismus	Anthropozentrismus	Anthropozentrismus	Physiozentrismus
Sind diese Roboter moralische Handlungsobjekte?			
Kismet	Nein	Ja	Ja
BlessU-2	Nein	Ja	Ja
Paro	Ja	Ja	Ja
Cog	Nein	Ja	Ja
iCub	Ja	Ja	Ja

Ansätze *Moral Patiency*	Sparrow	Levy	Johnson
Anthropomorphismus	neutal	neutral	neutral
Rechte für Roboter	ja (sofern *moral agents*)	ja (sofern *moral agents*)	neutral
Zentrismus	Anthropozentrismus	Anthropozentrismus	Anthropozentrismus

Sind diese Roboter moralische Handlungsobjekte?			
Kismet	Nein	Nein	Ja
BlessU-2	Nein	Nein	Ja
Paro	Nein	Nein	Ja
Cog	Nein	Nein	Ja
iCub	Nein	Nein	Ja

Tabelle 2: Positionen zur *moral patiency*

2.3 Inklusive Ansätze

Die innerhalb des dritten Bereichs der Roboterethik besprochenen Ansätze schlagen Alternativen vor zu dem aristotelischen Ethikbeziehungsweise Bereichsethiken-Modell, dem damit einhergehenden (anthropologischen) Essenzialismus sowie dem häufig darin eingefassten (moralischen und epistemischen) Anthropozentrismus und stellen sich den philosophischen Herausforderungen zentristischer Ansätze im Allgemeinen. Dabei wird zum einen das tradierte Verständnis des moralischen Handlungssubjekts aufgebrochen, um es auch auf nichtmenschliche Wesen auszudehnen. Zum anderen sollen Kompetenzen, die im Rahmen der üblichen exklusiven Ansätze essenzialistisch einzelnen Akteurinnen und Akteuren zugeschrieben worden sind, nun relational als im Zusammenspiel unterschiedlicher menschlicher und nichtmenschlicher Wesen sich realisierend verstanden werden.

Wie einleitend in das Kapitel 2 bereits ausgeführt, ist das einende Vorhaben der auf den folgenden Seiten vorgestellten Perspektiven ein (moralisch und epistemisch) *inklusives* (also *inkludierendes*) Programm, das weder versucht, die Position der Menschen gegenüber anderen Wesen hervorhebend abzusichern, noch die Menschen mit anderen, ›niederen‹ Wesen gleichstellen will. Inklusive Ansätze wollen weder den Menschen moralisch relevante Eigenschaften absprechen noch ihre Rechte als Menschen beschränken. Sie vertreten den Anspruch, auf die teilweise umstrittenen Menschenbilder, die etwa den Menschenrechten und dem Humanismus zugrunde liegen, aufmerksam zu machen und über mögliche Alternativen nachzudenken.

Ebenfalls wurde bereits auf die Nähe inklusiver zu kritisch-posthumanistischen Positionen hingewiesen, was nun näher ausgeführt werden soll. Genauer lässt sich zunächst sagen, dass die kritisch-posthumanistischen Positionen eine Unterkategorie der inklusiven Theorien darstellen, insofern sie die Inklusion nichtmenschlicher Wesen in das moralische Universum vorrangig über eine Hinterfragung des humanistischen Paradigmas betreiben, das sie als grundlegend für das sogenannte westliche Menschen- und Weltbild sehen.

Dem kritischen Posthumanismus (Herbrechter 2018, 2009) ist nicht mehr primär an ›dem‹ Menschen gelegen, sondern er hinterfragt die tradierten, zumeist humanistischen Dichotomien wie etwa Frau/Mann, Natur/Kultur oder Subjekt/Objekt, die zur Entstehung unseres gegenwärtigen Menschen- und Weltbilds maßgeblich beigetragen haben. Kritische Posthumanist*innen wie Donna Haraway, Karen Barad, Rosi Braidotti und Cary Wolfe möchten ›den‹ Menschen überwinden, indem sie mit konventionellen Kategorien und dem mit ihnen einhergehenden Denken brechen, um so an einen philosophischen Standort hinter oder jenseits (»post«) eines spezifischen und für die Gegenwart essenziellen Verständnisses ›des‹ Menschen zu gelangen. Aufgrund der fundamentalen Umwälzungen, die mit einer radikalen Hinterfragung des Humanismus einhergehen, werden in dieser Strömung darüber hinaus die üblichen Deutungen von menschlicher Gesellschaft und politischen Strukturen, von Wissenskulturen und deren Anspruch auf die Deutungshoheit von Tatsachen, Fakten und Wissen, des westlichen (und in der Regel weißen und männlichen) Kapitalismus und der Entwicklung der Massengesellschaft einer Totalrevision unterzogen (Braidotti 2016; Callus/Herbrechter 2013; Franklin 2009; Gane 2006; Krüger 2007; Nayar 2014). Fünf Kernelemente kennzeichnen das kritisch-posthumanistische Denken: (1) ein Ringen mit dem Humanismus,[22] (2) eine Überwindung des Anthropozentrismus, (3) eine Hinterfragung des Essenzialismus und der (philosophischen) Anthropologie, (4) eine Kritik der Wissenskulturen sowie (5) ein deutlicher Appellcharakter sowie gesellschaftspolitische Implikationen (ausführlich in Loh 2018a).

Innerhalb des kritisch-posthumanistischen Paradigmas führt der

---

22 Für das dieser Studie zugrunde liegende Humanismusverständnis vgl. Loh 2018a: 17-31, 138-142.

argumentative Weg von einer traditionell essenzialistisch verfassten philosophischen Anthropologie über unterschiedliche Varianten kritisch-posthumanistischer Anthropologie in letzter Konsequenz schließlich zu einer radikalen ›Alteritologie‹, da in der kritisch-posthumanistischen Reflexion im eigentlichen Sinne nur Alteritäten existieren. Damit wäre der kritische Posthumanismus in seiner stringenten Ausformulierung ein umfassend inklusiver Ansatz. Denn er muss letztlich in einer Kritik nicht nur der humanistischen Anthropologie, sondern jeder anthropologischen Einhegung ›des‹ Menschen münden und damit schließlich in einer Alteritologie, in der Vorstellung also, dass sich keine einzelnen Gattungen, Spezies und Rassen voneinander differenzieren lassen. Vielmehr, so die Theorie, leben wir in einem Universum, das von Alteritäten bevölkert ist, die so bunt und vielfältig sind, dass sie sich nicht in Schemata pressen lassen (Loh 2017c). Die gegenwärtigen kritisch-posthumanistischen Ansätze schlagen mehr oder minder moderate Realisierungen einer solchen radikalen Alteritologie vor.[23]

Im Folgenden werden fünf inklusive Ansätze vorgestellt. Zwar legen sowohl Donna Haraway und Lucy Suchman den argumentativen Schwerpunkt gar nicht auf Roboter, sondern vielmehr auf alle möglichen Wesen. Dennoch lassen gerade sie sich als exemplarisch für diesen dritten roboterethischen Bereich verstehen, da sie mit der Neubestimmung des traditionellen moralischen Handlungssubjekts (vor allem in diesem Kapitel) sowie mit dem Abschied von einer essenzialistischen Konzentration auf die Relata einer jeweiligen Beziehung (insbesondere in Kapitel 3.3 am Beispiel der Verantwortung) ernst machen und dabei in besonderer Weise auch die Technik im Allgemeinen beziehungsweise moderne Technologien im Besonderen im Blick haben. Sie führen allgemein in das Thema der inklusiven Theorien ein, bevor dann mit Mark Coeckelbergh und David Gunkel zwei Vertreter explizit *roboterethischer* inklusiver Theorien vorgestellt werden. Sie konzentrieren

---

23 In der Einleitung wurde bereits darauf hingewiesen, dass den inklusiven Ansätzen nicht mehr vorrangig daran gelegen ist, die Speziesgrenzen durch die Definition der Essenz eines jeweiligen Wesens auszumachen. Relevanter als die Frage, ob (und warum) dieses Wesen etwa ein Mensch oder ein Roboter ist, ist es aus inklusiver Perspektive, eine gemeinsame Theorie und Praxis des guten Miteinanders zu finden. In meinem Habilitationsprojekt unternehme ich derzeit ebenfalls die Ausarbeitung eines inklusiven und kritisch-posthumanistischen Ansatzes.

sich direkt auf Roboter, nehmen allerdings keine weiteren Konkretisierungen vor, wohingegen es Luisa Damiano und Paul Dumouchel dann vorrangig um *soziale* Roboter geht. Damiano und Dumouchel verstehen zwar ihr Argument als Teil eines inklusiven Ansatzes, allerdings scheinen sie in mancherlei Hinsicht (vermutlich ungewollt) mit diesem zu brechen. Daher wird ihre Theorie zuletzt besprochen.

DONNA HARAWAY: Die promovierte Biologin und Naturwissenschaftshistorikerin verzahnt in ihren Schriften Philosophie, Feministische Theorie und Epistemologie, Literaturwissenschaft, Science Fiction, Technik- und Naturwissenschaften mit persönlichen Erfahrungen (Harrasser 2011). Auf diese Weise werden nicht nur Disziplingrenzen durchbrochen und unterschiedliche Wissensdiskurse miteinander verschmolzen, darüber hinaus erschwert diese dichte Collage den Zugang zu ihrem Werk. Bereits die erste ›inoffizielle‹ Schrift des kritischen Posthumanismus – Haraways *Cyborg Manifesto* (1985) – macht sich *zum einen* an eine Infragestellung der gegebenen Wissenskulturen und der akademisch-disziplinären Landschaft. In diesem Zusammenhang bereitet Haraway ein inklusives und relationales Verständnis von Verantwortung vor, das in Kapitel 3.3 diskutiert wird. *Zum anderen* (und darum geht es in diesem Kapitel primär) hinterfragt sie sowohl das gängige Subjektverständnis (und erweitert dieses auch auf nichtmenschliche Formen des Gegenübers) als auch den moralischen und epistemischen Anthropozentrismus. Die zahlreichen Figurationen, die ihr Werk insgesamt bevölkern und die sie als »family of displaced figures« (Penley/Ross 1991: 13) bezeichnet (etwa Cyborg, Modest Witness oder OncoMouse™; dazu Haraway 2000; Harrasser 2011: 586), stehen exemplarisch für diese Überwindung. Haraways Figurationen sind in kritisch-posthumanistischen Kreisen im Allgemeinen sehr beliebt, da sie in sich jeweils Dichotomien vereinen, um in der Anknüpfung an traditionelle Konzepte zugleich mit diesen zu brechen und auf diese Weise Wege zu einer Inklusion nichtmenschlicher Formen des Gegenübers in das moralische Universum zu eröffnen (Braidotti 2014: 167; Graham 2002; Harrasser 2011; Penley/Ross 1991: 20). Am Beispiel der Figuration der Cyborg wird nun exemplarisch aufgezeigt, wie Haraway vorgeht.

Im *Cyborg Manifesto* nennt Haraway Cyborgs »kybernetische Organismen, Hybride aus Maschine und Organismus, Geschöpfe der gesellschaftlichen Wirklichkeit und der Fiktion«.[24] Cyborgs zeigen die Fragilität einer ernstzunehmenden Differenzierung zwischen Fakt und Fiktion auf, insofern »[g]esellschaftliche Wirklichkeit, d.h. gelebte soziale Beziehungen, unser wichtigstes politisches Konstrukt, eine weltverändernde Fiktion [ist]« (alle Zitate in 1995a [1985]: 33). Da sie sowohl imaginiert als auch real sind, verweisen Cyborgs darauf, dass die Grenze zwischen Fiktion und Realität konstruiert ist. Wir alle, so Haraway, haben diese Trennung zwischen Realität und Science Fiction, zwischen »Organismus und Maschine« in uns selbst aufgehoben, denn »wir sind Cyborgs« (beide Zitate in 1995a [1985]: 34). Auch die Unterscheidungen zwischen anderen wichtigen Dichotomien wie etwa Natur und Kultur, Tier und Mensch sowie »zwischen Physikalischem und Nichtphysikalischem« (1995a [1985]: 38) gehen uns verloren.

Diese und weitere Dichotomien, von denen die zwischen Realität und Fiktion sicherlich eine der grundlegendsten ist, stellen in Haraways Augen historisch gewachsene, von Menschen gemachte Narrative dar. Sie sind ohne Zweifel von enormer Relevanz für unser Selbstverständnis, unser Menschen- und Weltbild. Jedoch, so Haraway, bedeutet das nicht, dass es zu ihnen keine Alternative gäbe. Mit dem Anspruch, fundamentale Dichotomien aufzubrechen und in den Menschen als Cyborgs wieder zusammenzufügen beziehungsweise neu zu konstruieren, macht Haraway den Weg frei für weitere nichtmenschliche Akteurinnen und Akteure, die sich in allen ihren weiteren Werken finden. Seit den 1980er Jahren ist bei ihr eine Interessenverlagerung von techniknahen Themen und Figurationen hin zu tierischen Formen des Gegenübers zu beobachten. Insbesondere Affen beschäftigen sie in den 1990ern, Hunde und Tauben sind Gegenstand ihrer jüngsten Publikationen. Die Cyborgs sind darüber aber nicht vollständig vergessen, son-

---

[24] Der von Manfred Clynes und Nathan Kline in »Cyborgs and Space« (1960) eingeführte Begriff sollte die Verschmelzung von einem menschlichen Organismus mit Technologien, die Menschen auf ein Leben im Weltraum vorbereiten, beschreiben. Ein Cyborg ist ein in spezifischer, d.h. in einer für das All und seine Herausforderungen modifizierten Weise veränderter Mensch. Das Kompositum Cyborg aus »cybernetic« und »organism« gibt deren organische Grundlage ebenso wenig eindeutig vor wie die Art und Weise ihrer technischen Modifizierung. Neben menschlichen Cyborgs sind tierische ebenso denkbar wie pflanzliche Cyborgs (Heilinger/Müller 2016).

dern werden von Haraway »mittlerweile als jüngere Geschwister in der viel größeren, queeren Familie der Gefährt*innenspezies« (2016 [2003]: 17) interpretiert, in der es »keine unabhängig existierenden Subjekte und Objekte und keine einzelnen Ursprünge, einheitlichen Akteur*innen oder abschließenden Ziele« (2016 [2003]: 13) gibt, sondern niemand der involvierten »Partner*innen vor dem Verhältnis oder der Bezugnahme existiert« (2016 [2003]: 18); »›die Beziehung‹ [stellt] die kleinstmögliche Analyseeinheit [dar]« (2016 [2003]: 26, 31, 2008: 25-26).

In der Anerkennung unterdrückter und missachteter Formen des menschlichen und nichtmenschlichen Gegenübers werden die rassistisch-speziesistischen Wurzeln des *moralischen* Anthropozentrismus und Humanismus, leitbildgebend für insbesondere die sogenannten westlichen Kulturen mit ihrem vorrangig humanistischen, weißen, heterosexuellen und männlichen Menschenbild, freigelegt (Haraway 2008: 18). Der Versuch jedoch, einem solchen jeweiligen Gegenüber ein ›Gesicht‹, eine ›Stimme‹ zu geben, schlägt zuweilen in einen Paternalismus um – Haraway nennt diesen Vorgang eine »Semiotik der Repräsentation«. Wer nämlich etwa »für den Jaguar« oder »für den Fötus« zu sprechen sich berufen fühlt, der macht »das Objekt seiner Repräsentation [zur Verwirklichung der eigenen] kühnsten Träume«, der passiviert und instrumentalisiert das fragliche Gegenüber (alle Zitate in 1995b: 44-45). Das Paradigma des moralischen Anthropozentrismus lässt sich jedoch auch nicht einfach durch einen anderen Zentrismus ersetzen. So unterzieht Haraway in *When Species Meet* (2008) Jeremy Benthams pathozentrischen Ansatz einer Kritik, wenn sie feststellt, dass die Frage nach der Leidensfähigkeit zwar unbenommen von großer Relevanz ist, ihr jedoch Überlegungen dazu, ob Tiere etwa spielen, arbeiten oder Freude empfinden können, in nichts nachstehen. Leidensfähigkeit, die Grundlage des Pathozentrismus, ist nicht die »ausschlaggebende Frage«, welche die »Ordnung der Dinge umkehrt« (beide Zitate in 2008: 22). An ihre Stelle können viele andere Attribute des menschlichen und tierischen Daseins treten, die für sich genommen jedoch wiederum auch nicht viel mehr als reduktionistische Engführungen darstellen – vorgenommen von den Menschen, die sich anmaßen, über Leiden, Freude, Spiel und Arbeit bei Tieren zu entscheiden.

Auch den *epistemischen* Anthropozentrismus nimmt sich Haraway zu überwinden vor, was beispielsweise daran deutlich wird, dass sie ihre Hündin Cayenne ihre »Forschungspartnerin« (2018 [2016]: 16) nennt und Tauben als »kompetente Agenten [bezeichnet] […], die einander und die Menschen zu situiert-sozialen, ökologischen, verhaltensbezogenen und kognitiven Praktiken befähigen« (2018 [2016]: 18).

Haraway formuliert ihren inklusiven Ansatz in *Unruhig bleiben* (2016) in Form einer Ethik der Verwandtschaft aus, die erst der Frage nach Verantwortung im eigentlichen Sinne gerecht werden könne (siehe Kapitel 3.3). Denn »[s]ich auf eigensinnige Art verwandt zu machen« schafft Bezüge und reicht weit über die engen Grenzen »der göttlichen, genealogischen und biogenetischen Familie« hinaus. Wer in eine jeweilige »Sippe« aufgenommen wird, mit wem wir uns jeweils verwandt machen, bleibt zwar offen und individuell festzulegen. Allerdings geht es Haraway an dieser Stelle vorrangig darum, die Grenzen dessen, was wir bislang als Familie oder Freundeskreis definiert haben (siehe auch die Überlegungen zur freundschaftlichen Beziehung in Kapitel 2.2), zu erweitern und nun auch offiziell jene Wesen ins moralische Universum aufzunehmen, die wir implizit schon zuweilen dort lokalisiert haben – wie etwa bestimmte Haus- und Nutztiere. Die »wilde Kategorie« der Verwandtschaft führt dazu, dass wir »unruhig […] bleiben« (alle Zitate in 2018 [2016]: 10-11). Das bedeutet, dass wir die Widersprüchlichkeiten, die unaufhebbaren Spannungen unseres Daseins genießen und die Ironie darin sehen lernen, wie Haraway bereits im *Cyborg Manifesto* bemerkt: »Ironie handelt von Widersprüchen, die sich nicht – nicht einmal dialektisch – in ein größeres Ganzes auflösen lassen, und von der Spannung, unvereinbare Dinge beieinander zu halten, weil beide oder alle notwendig und wahr sind« (1995a [1985]: 33). Indem wir uns verwandt machen, können wir unruhig bleiben, also die notwendigen Spannungen, Dichotomien und Widersprüche anerkennen und lustvoll mit ihnen ringen. Denn nur weil sie von Menschen gemacht und gesellschaftlich konstruiert sind, heißt das noch lange nicht, dass Kategorien und Dichotomien nicht auch notwendig sind. Wir müssen im Alltag differenzieren, um handlungsfähig zu bleiben. Aber es ist eine offene Frage, *welche* Unterscheidungen wir *wann* treffen und *wen* wir dadurch aus dem Kreis der moralisch bedenkenswerten Wesen ausschließen. »Wir werden miteinander oder wir werden gar nicht«

(2018 [2016]: 11). Unruhig zu bleiben, »ist unsere Aufgabe« (2018 [2016]: 9), denn nur so kann auf Missstände hingewiesen, können Exklusionen erst zu einem kritischen Bewusstsein gebracht und als solche anerkannt werden.

LUCY SUCHMAN: Die Anthropologin und Wissenschaftlerin der Science and Technology Studies beschäftigt sich seit vielen Jahren mit der Mensch-Computer-Interaktion und insbesondere mit Militärtechnologien. In *Human-Machine Reconfigurations* (2007; der Neufassung ihres Buches *Plans and Situated Actions*) – entwickelt sie vor dem Hintergrund der Theorien von Donna Haraway, Bruno Latour, Judith Butler und anderen, aber vor allem mit Karen Barads kritisch-posthumanistischer »relationaler Ontologie« (Barad 2012: 18) einen Ansatz, um die Weisen, in denen wir uns zu anderen Menschen und Nichtmenschen (insbesondere Technologien) in Beziehung setzen und uns als autarke Wesen verstehen, zu *rekonfigurieren*. Mit ihrer relationalen Ontologie liefert Barad das kritisch-posthumanistische Fundament einer darauf zu gründenden Anthropologie und Ethik, für deren Ausformulierung Suchman im letzten Kapitel von *Human-Machine Reconfigurations* (2007) einen Vorschlag unterbreitet.

Barad schlägt mit ihrem agentiellen Realismus einen Weg zur Überwindung des Anthropozentrismus ein, indem sie »die dynamische Kraft der Materie« (2012: 40-41) anerkennt. Materie ist Barad zufolge nicht einfach nur passiv, sondern diskursiv, und der Diskurs ist nicht bloß aktiv, sondern auch materiell. Diese Sichtweise ermögliche es letztlich, nicht nur neue nichtmenschliche Subjekte als solche anzuerkennen, sondern auch die Dichotomie von Menschen und nichtmenschlichen Wesen radikal infrage zu stellen (2012: 30-32). In ihrem Gespräch mit Jennifer Sophia Theodor erläutert Barad das Vorgehen »eine[r] agentisch-realistische[n] Analyse« an den Beispielen der kalifornischen Rosine sowie des Fötus. Wenn wir eine kalifornische Rosine essen, so Barad, dann beißen wir zugleich in die »materiell-diskursive[n] Apparate« »wie Kapitalismus, Kolonialismus und Rassismus«, die an ihrer Produktion beteiligt waren (alle Zitate in 2015b: 184-186). Als Reaktion auf den Essenzialismus formuliert sie einen relationalen Ansatz, der weniger die Relata, die Subjekte und Objekte, als vielmehr die Relation, also das, was zwischen ihnen liegt, in nichtessenzialistischer Weise in den Mittelpunkt stellt (siehe auch Coeckelbergh/Gunkel

2014: 722; Loh 2017c). Sie entwirft eine relationale Ontologie, in der keine singulären, autarken Akteur*innen existieren, sondern diese lediglich innerhalb ihrer gegenseitigen Verstrickungen anerkannt werden (Barad 2012: 18, 2007: 33, 93, 139).

Anders als Haraway, die insbesondere in ihren jüngeren Werken vorrangig Tiere behandelt, nimmt Suchman mit Blick auf Computertechnologien und Roboter das Vorhaben eines Neuverständnisses des »tradierten humanistischen« (2007: 270) Handlungssubjekts sowie der »Grenzen« zwischen Menschen und Maschinen in Angriff. Ähnlich wie bereits Haraway kommt sie dabei zu dem Schluss, dass nicht alle Differenzen per se hinfällig werden. Wohl aber können wir lernen, andere Unterscheidungen als die zu treffen, die uns das humanistische Menschenbild vorschlägt. Darüber hinaus, und darauf kommt es Suchman maßgeblich an, unterstützt uns das Hinterfragen des klassischen Verständnisses von Akteursschaft darin, die »Natur der Differenz« (2007: 260) selbst zu überdenken. Nicht nur, welche Unterschiede wir treffen, ist anthropologisch und ethisch von Belang, sondern wir müssen uns vergegenwärtigen und zur Diskussion stellen, wie wir Differenz selbst verstanden wissen wollen, was Differenz *ist*.

Entlang zahlreicher Beispiele aus den Technikwissenschaften, der Robotik und dem menschlichen Alltag, der durch Technologien fundamental geprägt und strukturiert ist, schlägt Suchman eine relationale Alternative zu der bislang essenzialistisch gedeuteten Mensch-Maschine-Beziehung vor, die auf klar definierten Grenzen und zuschreibbaren (und damit immer auch absprechbaren) Eigenschaften ruht. Ihr zufolge muss eine »Schnittstelle« nicht notwendig als »apriorische oder selbstverständliche Grenze zwischen Körpern und Maschinen gesetzt, sondern kann als Relation verstanden werden, die in bestimmten Situationen in Kraft ist und sich darüber hinaus mit der Zeit verschiebt« (2007: 263). Suchman würde Haraway darin zustimmen, dass es keine vorgegebene Weise der Rekonfiguration des Akteursverständnisses, der Dichotomien von Mensch und Maschine sowie der Kategorien, in denen wir unsere Beziehungen zu menschlichen und nichtmenschlichen Formen des Gegenübers definieren, geben kann. Die Art und Weise, in der wir Differenz verstehen und spezifische Unterscheidungen treffen, wirft »Fragen der Ausrichtung oder Verlagerung, Relation oder Entfremdung« auf, die unterschiedlich beantwortet werden können. Diese Fragen sind der Mensch-Maschine-Interaktion nicht inhärent, »[s]ondern sie sind Effekte, die innerhalb von facettenreichen Subjekt-Objekt-Sammlungen gelebt und erfahren werden« (beide Zitate in 2007: 266).

Wo nun Haraway ihr Konzept von Verwandtschaft als Grundlage einer relationalen Ethik des lustvollen Aushaltens von Spannungen in Anschlag bringt, gründet Suchman in baradscher Tradition ihre Ethik der Rekonfiguration auf der Annahme der »Intra-Action« (2011: 121) und verbindet damit auch die Neuverhandlung der Subjekt-Objekt-Dichotomie, wie sie in ihrem Text »Subject objects« (2011) an humanoiden Robotern exemplifiziert. Intra-Aktion setzt gerade nicht, wie die »Interaktion«, (mindestens) zwei autonome Entitäten voraus, die dann in eine Art Beziehung und »Austausch« miteinander treten (beide Zitate in 2007: 267). Intra-Aktion fußt vielmehr auf der Vorstellung von Interferenz (hier mit Bath u. a. 2013: 7 erklärt):

Interferenz ist der physikalische Begriff für die Überlagerung von Wellen. Er bezeichnet damit eine Form der Beziehung, die sich nicht übersetzen lässt in gängige Vorstellungen von Differenz und Identität, in denen abgeschlossene, stabile Entitäten miteinander in Beziehung treten. In der Interferenz wirkt die Welle, indem sie zu etwas anderem wird, zu einer anderen Welle, zu mehreren, zu kleineren, größeren Wellen, eventuell auch zu gar keinen Wellen. Wellen können sich nicht begegnen, ohne zu interferieren, ohne also zu etwas anderem zu werden. In diesem Sinne steht Interferenz für eine nichtbinäre, nichtlineare und dennoch relationale Form der Erzeugung von Andersheit, von Differenz, die in diesen Differenzen aber nicht aufgeht.

Aus dem Konzept der Intra-Aktion und damit implizit aus dem der Interferenz leitet Suchman die »wechselseitige Konstitution von Menschen und Artefakten« ab. Diese »Konstitution von Menschen und Artefakten tritt weder zu einer einzigen Zeit und an einem einzigen Ort auf, noch kreiert sie fixe Mensch-Artefakt-Relationen oder Entitäten« (beide Zitate in 2007: 268). Haraways Ethik der Verwandtschaft beruht demgegenüber noch eher auf dem Fundament von Interaktion und Identität, das Suchman mit der Vorstellung von einer wechselseitigen Konstitution in Interferenzbeziehungen überschreitet. So gelangt sie zu einer prozesshaften Idee von Menschen und Nichtmenschen, die sich in ihren ständigen Interferenzen dauernd miteinander und gegenseitig neu erschaffen

(2007: 278-279). »Handlungsfähigkeit [...] ist weder in uns noch in unseren Artefakten zu verorten, sondern in unseren Intra-Aktionen« (2007: 285).[25]

Mit ihrer Ethik der wechselseitigen Konstitution von Menschen und Nichtmenschen intendiert Suchman (wie einleitend bereits bemerkt) durchaus keine *generelle* Aufhebung von Differenzen. Allerdings sollen wir überdenken, wie viel und was genau wir von unserem schweren humanistischen Erbe auch weiterhin als Grundlage unseres Menschen- und Weltbildes akzeptieren wollen. Wir benötigen, so Suchman, »ein Narrativ, das Menschen und Nichtmenschen zusammenbinden kann, ohne dabei die kulturell und historisch entstandenen Differenzen zwischen ihnen aufzuheben« (2007: 270). Es gilt, die »Zwillingsfallen eines kategorischen Essenzialismus und einer Auslöschung von wichtigen Differenzen zu vermeiden« (2011: 137). Um auch nichtmenschliche Formen des Gegenübers in unser moralisches Universum inkludieren zu können, müssen wir allerdings in der Lage sein, ständig neu zu verhandelnde Formen der »Asymmetrie« oder besser noch »Dissymmetrie« (beide Zitate in 2007: 269) als Realisierungen der Interferenzen zwischen prozessual sich beständig neu entwerfenden Menschen und Nichtmenschen zu ertragen und zu unterstützen. Das wiederum klingt durchaus wie Haraways Aufforderung nach einem lustvollen »Aushalten von Spannungen« (Haraway 2018 [2016]). Suchman beschließt ihren Text »Subject objects« (2011: 138) daher mit der Aufforderung,

dass wir uns von einer Tradition befreien, in der unser Interesse an Nichtmenschen entweder ihren reflektorischen oder kontrastierenden Eigenschaften gegenüber (einer bestimmten Figur von) unseren eigenen gilt, zugunsten einer Aufmerksamkeit für Ontologien, die radikal – aber immer kontingent – die Grenzen dessen, wo wir aufhören und der Rest beginnt, neu konfigurieren.

MARK COECKELBERGH: Bereits in seiner Habilitationsschrift *Growing Moral Relations* (2012) formuliert Coeckelbergh einen relationalen Ansatz mit Blick auf das Mensch-Tier-Verhältnis, den er zunächst mit dem Roboterethiker David Gunkel weiter ausarbei-

---

25 Ähnlich wie Haraway gelangt auch Suchman über dieses gewandelte Verständnis von Akteursschaft zu einem neuen Verständnis von Verantwortung, das in Kap. 3.3 näher in den Blick genommen wird.

ten wird, um ihn dann auf das Mensch-Maschine-Verhältnis anzuwenden. Coeckelbergh beginnt seine Untersuchungen mit einer Kritik der gewöhnlichen essenzialistischen oder, wie er sie nennt, »Eigenschaftstheorien« (2014: 62) und setzt diesen, wie im Folgenden gezeigt wird, eine phänomenologische »relationale Ontologie« (2012: 45) entgegen, die eine »relationale Wende« (2010a: 209) vornimmt und die »moralische Signifikanz der Erscheinung« (2010b, 2009) auf der Grundlage »sozialer Relationen« (2010a: 219) begründet.

Die Standardposition der Eigenschaftstheorien wurde bereits in Kapitel 2.2 auf der Grundlage der Formulierung von Floridi und Sanders (2004: 350) vorgestellt und diskutiert: Jedes moralische Handlungs*subjekt* ist zugleich auch *Objekt* moralischen Handelns, indem es gerade der Status der *moral agency* gebietet, dieses Wesen auch in einer spezifischen (moralisch angemessenen) Weise zu behandeln. Sobald dem fraglichen Wesen jedoch die Bedingungen (in Form von Kompetenzen und Fähigkeiten) für *moral agency* abgesprochen werden, verliert es damit zugleich auch seinen Status als *moral patient*. Coeckelbergh geht es nun innerhalb des Horizonts der Standardposition insbesondere darum, dass der »moralische Status« einer Entität auf der Zuschreibung »einer spezifischen Eigenschaft« beruht. Bei der Standardposition handelt es sich aus seiner Sicht also insofern um eine essenzialistische Theorie, als die Zugehörigkeit zu einer moralischen Gemeinschaft beziehungsweise der moralische Status eines Wesens an das Vorliegen bestimmter Attribute geknüpft ist (siehe auch Kapitel 2, Einleitung). In Coeckelberghs Worten: »Eine Entität x hat Eigenschaft p. Jede Entität, die Eigenschaft p hat, hat den moralischen Status s. Entität x hat den moralischen Status s.« Dort, wo es möglich ist, Eigenschaften zuzuschreiben, ist es ebenso möglich, sie abzuerkennen, erinnert uns Coeckelbergh mit Blick auf Sklaven, Frauen und Tiere (alle Zitate in 2014: 63).

Neben ihren (aufgrund ihres Essenzialismus) implizit inhärenten exkludierenden Tendenzen gehen mit der Standardposition Coeckelbergh zufolge zusätzlich drei Herausforderungen einher. Zunächst zwei »epistemologische«: Wie sollen wir wissen, welche Eigenschaft für die Zuschreibung eines moralischen Status überhaupt hinreichend ist? Und auf welche Weise sollen wir eine fragliche Eigenschaft einem Wesen eindeutig zuschreiben? Überdies können wir drittens die psychologische Tatsache einer »Diskrepanz zwischen intellektueller Argumentation und eigenem Erleben, zwischen Denken und Handeln, zwischen Glauben und Gefühl« nicht einfach ausblenden (alle Zitate in 2014: 63). De facto bauen wir beispielsweise zu bestimmten Maschinen eine emotionale Bindung auf und behandeln sie anders als andere artifizielle Systeme (siehe etwa die Roboterrobbe *Paro* in den Kapiteln 1 und 2.2) – ebenso wie viele Menschen zu ihren Haustieren eine ganz andere Beziehung haben als zu anderen Tieren. Der Standardposition zufolge steht uns gegenüber diesen und anderen nichtmenschlichen Wesen nur die Möglichkeit offen, ihnen zuzugestehen, mit den für einen spezifischen moralischen Status nötigen Kompetenzen und Fähigkeiten ausgestattet zu sein, oder aber den Menschen, die in ihnen moralische Subjekte erkennen, einen Fehler in der korrekten moralisch relevanten Einschätzung der fraglichen Entität vorzuwerfen.

Coeckelberghs Alternative zu der epistemologisch und psychologisch problematischen Standardposition liegt in einem relationalen Ansatz, der den moralischen Status als etwas begreift, was nicht essenzialistisch einem Wesen zugeschrieben und damit immer auch wieder abgesprochen beziehungsweise von vornherein verweigert werden kann. Moralischer Status, so wie Coeckelbergh ihn versteht, entsteht in der Interaktion zwischen Wesen. Mit der Vorstellung, »dass eine Entität ohne Bezugnahme auf ihre Beziehungen nicht definiert werden kann«, steht er Haraways Ethik der Verwandtschaft näher als Suchmans Ansatz einer Intra-Aktion durch Interferenz, in dem die Subjekte selbst als prozessual sich zu dynamischen Einheiten zusammenfügen und wieder auflösen und ständig wandeln. Mit Haraway hält Coeckelbergh an der Vorstellung von klar definierbaren Relata, also handelnden Subjekten, fest, wenn diese auch nicht mehr dem humanistischen Ideal des autarken, unabhängig von seiner Umwelt existierenden (westlichen, weißen, männlichen) Menschen entsprechen. Wenn Coeckelbergh unter den Relationen insbesondere die »sozialen und natürlichen« benennt, wie etwa das »Ökosystem« eines Tieres und »die Netze sozialer Beziehungen« zu anderen Wesen (alle Zitate in 2014: 64), die in diese Umwelt eingebunden sind, klingt das hingegen nach genaueren Vorstellungen davon, mit welchen menschlichen und nichtmenschlichen Wesen wir Bindungen aufbauen (können), als bei Haraway, die dazu keinerlei Vorgaben macht (und vermutlich beide Attribute des sozialen und natürlichen eher problematisieren würde). Haraway würde Coeckelbergh zwar vielleicht einschränkend dahingehend zustimmen, dass in unserem Kulturkreis die Anerkennung etwa eines Hundes als Gefährte wahrscheinlicher ist, als eine solch enge Beziehung zu beispielsweise einem Affen aufzubauen. Allerdings sind aus ihrer Sicht alle Relationen, die wir wählen, gleichermaßen natürlich, wichtig und einander moralisch ebenbürtig.[26]

In seinem Text »Robot rights?« (2010a) schlägt Coeckelbergh mit Blick insbesondere auf die sozialen Beziehungen eine »relationale Wende« (2010a: 209) anhand dreier Kriterien vor: Erstens sei die »moralische Beachtung« eines Subjekts diesem nicht intrinsisch eingeschrieben, sondern extrinsisch in dessen sozialen Beziehungen und sozialem Kontext zu verorten. Zweitens seien diese moralisch relevanten Attribute als »*sichtbar*« zu verstehen, als »von-uns-wahrgenommene-Eigenschaften« (alle Zitate in 2010a: 214). Drittens schließlich sei die Wahrnehmung dieser Merkmale weder vom Kontext noch vom Subjekt unabhängig. Coeckelbergh schließt diesen Gedankengang in »Robot rights?« (2010a: 214) damit, dass

moralische Relevanz weder im Objekt noch im Subjekt liegt, sondern in der Relation zwischen beiden. Objekte wie beispielsweise Roboter existieren nicht allein im menschlichen Geist […]; allerdings ist es auch wahr, dass wir nur dann Wissen von dem Objekt und seinen Merkmalen haben, wenn sie in unserem Bewusstsein auftauchen. Es gibt keinen direkten, unvermittelten Zugang zu dem Roboter als einer objektiven, Beobachter*in-unabhängigen Realität oder eines ›Dings an sich‹.

Mit Blick insbesondere auf den Roboter ist der soziale Kontext dessen Beziehungen zu anderen Wesen, seine »Situiertheit, Geschichte und Ort« und ebenso seine »natürliche, materielle, soziale und

---

26 Jede exklusive (d. h. exkludierende) Position würde demgegenüber immer einige Beziehungen zu ausgewählten Wesen bevorzugen, etwa wenn die Beziehungen zu Menschen grundsätzlich als wichtiger angesehen werden als Beziehungen zu Tieren. *Diskriminierend* exklusive Ansätze wie ein Rassismus, Speziesismus oder Sexismus (Beispiele dafür wurden in Fußnote 3 der Einleitung in das zweite Kap. genannt) verfahren darüber hinaus offensiv und explizit benachteiligend und herabwürdigend gegenüber den als weniger wichtig eingestuften Beziehungen und Wesen. Inklusive Denker*innen sehen die Gefahr der Diskriminierung tendenziell in jeder exklusiven Theorie angelegt (vgl. Gunkels Einwand auf Wallachs und Allens funktionalistischen Ansatz in Kap. 2.1).

kulturelle Eingebettetheit«. Damit möchte Coeckelbergh keine neue Ontologie vorschlagen, die lediglich andere Eigenschaften als moralisch signifikant interpretiert, sondern im Gegenteil eine Ontologie, die die »menschliche Subjektivität« in seine relationale Ethik zu integrieren erlaubt. Der »moralische Status einer Entität ist konstruiert«, er ist von menschlicher Sprache, menschlichen Begriffen und menschlichem Denken abhängig, daher wandelbar und von Wesen zu Wesen unterschiedlich. Keine Zugangsweise und Beziehung zu einem spezifischen Roboter ist einer anderen *generell* vorzuziehen oder objektiv korrekt. Einige Relationen und Interpretationen sind, so Coeckelbergh, lediglich *situativ* »besser als andere« (alle Zitate in 2014: 64-65). Eine moralische Statuszuschreibung darf nicht im Vorhinein metaphysisch und essenzialistisch erfolgen.

In Übereinstimmung mit Haraway betont Coeckelbergh, dass sein relationaler Ansatz den Vorteil hat, »direkt die moralischen Fragen« zu adressieren, nämlich welche Beziehung wir zu einem anderen Wesen haben können, »wo wir [dabei] *stehen* und wer dieses ›wir‹ ist« – und demzufolge, ob ein jeweiliges Gegenüber »›Teil von ›uns‹ ist« (alle Zitate in 2014: 74).

DAVID GUNKEL: Zuweilen in direkter Zusammenarbeit mit Coeckelbergh (etwa in dem gemeinsamen Text »Facing Animals«; 2014) entwickelt auch Gunkel einen inklusiven Ansatz; insbesondere in seinem Werk *The Machine Question* (2012). Gunkel stellt dort einleitend fest, dass wir René Descartes die Einschätzung von Tieren und Maschinen als geistlose Automaten, als von den Menschen radikal unterschiedene Alteritäten, zu verdanken haben (2012: 3). Ethisch schlägt sich diese Ontologie in einer Vorrangstellung ›des‹ Menschen gegenüber allen möglichen Formen des nichtmenschlich »Anderen« und vor allem eben Tieren und Maschinen nieder, die diese Wesen aus dem moralischen Universum »ausschließt« (beide Zitate in 2007: 166). Erst im 20. Jahrhundert wurde diese ontologische (und folglich auch ethische) Unterordnung zumindest im Fall der Tiere zum Teil aufgehoben. Jetzt wäre es Gunkel zufolge höchste Zeit, auch mit Blick auf Maschinen dieselben Fragen zu stellen, wie wir sie uns hinsichtlich Tieren zu formulieren angewöhnt haben, insofern »[d]ie Frage nach der Maschine das Gegenstück zu der Frage nach dem Tier« (2012: 5) darstelle.

Als exemplarisch für die klassischen anthropozentrischen »Ethiken der Exklusion« (2007: 165) diskutiert Gunkel neben Descartes'

Ansatz auch die Positionen von Immanuel Kant, George Edward Moore und sogar Emmanuel Levinas, dessen »Ethik eine Anthropologie sowie eine spezifische Vorstellung von Humanismus vorausgeht« – so Gunkel (2007: 167). Diese und ähnliche traditionelle Theorien ließen sich zwar mitunter auf Tiere erweitern, allerdings ausschließlich unter Voraussetzung der anthropozentrischen und damit seiner Ansicht nach nichtmenschliche Formen des Gegenübers moralisch diskriminierenden Prämisse. Damit wendet sich Gunkel etwa gegen das Argument von Kant, der sich in § 17 des zweiten Teils der *Metaphysik der Sitten* (1797) zwar gegen Tierquälerei ausspricht, aber nur, da diese zu einer Verrohung, zu einer ›Barbarisierung‹, der Menschen führe, der einzigen Wesen, denen Kant zufolge ein Eigenwert zukommt, nicht aber, weil den Tieren ein Eigenwert zukäme. Tiere würden aus einer anthropozentrischen Perspektive also nur auf den ersten Blick moralisch ernst genommen.

Allerdings stellen alle anderen zentristischen Positionen (etwa der Pathozentrismus, der Biozentrismus und der Physiozentrismus; siehe Kapitel 2, Einleitung) Gunkel zufolge keine ernstzunehmenden Alternativen zu den exklusiven, also exkludierenden, anthropozentrischen Ethiken dar. Denn alle Zentrismen bleiben zum einen der essenzialistischen Standardposition verpflichtet und zum anderen dem der Subjekt-Objekt-Dichotomie impliziten Paternalismus, indem sie ein jeweiliges Erkenntnissubjekt definieren, das einem als Objekt gedachten Gegenüber Werte, Fähigkeiten und Kompetenzen zu- oder abspricht. Gunkel nennt diese anderen nichtanthropozentrischen zentristischen Ansätze »inklusive« (2007: 169) Theorien, da sie im Gegensatz zum Anthropozentrismus immerhin einigen nichtmenchlichen Wesen einen moralisch vergleichbaren Status geben.[27] In »Thinking otherwise« (2007) diskutiert er drei Positionen derartiger inklusiver Ethiken, die jedoch über den Essenzialismus und Paternalismus der jedem zentristischen Denken implizit zugrunde liegenden Subjekt-Objekt-Dichotomie nicht hinauskämen: Michael Andersons, Susan Leigh Andersons und Chris Armens »Maschinenethik« (2007: 169), Ro-

---

27 Nichtsdestotrotz nutzt er damit den Inklusionsbegriff anders als im Rahmen dieser Studie vorgeschlagen, wo alle zentristischen Ansätze als exklusive (denn auf die eine oder andere Weise exkludierende) Positionen bezeichnet werden (vgl. Kap. 2, Einleitung).

bert Sparrows »Androidenethik« und Luciano Floridis »Informationsethik« (beide Zitate in 2007: 171).

Obwohl im Rahmen der durch Anderson, Anderson und Armen vertretenen Maschinenethik der Kreis der moralisch bedenkenswerten Subjekte eine »signifikante Expansion« erfahre, sei sie »exklusiv an der Artikulation ethischer Richtlinien und Verfahren interessiert, die Maschinen den Umgang mit und ein Verhalten gegenüber Menschen vorgeben«. Es gehe dieser Position in letzter Konsequenz lediglich darum, »Menschen vor den potenziell gefährlichen Entscheidungen und Handlungen der Maschinen zu schützen« (alle Zitate in 2007: 170). Sparrow (siehe Kapitel 2.2) präsentiere mit seiner Androidenethik, die als kritische Weiterführung von Peter Singers Tierethik formuliert wird, eine »wichtige und fundamentale Herausforderung des anthropozentrischen Privilegs«. Jedoch »tut sie das, indem sie essenziell humanistische Werte nutzt und umgruppiert, die unglücklicherweise ihre eigenen Belange zu untergraben drohen« (beide Zitate in 2007: 171). Floridis Informationsethik schließlich, die sich auf *moral patients* und weniger auf *moral agents* konzentriert, geht Gunkel zufolge zwar weiter als jedes andere analytische Denken. Dennoch verbleibe auch sie immer noch innerhalb des Horizonts der »traditionellen binären Struktur« (2007: 172) der Subjekt-Objekt-Dichotomie zentristischer Ansätze. Selbst diese und ähnliche (aus seiner Sicht) inklusive (aus Sicht dieser Studie exklusive) Ethikvorhaben, wie sie etwa auch in der Umweltethik zu finden seien, bedürften in der Konsequenz immer noch der Vorstellung eines »Anderen« (2012: 160-161), den oder das sie moralisch diskriminieren, um auf diese Weise die eigene moralische Gemeinschaft zu schützen.

Gunkel nennt seine Alternative zu den herkömmlichen exklusiven anthropozentrischen sowie zu den jüngeren inklusiven, allerdings immer noch zentristischen, Positionen mit Rekurs auf dieses ›Andere‹, das in das moralische Universum er sich aufzunehmen vornimmt, »anders denkend« (2012: 159, 2007). Er hat damit einen Ausbruch aus den bekannten Grenzen zentristischer Ansätze vor Augen und beruft sich dabei sowohl auf kontinentale Denker wie Jacques Derrida als auch auf analytische wie Thomas Kuhn (2012: 163). Gunkel zufolge besteht die Hauptschwierigkeit der genannten Theorien in der »Reduzierung von Differenz auf dasselbe« (2012: 162, 2007: 174), indem der Einschluss eines Gegenübers in das moralische Universum durch die Leugnung oder Aufhebung dessen, was es anders macht, erfolgt.

Demgegenüber will Gunkel das Subjekt der herkömmlichen Ethiken dadurch »dezentralisieren« (2012: 163), dass es, wie er mit Allan Hansons Worten sagt, »mehr als Verb denn als Nomen wahrgenommen wird« (Hanson 2009: 98; siehe zu Hanson auch Kapitel 3.3). Damit steht Gunkel einerseits der Auffassung Suchmans eines prozessual sich je nach Kontext konfigurierenden Subjekts vermutlich näher als den Ansätzen von Haraway und Coeckelbergh, die immer noch zu einer eigenständigeren Vorstellung der miteinander in Beziehung tretenden Relata tendieren. Andererseits jedoch ähnelt das – mit der Annahme eines »sozial konstruierten, regulierten und zugeordneten moralischen Subjekts« (2012: 170) – durchaus Coeckelberghs relationaler Ethik sozialer Beziehungen. Und obwohl er Levinas' Theorie zuvor hinsichtlich deren vermuteter Anfälligkeit für einen humanistischen Anthropozentrismus kritisiert hatte, und obwohl er eingesteht, dass dieser zunächst den Eindruck vermittelt, ähnlich wie Floridi das moralische Handlungsobjekt in den Mittelpunkt seiner Überlegungen zu stellen, bereitet Levinas dennoch, so Gunkel, die Grundlage für eine »*Dekonstruktion* der konzeptuellen Ordnung von *agent* und *patient*« (2012: 176). Aus diesem Grund orientiert sich Gunkel in der Ausformulierung seines Ansatzes eines Andersdenkens letztlich explizit an Levinas. Sein Denken kreist dabei um drei Punkte:

Erstens müssen sich Philosoph*innen der Herausforderungen und sprachlichen Grenzen im Gebrauch der bekannten Termini bewusst sein (2012: 207-209). Weiterhin zwingt uns ein konsequentes Andersdenken Gunkel zufolge dazu, uns von der Vorstellung zu lösen, dass es eine definitive Antwort auf die »Frage nach der Maschine« geben kann. Vielmehr verweist uns die Maschine auf die Schwierigkeit des »Fundaments jeglicher Ethik« (beide Zitate in 2012: 211) und fordert einen beständigen Reflexionsvorgang im ethischen Urteilen darüber, über wen oder was in welcher Weise jeweils geurteilt wird. Schließlich dürfe diese »provisorische Natur der Ethik« nicht als »Versagen« derselben gewertet werden, dem ein wie auch immer zu definierender »Erfolg« gegenüberzustellen wäre (alle Zitate in 2012: 213). Ob und, falls ja, welche Maschinen in das moralische Universum zu integrieren sind, sei nicht ein für alle Mal festzulegen, sondern immer wieder neu zu verhandeln. So stellt die Maschine die Weise, in der wir nach einem Gegenüber jeweils fragen, selbst durch ihre konkrete und situationsgebundene Existenz immer wieder in Frage.

Luisa Damiano und Paul Dumouchel: Damiano und Dumouchel, deren Position bereits in Kapitel 2.2 mit Blick auf die Anthropomorphisierung (einiger spezifischer) artifizieller Systeme diskutiert wurde, entwerfen in ihrem Text »Anthropomorphism in Human-Robot Co-evolution« (2018) einen optimistischen Ansatz, der den Anthropomorphismus nicht als »kognitiven Fehler betrachtet«, sondern »als ein grundlegendes Werkzeug« (beide Zitate in 2018: 5), das in der Mensch-Roboter-Interaktion zum Einsatz gebracht werden und diese unterstützen und verbessern kann. Unter Berufung auf zahlreiche empirische Studien sehen Damiano und Dumouchel das Besondere sozialer Roboter darin, dass diese »die traditionellen ontologischen Kategorien tendenziell verwischen, die die Menschen für gewöhnlich zur Beschreibung der Welt nutzen«, allen voran die Subjekt-Objekt-Dichotomie, aber auch die Kategorien von belebt und unbelebt oder empfindungsfähig und nicht empfindungsfähig. Soziale Roboter sind ihnen zufolge immer ›irgendwo dazwischen‹, Roboter zu anthropomorphisieren ermögliche deshalb eine »neuartige Wissenschaft vom Menschen« (beide Zitate in 2018: 4). Den Ansatz der »synthetischen Ethik« (2018: 7), den sie vor diesem Hintergrund ausformulieren, hat zwei Ziele, nämlich (anthropologische) »Selbsterkenntnis« sowie »moralische Entwicklung« (beide Zitate in 2018: 8). Sie scheinen damit die Vorstellung von einer moralischen Entwicklung der Menschen durch die Anthropomorphisierung ihrer artifiziellen Systeme zu vertreten.

Damiano und Dumouchel grenzen den Bereich der moralisch bedenkenswerten artifiziellen Systeme auf den der sozialen Roboter ein. Ihren Überlegungen folgend, lässt sich so vergleichsweise leicht ausmachen, welche Roboter als *moral patients* zu identifizieren sind und welche nicht beziehungsweise mit welchen Maschinen etwa die Subjekt-Objekt-Differenzierung problematisiert wird. Allerdings vertreten sie den Anspruch, über die Aufhebung fundamentaler Dichotomien in der Anthropomorphisierung von (bestimmten) Robotern eine inklusive Theorie zu entwerfen. Dieser Anspruch soll auf den folgenden Seiten ernst genommen werden, wenn auch im Vergleich mit den zuvor in diesem Kapitel besprochenen Positionen bereits deutlich geworden sein sollte, dass sie durch die essenzialistische Einschränkung ihrer Position auf soziale Roboter keinen strikten inklusiven Ansatz vertreten.

Damianos und Dumouchels Kritik der traditionellen Ethiken beläuft sich insbesondere auf deren negative Einschätzung, gar »radikale Verachtung aller sozialen Roboter und jeglicher Anthropomorphisierung von Technologien« (siehe zu dieser Haltung auch Kapitel 2.2). Hieraus folge in der Konsequenz eine »impotente Ethik«, die der faktischen Entwicklung sozialer Roboter nicht gerecht werden kann, da sie selbige verurteile und deren moralische Relevanz leugne. Demgegenüber sei ein »interaktionistischer verkörperter Ansatz« auszuformulieren, der jedoch die »irreduziblen (epistemologischen, phänomenologischen, operationalen et cetera) Differenzen, die Mensch-Roboter- von Mensch-Mensch-Interaktionen unterscheiden, anerkennt« (alle Zitate in 2018: 7). Spätestens damit zeigt sich, dass Damiano und Dumouchel ganz im Gegensatz zu genuin inklusiven Theorien immer noch an essenzialistisch zuschreibbaren Kriterien zur eindeutigen Definition der Spezies(grenzen) festhalten.

Die grundlegende »Differenz zwischen ›dichotomen‹ und ›synthetischen‹« Ethiken sei insbesondere in der Anerkennung der anthropologisch und ethisch relevanten Tatsache zu sehen, dass die Konstruktion sozialer Roboter ein Verstehen derselben und auch des menschlichen Wesens ermögliche. Mit der bewussten Anthropomorphisierung sozialer Roboter lernen die menschlichen Konstrukteurinnen und Konstrukteure, so Damiano und Dumouchel, nicht nur etwas über sich selbst, sondern mindestens ebenso viel über ihre artifiziellen Geschöpfe. So ermögliche beispielsweise die Einnahme einer synthetischen Perspektive die Einschätzung und entsprechende ethische Beurteilung von »Sexrobotern mit einer integrierten ›Vergewaltigungsoption‹« nicht als Simulation einer solchen, sondern als tatsächliche Vergewaltigung, da die »fragliche Praxis in einen sozialen Kontext eingebettet ist«. Durch ihren Verweis auf den sozialen Kontext, in den soziale Roboter mit ihren Interaktionen per se eingewoben seien, offenbart die Position von Damiano und Dumouchel eine gewisse Nähe zu Coeckelberghs Ansatz einer moralischen Statuszuschreibung in Abhängigkeit von natürlichen und sozialen Relationen. Gerade soziale Roboter gäben neue »Gesprächspartner*innen« ab, die mit der »Subjekt-Objekt-Unterscheidung brechen«, als »neue Kategorie von Interakteurinnen und -akteuren, mit denen neue soziale Beziehungen eingegangen werden können«. Am Beispiel der Sexroboter (siehe Kapitel 1) suchen Damiano und Dumouchel zu verdeutlichen, inwiefern die synthetische Perspektive im Bereich der sozialen Roboter die klare Differenzierung zwischen aktivem Subjekt einerseits und passivem Objekt andererseits aufhebt. Denn die Vergewaltigung eines Roboters sei immer noch Vergewaltigung, auch wenn die artifizielle Akteurin oder der artifizielle Akteur nicht in derselben Weise wie ein Mensch darauf reagiert« (alle Zitate in 2018: 8).

Für die ethische Bewertung der fraglichen Praxis spiele es letztlich keine Rolle – so die Konsequenz der synthetischen Ethik –, ob ein menschliches oder nichtmenschliches Gegenüber eindeutig als Subjekt oder als Objekt interpretiert werden kann. Die Analyse des jeweiligen Gegenübers in seinem spezifischen sozialen Kontext, unabhängig von dem es nicht gesehen und erst recht nicht verstanden werden kann, ist notwendig und hinreichend. Ganz ähnlich wie auch Gunkel gelangen Damiano und Dumouchel dabei zu dem Schluss, dass ihre synthetische Ethik »traditionelle Fragen, [die sich] im Fokus dichotomer Ansätze« befänden, nicht »ausschließen«, sondern »reformulieren« – mit Blick auf das emanzipatorische Potenzial sozialer Roboter, unsere Fähigkeit, Beziehungen einzugehen, zu »stärken« (alle Zitate in 2018: 8). Der Gegenstand der ethischen Beurteilung innerhalb des inklusiven Denkens verlagert sich von den Relata, die eindeutig als solche auszumachen sind, zu den Relationen, den eigentlichen Praktiken sowie dem sozialen Kontext.

BEISPIELE: Ebenso wie bereits in den Kapiteln 2.1 und 2.2 sollen nun die Beispiele aus der Robotik (*Kismet*, *BlessU-2*, *Paro*, *Cog* sowie *iCub*) besprochen und die fünf zuvor diskutierten Ansätze darauf übertragen werden, um etwaige Unterschiede zu den exklusiven Ansätzen einer Zuschreibung von *moral agency* und *moral patiency* auszumachen.

Mit ihrer Ethik der Verwandtschaft, die die Menschen lehrt, unruhig zu bleiben, de facto existierende Widersprüche und Spannungen also nicht nur auszuhalten, sondern lustvoll und ironisch mit ihnen zu ringen, erlaubt Haraway eine radikale Inklusion aller hier exemplarisch genannten Roboter in den Kreis der Gefährtinnen und Gefährten. Allerdings bleibt es von der jeweiligen individuellen Perspektive abhängig, ob man sich mit einem, mehreren, allen oder keinem dieser artifiziellen Systeme vertraut machen möchte. Etwa *Kismet* als einen Gefährten zu erkennen, hätte eine Aufhebung des epistemischen und moralischen Anthropozentrismus sowie in der Konsequenz jedes Zentrismus zur Folge. Von diesem Ergebnis lässt sich allerdings nicht ohne Weiteres darauf schließen, dass *Kismet* in jedem Kontext zum Beispiel einem menschlichen Kind moralisch gleichgestellt wäre und somit die Schädigung beider in derselben Weise zu beurteilen sei. Denn Haraway betont seit ihrem *Cyborg Manifesto* (1985) wiederholt, dass gesellschaftliche, politische, rechtliche und ökonomische Narrative nicht irrelevant sind, sondern unsere Welt und unser Zusammenleben de facto strukturieren. Wohl aber verpflichtet ihre Ethik der Verwandtschaft zu einem immer wieder geführten Diskurs über den gesellschaftlichen Common Sense einer Einschätzung und Bewertung beispielsweise konkreter artifizieller Systeme sowie der auf der Grundlage dieser geführten Diskurse formulierten Gesetze und Richtlinien. Ebenso wie es einmal dem gesellschaftlichen und wissenschaftlichen Standard entsprochen hat, anzunehmen, die Erde stünde im Mittelpunkt des Kosmos, könne auch die Interpretation der Menschen als einziger Wesen mit einem Eigenwert oder auch humanistische Dichotomien wie Natur/Kultur als Standardposition überdacht und gegebenenfalls verworfen werden. Eine solche (immer vorläufige) Einigung entbinde allerdings nicht das einzelne Individuum von seiner persönlichen Verpflichtung zu einer ethischen Positionierung. Solange sich Menschen innerhalb des Horizonts geltender Gesetze bewegen, erlaubt Haraways Ansatz bereits jetzt eine für jedes Individuum spezifische Definition des moralisch relevanten Gegenübers, was generell eine Inklusion in das moralische Universum und keine Exklusion zur Folge hat. Darüber hinaus lässt sich mit ihr der rechtliche und ethische Horizont einer Gesellschaft von innen heraus mit inklusiven (und nicht exklusiven) Intentionen in Frage stellen.

Suchmans Theorie einer über die Intra-Aktion (beziehungsweise Interferenz) wechselseitigen und beständigen Rekonfiguration der in eine Relation eingebundenen Wesen ermöglicht generell eine Inklusion der hier betrachteten Roboter in das moralische Universum. Allerdings sieht sie das gerade im Fall humanoider Roboter wie *Kismet* und *Cog* durchaus skeptisch. Denn hierüber würden essenzialistische anthropologische Vorstellungen sowie geschlechterbinäre Stereotype und die daran geknüpften Konzepte von Akteursschaft und Handlungsfähigkeit auf die fraglichen artifiziellen Systeme übertragen (2011: 122). Mit ihrer kritischen Einschätzung einer Anthropomorphisierung unterscheidet sich Suchmans Position deutlich von der Damianos und Dumouchels, die sich ja gerade einer generell positiven Erfassung des Potentials einer Anthropomorphisierung sozialer Roboter verschreiben. Suchman würde vermutlich darauf hinweisen, dass für eine Anerkennung dieser Roboter als echte nichtmenschliche Gegenüber eine Rekonfiguration der Mensch-Roboter-Interaktion sowie der beteiligten Relata nötig ist. Andernfalls stellten insbesondere die humanoiden Roboter essenzialistische und geschlechtsstereotypisierte Spiegelungen des westlichen und damit vorrangig weißen und männlichen Handlungssubjekts dar. Damit unterstreicht Suchman die persönliche Verantwortung in der Hinterfragung der eigenen Prinzipien, die in der oftmals impliziten Konzeption des moralischen (menschlichen und nichtmenschlichen) Gegenübers am Werk sind (siehe Kapitel 3.3).

Mit der Position, dass moralischer Status über die Interaktion, also über die sozialen und natürlichen Beziehungen, in die ein spezifisches Wesen jeweils eingebunden ist, zuschreibbar wird, lassen sich alle Beispielroboter, so ist mit Coeckelbergh anzunehmen, in das moralische Universum inkludieren. Abhängig sind die fraglichen artifiziellen Systeme dabei von ihrem jeweiligen sozialen Kontext und den menschlichen und nichtmenschlichen Wesen, die ihr Bezugsnetz bilden. Wo genau ein soziales Netz und damit die Möglichkeit, in Relation mit einer Entität zu treten, endet, wird aus seinen Ausführungen nicht deutlich, und ebenso wenig erschließt sich, inwiefern unterschiedliche Relata eines sozialen Kontexts sich gegenseitig unterschiedliche moralische Werte zusprechen können beziehungsweise welche Herausforderungen sich aus dieser Situation gegebenenfalls ergeben. Beides scheint aber generell zumindest für die Möglichkeit, dass ein nichtmenschliches Gegenüber (insbesondere ein Roboter) einen den Menschen äquivalenten moralischen Status erhält, nicht weiter relevant zu sein. Vermutlich könnte Coeckelbergh mit Haraway sagen, dass sich zumindest so lange kein Problem aus den möglicherweise differierenden moralischen Bewertungen ergibt, solange sich die urteilenden Individuen innerhalb des Horizonts des geltenden Rechts aufhalten. Seine Theorie legt allerdings die Notwendigkeit offen, den geltenden rechtlichen Rahmen sowie den gesellschaftlichen und wissenschaftlichen Common Sense in der moralischen Beurteilung zu diskutieren und gegebenenfalls zu modifizieren.

Gunkels relationale Ethik des Andersdenkens ermöglicht die Einbindung der Beispielroboter in das moralische Universum über die drei seine Position rahmenden Prinzipien: die situationsgebundene Diskussion der hierfür relevanten Termini (wie etwa »Mensch«, »Roboter«, »moralisches Handlungssubjekt«), die Anerkennung der Herausforderung, sich der Frage nach dem moralischen Status von Robotern immer wieder neu zu stellen, sowie die Bereitschaft, in dem vorläufigen Status, den eine Beantwortung dieser Fragen jeweils nur erlangen kann, kein Versagen der Ethik zu sehen, sondern im Gegenteil die Akzeptanz derselben als ein soziales Narrativ, das zwar an sich notwendig für ein gesellschaftliches Zusammenleben ist, allerdings in einer jeweils historisch situierten sich artikulierenden Fassung immer kontingent bleibt. Vor diesem Hintergrund ist es möglich, in allen Beispielrobotern ein tatsächliches nichtmenschliches Gegenüber zu erkennen, das denselben moralischen Status hat wie Menschen.

Damiano und Dumouchel würden als einzige Vertreter*innen der in diesem Kapitel vorgestellten inklusiven Ansätze eine Einschränkung der Anerkennung nichtmenschlicher Formen des Gegenübers auf *soziale* Roboter vornehmen. An die in der Zusammenfassung von Kapitel 2.2 begonnenen Überlegungen anknüpfend, könnten sie von den gewählten Beispielrobotern vermutlich lediglich *Paro* und *iCub* als moralisch bedenkenswert einstufen, da nur diese als soziale Roboter im engen Sinne zu verstehen sind. Allerdings werfen sie mit ihrer Position einer synthetischen Ethik, die die jeweiligen Praktiken innerhalb eines sozialen Kontexts gegenüber den darin involvierten Relata in den Vordergrund rückt, zwei Fragen auf: zum einen die Frage, welche Roboter soziale Roboter sind, und zum anderen die Frage, warum die potenziell moralisch relevanten Formen des nichtmenschlichen Gegenübers auf die Kategorie der sozialen Roboter zu beschränken sind – oder anders: warum die essenzialistischen Speziesdefinitionen und Bestimmungen der Speziesgrenzen letztlich doch nicht (vollständig) verworfen werden können.

ZUSAMMENFASSUNG: Es fällt auf, dass alle inklusiven Ansätze die (moralische) Urteilskraft und Verantwortung des (menschlichen) Individuums als notwendiges Komplement zu den historisch spezifischen rechtlichen Regelungswerken sowie den gesellschaftlichen und wissenschaftlichen Narrativen ernst nehmen. Die Betonung der und des Einzelnen ist jedoch als Gegengewicht und nicht als Ersatz für die kollektive Position beziehungsweise überindividuelle Instanzen zu verstehen. Exemplarisch für diese Haltung steht die kritisch-posthumanistische Theorie Haraways. Haraway führt an zahlreichen Stellen ihres Werks ihre Haltung gegenüber den Methoden der Wissenserzeugung in den (Natur-)Wissenschaften aus, die sie »als eine spezifische Form des Erzählens, als eine kulturelle Praktik der Erzeugung von Bedeutungen« interpretiert (Hammer/Stieß 1995: 17; siehe auch Haraway 1995c: 105). Sie begegnet dieser mit dem Konzept des situierten Wissens, das veranschaulicht, inwiefern Wissen niemals kontextunabhängig, geschichtslos oder in irgendeiner Form ›wahrhaft objektiv‹ ist. Ein radikaler Objektivismus würde einem blinden Glauben an die Autorität des geltenden Rechts oder der (Natur-)Wissenschaften folgen, also dem, was oben mit »kollektive Position« und »überindividuellen Instanzen« zusammengefasst wurde. Das Individuum muss vor dem Hintergrund dieser Haltung nicht selbst denken, keine eigenständige moralische Überzeugung ausbilden. Aus der Abkehr von einem radikalen Objektivismus resultiert Haraway zufolge jedoch keineswegs ein radikaler Konstruktivismus, der ihr auf zynische Weise relativistisch erscheint und vor allem zu politischem Handeln unfähig wäre (Penley/Ross 1991: 4). Die Position eines radikalen Konstruktivismus käme einer Überbetonung des (moralischen) Individuums gleich, das sich von keiner Instanz mehr kritisieren lassen muss (siehe hierzu auch Kapitel 3.3).

Alle hier diskutierten inklusiven Ansätze scheinen insofern eine ähnliche Auffassung von dem Verhältnis Individuum (radikaler Konstruktivismus) und Gesellschaft (radikaler Objektivismus) zu vertreten, als alle die moralische Funktion des Individuums als Gegenüber zu der nur scheinbar objektiven und zeitlosen Position gesellschaftlicher, wissenschaftlicher und rechtlicher Instanzen betonen. In allen Ansätzen vermisst man deshalb auffällig einen entsprechenden konkreten Vorschlag zur Ausbildung und Schulung der kritischen Urteilskraft und Fähigkeit zur Wahrnehmung der persönlichen Verantwortung in der moralischen Beurteilung eines potenziellen menschlichen oder nichtmenschlichen Gegenübers als lokalisierbar im moralischen Universum. Was sich in den gängigen inklusiven Ansätzen mit Blick auf die Verantwortung in der Mensch-Roboter-Interaktion sagen lässt, wird Thema von Kapitel 3.3 sein.

Hier die Ergebnisse dieses Unterkapitels, zusammengefasst in Tabelle 3:

	Haraway	Suchman	Coeckelbergh	Gunkel	Damiano und Dumouchel
METHODE DER INKLUSION	unruhig bleiben	Intra-Aktion und Interferenz	soziale und natürliche Beziehungen	Diskussion von Termini, Wiederholung, Prima-facie-Ethik	moralische Beurteilung der sozialen Praktiken
ETHISCHER ANSATZ	Ethik der Verwandtschaft	Ethik der Rekonfiguration	Ethik der sozialen Interaktion	Ethik des Andersdenkens	Synthetische Ethik
EINSCHRÄNKUNGEN	Nein	hinsichtlich Anthropomorphisierung und (geschlechtlicher) Stereotypisierung	hinsichtlich eines jeweiligen sozialen Kontexts	Nein	ausschließlich soziale Roboter
Sind diese Roboter ein moralisches Gegenüber?					
KISMET	Ja	Ja, wenn auch zuvor Rekonfiguration	Ja	Ja	Nein
BLESSU-2					Nein
PARO					Ja
COG					Nein
ICUB					Ja

Tabelle 3: Inklusive Positionen

2.4 Kritische Zwischenbilanz

In Kapitel 2.1, in dem das Arbeitsfeld, das Roboter als potenzielle *moral agents* in den Blick nimmt, vorgestellt wurde, hat sich in der Diskussion der Ansätze von Floridi und Sanders, Sullins, Moor, Wallach und Allen sowie Misselhorn herausgestellt, dass

- *Autonomie* mindestens in einer negativen Definition generell eine Voraussetzung für die Zuschreibung von moralischer Akteursschaft darstellt.
- jene artifiziellen Systeme, die als potenzielle moralische Handlungssubjekte in Frage kommen, *bottom-up* (oder zumindest hybrid) konstruiert sind und damit in einem schwachen Sinn über *Lernfähigkeit* verfügen.
- fast immer Formen von *Intentionalität*, *Urteilskraft* und *Verantwortung* als zusätzliche Kompetenzen für die Annahme moralischer Akteursschaft eine Rolle spielen.
- die angestellten Überlegungen häufig auf einer implizit anerkannten *schwachen KI-These* fußen und damit die Simulation der fraglichen Voraussetzungen für (artifizielle) moralische Akteursschaft hinreichend zu sein scheint.
- alle Positionen implizit eine *anthropologische Prämisse* voraussetzen, indem sie von einem jeweiligen Menschenbild sowie einer Vorstellung des moralischen Handlungssubjekts ausgehend über die etwaige Anerkennung artifizieller moralischer Akteursschaft nachdenken.

In Kapitel 2.2, in dem ein Überblick über das Arbeitsfeld gegeben wurde, das sich mit Robotern als potenziellen *moral patients* befasst, konnte – anhand einer Besprechung der Ansätze von Turkle, Damiano und Dumouchel, Duffy, Darling, Gerdes, Tavani, Sparrow, Levy sowie Johnson – gezeigt werden, dass

- die Anerkennung eines Roboters als moralisches Handlungsobjekt häufig davon abhängig ist, dass dieser auch als moralisches Handlungssubjekt gesehen wird (die *Standardposition*).
- der häufig eingeschlagene Weg bei der Anerkennung eines Roboters als moralisches Handlungsobjekt über einen impliziten oder expliziten *Anthropozentrismus* verläuft.

- die Rechtfertigung einer emotionalen Bindung an eine Maschine sowie einer dadurch erfolgenden Wertzuschreibung und gleichzeitigen Inklusion derselben in das moralische Universum oftmals über den *Anthropomorphismus*, also die Vermenschlichung artifizieller Systeme, erfolgt.

Kapitel 2.3 schließlich, das eine Besprechung der inklusiven Ansätze von Haraway, Suchman, Coeckelbergh, Gunkel sowie Damiano und Dumouchel zu einem Neuverständnis des tradierten (moralischen) Handlungssubjekts sowie der diesem klassischerweise zugesprochenen Fähigkeiten und Kompetenzen umfasst, lässt sich darauf zuspitzen, dass

- kein neues Paradigma, keine neue Ontologie oder Sprache, die die alte ersetzen soll und damit alle Probleme derselben löst, gefunden werden kann, sondern dass inklusive Theorien oftmals als eine *Ergänzung zu den herkömmlichen Ansätzen* (in der Roboterethik) auftreten – wenn vor dem Hintergrund einer Akzeptanz des inklusiven Denkens auch radikale Änderungen unseres Menschen- und Weltbilds in Kauf zu nehmen sind.
- das *Zusammenspiel von individueller und kollektiver Perspektive* in der Einigung darauf, welche Formen des nichtmenschlichen Gegenübers (in diesem Fall insbesondere Roboter) in welcher Weise und unter welchen Umständen in das moralische Universum aufgenommen zu werden beanspruchen können, jeweils zu verhandeln und nicht als selbstverständlich vorauszusetzen ist.
- diejenigen, die sich im moralischen Universum aufhalten, dazu angehalten sind, eine eigenständige *moralische Position* zu beziehen, für die *Urteilskraft* benötigt wird und die die Wahrnehmung von persönlicher *Verantwortung* mit sich bringt.

Eine bislang nur flüchtig in Kapitel 2.2 in der Auseinandersetzung mit dem Anthropomorphismus angesprochene Schwierigkeit liegt in der Übertragung menschlicher Konzepte wie Autonomie, Lernfähigkeit oder Intentionalität auf Maschinen. Es bereitet häufig Unbehagen, nichtmenschliche Wesen mit Attributen zu belegen, die für gewöhnlich Menschen vorbehalten sind. Dieses Unbehagen ist gerechtfertigt, sofern die Gefahr besteht, dass damit der fraglichen Entität eine heimliche Teleologie, also Zweckgerichtetheit, untergeschoben wird, wie das etwa in der Rede von konkurrierenden Genen der Fall ist (zahlreiche andere Beispiele aus den Naturwissenschaften ließen sich an dieser Stelle anführen). Gene konkurrieren nicht, Menschen konkurrieren. Gene haben keine Ziele, um derentwillen sie mit- und gegeneinander ringen, sondern Menschen haben Ziele, die sie in die Beobachtung von Naturprozessen in diese hineininterpretieren (siehe hierzu auch Immanuel Kant in seiner *Kritik der Urteilskraft*; 1790). Kritischen Posthumanist*innen zufolge geschieht das nicht nur in den Naturwissenschaften, sondern generell, da sich Subjekt und Objekt im Erkenntnisprozess nicht autark begegnen, sondern sich wechselseitig bedingen und quasi im Erkennen erst erschaffen. Allerdings macht es einen Unterschied, ob wir die Tatsache, dass wir notwendig immer durch unsere Augen zu sehen gezwungen sind,[28] als in den Kosmos gleichsam eingeschrieben sehen (das würde die Rede von konkurrierenden Genen rechtfertigen). Oder ob wir damit reflektiert und kritisch umgehen, immer bedacht auf die Konnotationen und Geschichten, die in begrifflichen Konzepten mitklingen, und stets in dem Bewusstsein, dass wir uns zu irgendeinem (historisch vermutlich nicht ausmachbaren) Zeitpunkt zu einem Gebrauch dieser Begriffe entschieden, auf eine für gewöhnlich in ihrer Nutzung antizipierte Definition geeinigt haben.

Unsere Sprache ist eine menschliche (so lange wir uns als Menschen verstehen), und es gibt keine Konzepte, sprachlichen Kategorien und Definitionen, die frei von jeglichen Konnotationen und unbeschwert von Geschichte und Tradition daherkommen. Mit Blick auf artifizielle Systeme etwa statt von Autonomie nun von Automation zu reden oder statt von Personen von Subjekten und Akteurinnen und Akteuren, macht die Sache nicht unbedingt besser oder einfacher. In manchen Fällen können wir von einem Begriffswechsel profitieren, wenn er uns eine neue Perspektive auf den Sachverhalt erlaubt, uns irritiert und die historische Last, mit der ein Konzept befrachtet ist, vor Augen führt.[29] Einen solchen

---

28 Was nicht mit dem epistemischen Anthropozentrismus gleichzusetzen ist, der die Annahme trifft, dass Menschen die einzigen zur Erkenntnis überhaupt befähigten Wesen darstellen.
29 Nebenbei ist das auch ein Argument für den Gebrauch des Gendersternchens: Es *soll* irritieren und uns auf die historische Last einer geschlechtlich eindeutig, nämlich männlich, kodierten Sprache aufmerksam machen!

Schritt versucht beispielsweise Sullins, wenn er in »When Is a Robot a Moral Agent?« (2006) den Begriff der Personalität in den Kontexten, in denen es um Roboter geht, vermeiden möchte. Es ist allerdings ein Fehlschluss, davon auszugehen, man könne mit der Neuwahl und, wie Suchman sagen würde, Rekonfiguration bestimmter Konzepte und sprachlicher Beziehungen eine neutrale Sprache entwickeln. Auf die Gefahren dieser Illusion weist Haraway in ihrem *Cyborg Manifesto* hin, wenn sie sagt, dass der »Traum einer gemeinsamen Sprache, wie alle Träume von einer perfekten, wahren Sprache, des perfekten getreuen Benennens der Erfahrung, ein totalisierender und imperialistischer Traum« ist (1995a [1985]: 51). Eine postulierte neutrale Sprache, eine unabhängige Beurteilungsinstanz, ist eine exklusive (und damit exkludierende) Autorität, die denselben argumentativen Stellenwert einnimmt wie Gott, ›die‹ Geschichte, ›die‹ Natur und ›die‹ Wissenschaft. Der Traum einer gemeinsamen Sprache schließt alles aus, was, um es mit Gunkel auszudrücken, anders denkt, und kann dabei selbst doch nur dogmatisch sein, da es sich von außen (dessen Existenz per se geleugnet wird) nicht kritisieren lässt.

Sich von dem Traum einer objektiven Sprache zu verabschieden, bedeutet nicht zugleich die umfassende Leugnung jeglicher Form von Realität (siehe hierzu auch Fußnote 3 in der Einleitung zum zweiten Kapitel); der radikale Sozialkonstruktivismus ist nicht die einzige Alternative zu einem radikalen Objektivismus. Oder, wie Barad es mit Blick auf die Arbeit in den Naturwissenschaften zum Ausdruck bringt: »Zu sagen, dass etwas sozial konstruiert ist, bedeutet nicht, dass es nicht real ist« (2015a: 47). »Die Tatsache, dass naturwissenschaftliches Wissen sozial konstruiert ist, impliziert nicht, dass Naturwissenschaft nicht ›funktioniert‹, und die Tatsache, dass Naturwissenschaft ›funktioniert‹, bedeutet nicht, dass wir menschenunabhängige Fakten über die Natur entdeckt haben« (2015a: 10). Mit Blick auf artifizielle Systeme bedeutet das: Nur weil unsere Beschreibungsweisen von Robotern als etwa autonom, lernfähig oder mit Intentionalität ausgestattet keine ›wahren‹ und objektiv (beziehungsweise empirisch) zu bestätigenden Aussagen über sie darstellen, ist es nicht vollkommen gleich oder egal, wie wir über Roboter sprechen und welche Kompetenzen wir ihnen etwa attestieren. Wir müssen uns der Verantwortung im Umgang mit den Begriffen, die wir nutzen, um Dinge zu beschreiben und miteinander zu teilen, bewusst sein. Wenn wir also von Autonomie im Zusammenhang mit Robotern sprechen, sollten wir das reflektiert und kritisch tun und uns der Tatsache bewusst sein, dass die Genealogie der Autonomie unterschiedliche Definitionen erlaubt und die jeweils von uns befürwortete eine im Zweifel vorläufige ist, die weder historisch unabhängig noch ›wahr‹ oder ›richtig‹ ist oder den Anspruch erheben kann, von allen geteilt zu werden.

Die inklusiven (inkludierenden) Ansätze werfen den exklusiven (exkludierenden) im Allgemeinen vor, sie würden mit den ausnehmend problematischen, da implizit diskriminierenden, sexistischen, heteronormativen oder rassistischen Grundlagen ihres Denkens nicht transparent umgehen. Und da sie mit diesen ersten Prämissen ihres Denkens nicht transparent umgehen, werden diese dadurch implizit bestätigt und perpetuiert. Zuweilen würde zusätzlich sogar noch der Versuch unternommen, besagte Grundannahmen zu rechtfertigen, als objektiv und universell auszugeben. Die exklusiven Positionen hingegen werfen den inklusiven Denkerinnen und Denkern für gewöhnlich eine generelle Unschärfe vor, eine Verdunkelung der Umstände durch ein unnötiges und verwirrendes Aufweichen begrifflicher Kategorien und Speziesgrenzen. Die inklusiven Ansätze könnten höchstens zeigen, dass eine Ausformulierung jeglicher Ethiken der Verwandtschaft (Haraway), Ethiken der Rekonfiguration durch Intra-Aktion und Interferenz (Suchman), Ethiken der sozialen Interaktion (Coeckelbergh), Ethiken des Andersdenkens (Gunkel) sowie synthetische Ethiken (Damiano und Dumouchel) eine moralische Positionierung *erschwert*. Ihr Ruf nach einer Verantwortung des Individuums sowie einer Ausbildung seiner kritischen Urteilskraft könne den großen Herausforderungen, vor die uns die Einführung autonomer artifizieller Systeme in den unterschiedlichsten Kontexten und Nahbereichen des menschlichen Daseins stellt, indes nicht gerecht werden.

Im folgenden Kapitel wird zu zeigen sein, wie mit der Zuschreibung von Verantwortung in exklusiven und inklusiven roboterethischen Ansätzen jeweils umgegangen wird.

3. Verantwortungszuschreibung in der Mensch-Roboter-Interaktion

Neben zahlreichen anderen Herausforderungen, mit denen uns der rasante Fortschritt in Robotik und KI-Forschung gegenwärtig konfrontiert, sehen wir uns vor die Aufgabe gestellt, traditionell den Menschen vorbehaltene Kompetenzen (wie Vernunft, Autonomie, Urteilskraft) in ihrer Übertragung auf artifizielle Systeme zu transformieren. Im ersten Hauptteil dieser Studie ist wiederholt deutlich geworden, dass den Fragen nach den Möglichkeiten einer Wahrnehmung, Delegierung und Teilung von Verantwortung ein nur schwer zu überbietender anthropologischer, ethischer, aber auch politischer und rechtlicher Stellenwert zukommt (so etwa in Kapitel 2.1 in der Diskussion der Ansätze von Sullins und Misselhorn oder in Kapitel 2.3 mit Blick auf Haraway und Suchman). Daher widmet sich der zweite Teil dieser Einführung dem Phänomen der Verantwortung explizit.[1]

DAS TRADITIONELLE VERSTÄNDNIS DER VERANTWORTUNG: Die Geschichte der Verantwortung ist verhältnismäßig kurz, insofern das Wort »verantwortlich« erst im 13. Jahrhundert in Frankreich und im 17. Jahrhundert in Deutschland auftaucht (siehe akutell zum Thema Verantwortung Heidbrink u. a. 2017). Sie umfasst also im Großen und Ganzen bis zur Gegenwart knapp 800 Jahre, wobei ein reflektierter und systematischer Gebrauch des Begriffs erst seit Beginn des 19. Jahrhunderts festzustellen ist (Bayertz 1995; Lenk/Maring 1971-2007; McKeon 1957). Verantwortung lässt sich als Lösungskonzept für solche Kontexte begreifen, in denen die Übersicht über die Akteurinnen und Akteure durch große Komplexität und undurchschaubare Hierarchieverhältnisse erschwert wird. Sie dient der Ordnung und Aufhellung intransparenter Verhältnisse und ist ein Werkzeug, das die bislang üblichen (wie etwa die Konzepte der Pflicht- und Schuldzuschreibung) mindestens ergänzt, wenn nicht gar ersetzt. Da Handlungsabläufe mit der Zeit über

---

[1] Für dieses Kapitel greife ich neben meiner Dissertation (Sombetzki 2014a) auf einige meiner kleineren Artikel zur Rolle der Verantwortung in der Roboterethik zurück; Loh 2018b, 2018c, 2017d, 2016.

die Zwischenschaltung von Instanzen immer vermittelter wurden, sodass die Einzelnen die Folgen ihres Tuns nicht mehr vollständig zu überblicken in der Lage sind (Industrielle Revolution), greifen direkte Pflicht- und Schuldzuschreibungen immer häufiger zu kurz (Lenk/Maring 1995; Lotter 2017). Mit dem vergangenen Jahrhundert traten mit Robotern neue potenzielle Anwärter*innen in die Arena verantwortlicher Wesen.

Eine etymologische Untersuchung (Sombetzki 2014a) zeigt, dass unser Verständnis von Verantwortung auf drei Säulen fußt: Verantwortung bedeutet *erstens*, dass jemand Rede und Antwort steht,[2] und *zweitens*, dass dies kein rein deskriptives, sondern immer ein zumindest auch normatives Geschehen darstellt. Gerne erklärt man zwar etwa den Regen verantwortlich für das Nass-Sein der Straße. Doch hier ist von Verantwortung in übertragenem Sinn rein als *Verursachung* die Rede. Mit Verantwortung als Rede-und-Antwort-Stehen meinen wir mehr, was uns ein Fall wie etwa der, dass Person x für den Tod von Person y verantwortlich ist, vor Augen führt. Zwar denken wir hier vielleicht auch daran, dass Person x den Tod von Person y in einem rein kausalen Sinne verursacht hat. Darüber hinaus ließen sich mit einer solchen Bemerkung aber auch (normativ) Erwartungen und Forderungen verknüpfen. *Drittens* rekurriert die Rede von Verantwortung auch immer auf bestimmte Kompe-

2 Verantwortung ist ein dialogisches Prinzip, wobei die Tatsache des einfachen Antwort-Gebens, das jeder Kommunikation zugrunde liegt, nicht hinreicht, um das Eigentümliche dieses Phänomens zu erfassen. »Die Vorsilbe ›ver‹ drückt [...] eine besondere Steigerung« (Kuhl 2008: 102), Fokussierung oder Zweckgerichtetheit gegenüber der bloßen Antwort aus. In ähnlicher Weise wie bspw. die *Ver*arbeitung einer Materie gegenüber dem Arbeiten einen in besonderer Weise zweckgebundenen Vorgang beschreibt und das *Ver*hören einer Person eine spezifische Form des bloßen Hörens, ist auch der Akt des *Ver*antwortens gegenüber dem einfachen Antworten etwas Besonderes, da auf einen konkreten Zweck hin ausgerichtet. Auch in der englischen Entsprechung klingt etwas Ähnliches an, insofern »Verantwortung die ability (Fähigkeit), [...] zu antworten (response)« (Engelsing 2009: 26) meint. *Ability* in *responsibility* übernimmt im Englischen die Funktion der deutschen Vorsilbe ver- in der Verantwortung. In demselben Sinne, in dem die Vorsilbe ver- eine Verstärkung oder Fokussierung des bloßen Antwortens bedeutet, lässt sich die *ability* in der *responsibility* als zweckgerichtete *response*, also Antwort, interpretieren. Insofern wird in der Verantwortung »ein Anspruch« (Piepmeier 1995: 87) geltend gemacht. Sie bedeutet so viel wie »›Für-etwas-Rede-und-Antwort-Stehen‹« (Werner 2006: 541) oder »to be answerable for [something]« (Duff 1998: 290).

tenzen, die wir der angesprochenen Person zuschreiben. Wir unterstellen, dass sie integer, bedacht und reflektiert das Anliegen der Verantwortung in Angriff nimmt (Sombetzki 2014a: 33-41).[3]

Aus dieser *Minimaldefinition* ergeben sich fünf Relationselemente der Verantwortung, auf die im Folgenden näher eingegangen wird, da sie nicht nur zu den Grundlagen der Verantwortungsforschung zählen, sondern ebenso in den folgenden Kapiteln eine große Rolle spielen. Es bedarf *erstens* eines Subjekts beziehungsweise einer Trägerin oder eines Trägers der Verantwortung. Darüber hinaus ist *zweitens* ein Objekt oder Gegenstand zu definieren. *Drittens* gilt es, die Instanz, vor der man sich verantwortlich zeigt, auszumachen. *Viertens* tragen wir gegenüber einer Adressatin oder einem Adressaten Verantwortung. *Fünftens* geben normative Kriterien den Maßstab und die Richtlinien dafür ab, in welcher Weise Verantwortung zuzuschreiben ist. Eine Diebin oder ein Dieb (Subjekt/Träger*in) steht etwa für einen Diebstahl (Objekt/Gegenstand) vor Gericht (Instanz). Adressatin beziehungsweise Adressat ist die bestohlene Person und die normativen Kriterien sind das Strafrecht (also strafrechtliche Normen; Sombetzki 2014a: 63-132).[4]

Die Bedingungen für die Möglichkeit einer Zuschreibung von Verantwortung lassen sich in drei Kompetenzgruppen differenzieren: Kommunikationsfähigkeit, Handlungsfähigkeit beziehungsweise Autonomie und Urteilskraft. Diese werden weiter unten ebenfalls in den Blick genommen. Alle Kompetenzen als Voraussetzung für die etwaige Zuschreibung von Verantwortung und mit ihr die Verantwortung selbst sind *graduell* bestimmbar; man kann von mehr oder weniger Kommunikations- und Handlungsfähig-

3 Es ist auffällig, dass, ebenso wie die in Kap. 2 besprochenen Denker*innen jeweils keine eigene Definition von »Moral« vorschlagen, obwohl es ihnen um die potenzielle Zuschreibung von *artificial moral agency* geht, die diskutierten Positionen im folgenden Kapitel keine Definition von »Verantwortung« vornehmen, obwohl sie die Möglichkeit einer Zuschreibung von Verantwortung in der Mensch-Roboter-Interaktion in den Blick nehmen.

4 Innerhalb der Verantwortungsforschung ist Alfred Schütz (1972: 256; vgl. auch Sombetzki 2014b) als Erster explizit auf die Stelligkeit des Verantwortungsbegriffs eingegangen, indem er diesem zwei Relationselemente (Objekt und Instanz) zuschreibt. Später variiert die Anzahl der Relationselemente von drei über vier (Bayertz 1995: 16; Freyer 1970; Nunner-Winkler 1993: 1187; Schlink 2010: 1048; Waldenfels 1992: 130) bis hin zu sechs (Lenk/Maring 1971-2007: 570) und sogar sieben (Ropohl 1994: 111-114) Relationselementen.

keit sprechen und abhängig davon von mehr oder weniger Verantwortung (Sombetzki 2014a: 43-62).

SUBJEKT ODER TRÄGER*IN: Hierbei handelt es sich um diejenige oder denjenigen, die oder der Rede und Antwort steht. Abhängig von den Bedingungen, die für eine etwaige Zuschreibung von Verantwortung erfüllt sein müssen, lässt sich der Frage nachgehen, ob nur ›gesunde‹ und erwachsene Menschen oder auch Kinder, (einige) Tiere und auch Pflanzen, vielleicht sogar unbelebte Dinge (wie etwa einige Roboter) Verantwortung tragen können. Innerhalb des Verantwortungsdiskurses ist man sich jedoch darüber einig, dass Verantwortung traditionell ein individualtheoretisches Prinzip ist und dem Konzept der Personalität sehr nahe steht (wenn auch nicht unbedingt gleichbedeutend damit ist; Sombetzki 2014a: 66-69). Dieser Kernbestand des klassischen Verantwortungsverständnisses wird erst in der Gegenwart in Frage gestellt. Jeder rein deskriptive oder kausale Gebrauch des Verantwortungsbegriffs, ein solcher also, der einen normativen Gebrauch gar nicht erlaubt, wie in dem obigen Regen-Beispiel, kann nur metaphorisch gemeint sein (Lenk/Maring 1995: 242; Sombetzki 2014a: 37-39; Werner 2006: 542). In Kapitel 3.1 werden Roboter als potenzielle Verantwortungssubjekte besprochen, in Kapitel 3.3 generell die tradierte Definition des Verantwortungssubjekts hinterfragt.

Ein genaues Verständnis von Verantwortung in einer jeweiligen Situation verlangt ein Urteil darüber, ob es sich bei dem fraglichen Verantwortungssubjekt um ein Individuum oder um ein Kollektiv handelt (French 2006; Isaacs 2017; May/Hoffman 1991; Sombetzki 2014a: 71-94). Im Falle eines Individuums ist zwischen alleiniger, persönlicher, Eigen- und Selbstverantwortung zu differenzieren. Sprechen wir einem Kollektiv Verantwortung zu, geht es um Mechanismen der Verantwortungsdelegation oder -teilung, die einem Mitglied des Kollektivs entweder eine partielle, volle oder gar keine Verantwortung für den fraglichen Verantwortungsgegenstand zuschreiben. In Kapitel 3.1, in dem es um Roboter als Verantwortungssubjekte geht, wird in der Vorstellung meines Ansatzes Neuhäusers Terminus des Verantwortungsnetzwerks eingeführt, um die unterschiedlichen Funktionen in den Blick zu bekommen, die die involvierten Parteien im Falle von Mensch-Roboter-Interaktionen haben. Kapitel 3.2 bespricht auch Kollektivverantwortlichkeiten, die in der Mensch-Roboter-Interaktion virulent werden.

OBJEKT ODER GEGENSTAND: Menschen stehen nicht einfach so Rede und Antwort, sondern immer für etwas oder jemanden beziehungsweise für Handlungen und Handlungsfolgen. Wie Verantwortungssubjekt und -objekt miteinander verknüpft sind, wird über die Rollen vorgegeben, die unseren Alltag ordnen. Rollen definieren unsere Verantwortungsobjekte – unbenommen, dass die Rollen selbst verschieden klar definiert sind, was insbesondere in der Diskussion von Sullins' Ansatz in Kapitel 3.1 deutlich wird (Duff 1998: 292; Schwartländer 1974: 1584; Werner 2006: 543).

Verantwortungsobjekte sind immer vergangene oder zukünftige, sind Teil retrospektiver oder prospektiver Verantwortungskonstellationen. Um den Zeitpunkt einer Verantwortungsübernahme ausmachen zu können – ihre *Retrospektivität* oder *Prospektivität* –,[5] muss das Objekt, für das jemand Rede und Antwort stehen soll, bereits bekannt sein. In den meisten Situationen gelingt uns das ohne größere Schwierigkeiten; so stellt die Verantwortung einer für einen Diebstahl angeklagten Person offensichtlich eine retrospektive Verantwortlichkeit dar, denn um als Angeklagte*r vor Gericht zitiert werden zu können, muss der Gegenstand, um den es geht (in diesem Fall der Diebstahl), bereits in der Vergangenheit liegen. Doch in anderen Fällen erscheint die zeitliche Einordnung des Verantwortungsgegenstands in Vergangenheit oder Zukunft ohne ausführende Erklärungen weniger eindeutig auf der Hand zu liegen, etwa in Sätzen wie »Die Menschen sind für den Klimawandel verantwortlich«. In diesem Fall kann, ohne dass dazu Näheres gesagt wird, mit »Klimawandel« beispielsweise auf den jetzigen Stand des Klimas rekurriert werden, was die fragliche Verantwortung zu einer retrospektiven erklären würde. Insofern sind die Menschen für alle Handlungen verantwortlich zu machen, die zu dem Klimawandel beziehungsweise dem jetzigen Stand des Klimas geführt haben. Allerdings lässt sich die Verantwortung der Menschen für den Klimawandel auch prospektiv ausdeuten, indem man darunter eine Beeinflussung des Klimas hin zu einem anderen, wünschenswerteren Zustand versteht. In jedem Fall müssen weitere Angaben zur Prospektivität und Retrospektivität für eine Konkretisierung

---

5 Die Prospektivität oder Retrospektivität wird auch Ex-post- und Ex-ante-Verantwortung genannt und im Englischen *forward looking* und *backward looking responsibility* (Birnbacher 1995: 145-146; Sombetzki 2014a: 103-104; van de Poel 2001).

dieser Verantwortlichkeit gemacht werden, damit man weiß, wann hier ein Rede-und-Antwort-Stehen gefordert ist.

In Kapitel 3.2, in dem Roboter als potenzielle Verantwortungsobjekte besprochen werden, geht es auch, insbesondere in der Besprechung der Ansätze von Marino und Tamburrini sowie Asaro, um ihre Retrospektivität und Prospektivität als Verantwortungsgegenstand.

INSTANZ: Die Instanz ist neben Subjekt und Objekt das bekannteste und am wenigsten hinterfragte Relationselement der Verantwortung, da der Verantwortungsbegriff zuerst im Rechtsbereich auftrat, wo eine angeklagte Person für gewöhnlich vor der Instanz des Gerichts Rede und Antwort zu stehen hat (Gschwend 2005; Günther 2003; Klement 2017, 2006; Neumann/Schulz 2000). Solange die Fähigkeit, Verantwortung tragen zu können, an Personalität geknüpft ist, kommen im eigentlichen Sinne weder unbelebte Gegenstände, Pflanzen, Tiere noch Kleinkinder als potenzielle Instanzen in Betracht (Weischedel 1972: 26). Das könnte auch ein Grund sein, warum Sullins (in Kapitel 2.1) diesem tradierten Konzept der Personalität mit Skepsis begegnet. Auf seine Position wird in Kapitel 3.1 erneut eingegangen.

ADRESSAT*IN: Die Adressatin oder der Adressat ist das Gegenüber des Verantwortungssubjekts.[6] Sie beziehungsweise er ist Betroffene*r der fraglichen Verantwortlichkeit und definiert den Grund für das Vorhandensein derselben. Im Falle eines Diebstahls ist die bestohlene Person der Grund dafür, dass in diesem Kontext überhaupt von Verantwortung gesprochen wird, in einem weiteren Sinne sind es die Bürgerinnen und Bürger sowie die verletzte Norm selbst. Hieran zeigt sich überdies, dass die Adressatin beziehungsweise der Adressat (im Gegensatz zur Verantwortungs*instanz*) nicht selbst potenzielles Verantwortungssubjekt sein können muss, nicht selbst die Kompetenzen für die Möglichkeit einer Verantwortungszuschreibung mitzubringen hat. Denn als Grund für das Bestehen einer Verantwortlichkeit können sowohl unbelebte wie belebte

---

6 Oft wird zwischen Instanz und Adressat*in nicht hinreichend differenziert, da Letztere oder Letzterer entweder als überflüssig gilt (Bayertz 1995: 16, Fußnote; Müller 1992: 125) oder beide Relata synonym gebraucht werden (Schütz 1972: 256; Weischedel 1972: 26). Selten wird in der Adressatin oder dem Adressaten ein eigenes Relationselement gesehen (Albs 1997: 27; Lenk/Maring 1971-2007: 570; Sombetzki 2014a: 116).

Wesen dienen und auch Abstrakta wie Normen – eben all das, welchem wir einen Wert zuschreiben.

Roboterethische Ansätze, die Roboter explizit als potenzielle Adressat*innen interpretieren, sind mir zum gegenwärtigen Zeitpunkt nicht bekannt (siehe dazu den Beginn des Kapitels 3.2), wenn sie auch (worauf ich in Kapitel 3.1 in der Vorstellung meines Ansatzes eingehe) theoretisch natürlich den Grund für eine Verantwortlichkeit definieren können.

NORMATIVE KRITERIEN: Die normativen Kriterien stellen das Inwiefern, den Maßstab und normativen Bezugsrahmen dar, nach dem in einem gegebenen Kontext darüber geurteilt wird, ob die fragliche Person verantwortlich gehandelt hat. Die Verantwortung bringt ihre Normen nicht mit, sondern muss mit ihnen gewissermaßen erst ›angereichert‹ werden; sie ist »parasitär« (Bayertz 1995: 65) gegenüber ihrem normativen Fundament. Normative Kriterien nehmen unterschiedliche Gestalt an, sie begründen eine Verantwortlichkeit etwa als Werte, Prinzipien, Gebote, Maximen, Gesetze, Regeln, Befehle, Aufgaben oder Anweisungen. Doch traditionell spielen die Pflichten eine für Verantwortungskonstellationen wesentliche Rolle (Kaufmann 2004: 54; Mieth/Bambauer 2017; Ryffel 1967: 286); wohl nicht zuletzt auch aus dem Grund, dass sie neben der Schuld eines der berühmten Vorgängerkonzepte der Verantwortung darstellen (Sombetzki 2014b: 202-206). Über die Einspeisung von Pflichten, die Verantwortlichkeiten ausformulieren und begründen, lässt sich der Verantwortungsbegriff in das Vokabular des deontologischen Denkens einordnen.

Hier gerät das »Grundlegungsproblem« oder »Letztbegründungsdefizit« der Verantwortung in den Blick, insofern man in jeder Rede von Verantwortung »gezwungen [ist], eine Metaphysik nachzureichen, die allererst zeigen kann, weshalb die Verpflichtung der Verantwortung gerade vor dieser Instanz […] besteht« (alle Zitate in Müller 1992: 106). Jede Verantwortung muss sich auf Normen berufen, die ihrerseits wieder einer Begründung bedürfen (Sombetzki 2014a: 161-171).

Die normativen Kriterien definieren Verantwortungsbereiche, in denen jemand (begrenzt durch Normen) Rede und Antwort steht. Je nach Kontext, abhängig von dem Set an Kriterien, die der fraglichen Verantwortlichkeit zugrunde liegen, handelt es sich dabei um etwa den strafrechtlichen, politischen, moralischen oder wirtschaftlichen Raum und demzufolge um eine strafrechtliche, politische, moralische oder wirtschaftliche Verantwortung (Sombetzki 2014a: 152-128).

Auf den folgenden Seiten wird zwar vor allem die moralische Verantwortung in der Mensch-Roboter-Interaktion besprochen. Allerdings werden insbesondere in den Kapiteln 3.2 und 3.3 weitere Verantwortlichkeiten diskutiert, darunter rechtliche und politische. In Kapitel 3.1 kommt in der Auseinandersetzung mit Sullins' Position die soziale (im direkten Vergleich mit der moralischen) Verantwortung in den Blick.

DIE BEDINGUNGEN FÜR DIE MÖGLICHKEIT ZUR VERANTWORTUNGSÜBERNAHME: Ein potenzielles Verantwortungssubjekt bedarf der Kommunikationsfähigkeit, der Handlungsfähigkeit beziehungsweise Autonomie sowie der Urteilskraft (Sombetzki 2014a: 45-62).

Kommunikationsfähigkeit: Insofern jede Verantwortlichkeit ein Akt der Kommunikation ist, basiert die Fähigkeit, Rede und Antwort stehen zu können, auf der Möglichkeit zu kommunizieren. Innerhalb des Verantwortungsdiskurses spielt deshalb Sprachlichkeit eine große Rolle (Piepmeier 1995: 86; Schwartländer 1974: 1580; Weischedel 1972: 15). Da auch eine taubstumme Person in der Lage ist, Rede und Antwort zu stehen, bietet sich jedoch Kommunikations- sehr viel besser als Sprachfähigkeit als Verantwortungsbedingung an.

Handlungsfähigkeit – vielleicht noch besser mit *Autonomie* benannt – umfasst vier weitere Kompetenzen, nämlich Folgebewusstsein (Wissen), Kontextwahrnehmung als Geschichtlichkeit, die Wahrnehmung des Individuums als Einheit (Personalität) sowie Einflussmöglichkeit als intendiertes Einwirken (Betzler/Scherrer 2017). Innerhalb des Verantwortungsdiskurses ist man sich hinlänglich darüber einig, dass überdies Freiheit eine der notwendigen Verantwortungsbedingungen ist (Pauen 2001: 23). Willensfreiheit scheint intuitiv für die Erklärung von Phänomenen wie Handlung, Schuld und Rechtfertigung zu überzeugen (Pauen 2008: 43; Roth 2017; Schälike 2017).[7] Im Rahmen dieser Studie wird Freiheit nicht

---

7 Nur eine Minderheit unter den Verantwortungsforscher*innen widerspricht der Annahme, Freiheit stelle eine Bedingung für die Möglichkeit zur Verantwortungsübernahme dar (Fischer 1988; Lohmar 2005; Morse 2007).

direkt als Bedingung für Verantwortung, sondern als Voraussetzung für Handlungsfähigkeit verstanden beziehungsweise Handlungsfähigkeit umfassend als Autonomie, die mit Wissen, Kontextwahrnehmung, Personalität und Einflussmöglichkeit über die für eine etwaige Verantwortungszuschreibung wesentlichen Momente der Selbstbestimmung verfügt.

Da es auf den folgenden Seiten (insbesondere in Kapitel 3.1, aber auch in Kapitel 3.3) häufig um eine mögliche Kontrolle über selbstlernende Roboter geht, seien an dieser Stelle ein paar Worte dazu als Bedingung für Verantwortung verloren: *Einflussmöglichkeit* (als intendiertes Einwirken) ist ein Aspekt der Handlungsfähigkeit als Bedingung für die Möglichkeit zur Verantwortungsübernahme. Viele Verantwortungsforscherinnen und -forscher stimmen indes in der Ansicht überein, dass man für das verantwortlich ist, was man *kontrollieren* kann (Duff 1998: 291; Nida-Rümelin 2007: 62). Die Begriffe »Einfluss« und »Kontrolle« werden im Verantwortungsdiskurs häufig sehr ähnlich gebraucht (Heidbrink 2008: 4-5; Neumaier 2008: 72; Young 2011: 144-145). Die Begriffe »Einfluss« und »Kontrolle« synonym zu deuten, überzeugt jedoch nur dann, wenn mit Kontrolle keine *absolute* Ausübung von Einfluss gemeint ist, denn das würde unser Verständnis von Verantwortung unterfordern. Für gewöhnlich verlangen wir nicht nur unter der Voraussetzung absoluter Kontrolle, dass jemand Rede und Antwort für etwas steht. Die »Maximalposition« (Werner 2006: 546), dass jemand für alles verantwortlich ist, was er oder sie in welch geringem Maße auch immer beeinflussen kann, stellt die Gegenposition hierzu dar, was die Gefahr einer Totalisierung und Entgrenzung von Verantwortung mit sich bringt. Vor dem Hintergrund der hier angestellten Überlegungen lässt sich diese Vorstellung einer Totalverantwortung nun folgendermaßen entkräften: Verantwortung setzt Handlungsfähigkeit voraus und eine Handlung ist über Intentionalität von bloßem Verhalten zu differenzieren. Doch bereits im Falle bloßen Verhaltens wird Einfluss ausgeübt, weshalb Einflussnahme an sich noch kein Anzeichen für Verantwortlichkeit ist. Das Verantwortungskonzept ist über die Bedingung der Handlungsfähigkeit anspruchsvoller, insofern hierfür nicht nur Einfluss, sondern *intendiertes Einwirken*, wenn auch keine absolute Kontrolle gegeben sein muss (Sombetzki 2014a: 52-53).

Urteilskraft: Verantwortung als Rede-und-Antwort-Stehen stellt eine gesteigerte oder zweckgebundene Form des bloßen Antwortens dar, weshalb Normen als Maßstab für die Entscheidung, ob Verantwortungsübernahme eingefordert werden kann, benötigt werden. Verantwortung beruht daher auch auf Urteilskraft, die der verantwortlichen Person die Gründe und Kriterien an die Hand gibt, mit deren Hilfe sie ihr Handeln als Rede-und-Antwort-Stehen beurteilen kann (Williams 2017).[8] Verantwortung als normatives Konzept, für das ein reines Kausalverhältnis nicht hinreichend ist, meint, dass sie »stets mit einem Werturteil verknüpft ist« (Bayertz 1995: 13), wofür das Verantwortungssubjekt auf ein »System von Normen und Werten« (Bayertz 1995: 15) zurückgreifen kann. Um ein solches Normensystem auszubilden, muss geurteilt werden können. Urteilskraft umfasst dabei sowohl weitere kognitive Kompetenzen wie Reflexion und Rationalität als auch zwischenmenschliche Institutionen wie Versprechen, Vertrauen und Verlässlichkeit (Nida-Rümelin 2007: 71).

In den folgenden Kapiteln werden insbesondere sowohl Handlungsfähigkeit beziehungsweise Autonomie (insbesondere in Kapitel 3.1) als auch Urteilskraft (vor allem in Kapitel 3.3) wiederholt als wichtige Kompetenzen für eine potenzielle Verantwortungszuschreibung in der Mensch-Roboter-Interaktion diskutiert.

TRANSFORMATION DER VERANTWORTUNG? Wie in der Einleitung zu dieser Studie bereits ausgeführt, wird gegenwärtig eine Transformation der Verantwortung vermutet. Doch wie konnte diese Vermutung überhaupt aufkommen? Verantwortung ist traditionell ein individualtheoretisches Phänomen, das heißt, dass es im ursprünglichen Verständnis einer einzelnen Person bedarf, der man Verantwortung zuschreiben kann. Mit der Übertragung von Verantwortung auf Gruppen ging folglich die Frage einher, wie es sich nun mit der oder dem Einzelnen und ihrer beziehungsweise seiner individuellen Verantwortung innerhalb des Kollektivs verhält; ist sie genauso ›groß‹ (quantitativ) und ist es immer noch ›dieselbe‹ (qualitativ) Verantwortung wie außerhalb der Gruppe? Haben also alle Mitglieder eines Kollektivs immer noch automatisch die ›vol-

---

8 Urteilskraft als das Vermögen, Besonderes unter Allgemeines (Begriffe und Regeln) zu subsumieren (bestimmende Urteilskraft), sowie in Ausnahmesituationen neue Regeln zu definieren (reflektierende Urteilskraft), wurde maßgeblich von Immanuel Kant in der *Kritik der Urteilskraft* (1790) untersucht.

le‹ Verantwortung für den fraglichen Gegenstand oder lediglich noch eine Teilverantwortung? Juristisch begegnete man den Herausforderungen kollektiver Verantwortungszuschreibung mit der Differenzierung zwischen natürlicher und juristischer Person und in jüngerer Vergangenheit durch die im Europaparlament angestoßenen Überlegungen hinsichtlich des Status der elektronischen Person, der (einigen) Robotern zuerkannt werden soll (siehe dazu Kapitel 2.2). Letztlich wird aber auch hier die Verantwortung auf einzelne Beteiligte zurückgeführt, deren Rolle und Funktion innerhalb des Kollektivs und demzufolge ihre jeweilige Verantwortung unterschiedlich definiert sein mag. Was passiert nun, wenn jemand zwar Mitglied einer Gruppe ist, aber zu den Umständen, für die besagte Gruppe verantwortlich gemacht wird, persönlich gar nichts beigetragen hat? Oder noch irritierender: Was ist mit solchen Kontexten, in denen es scheint, als wäre gar niemand verantwortlich für das Geschehen zu machen? Seit dem 20. Jahrhundert bewegen sich die Menschen verstärkt gerade in solchen intransparenten Bezügen, worauf (als einer der Ersten) Hans Jonas in seinem Werk *Das Prinzip Verantwortung* (1984) mit Überlegungen zu einem neuen Kategorischen Imperativ reagiert hat, von dem bereits in Kapitel 2.2 die Rede war. Wie verhält es sich etwa mit der Klimaverantwortung (Sombetzki 2014a: 221-256; Braun/Baatz 2017) oder mit der Verantwortung im globalen Finanzmarktsystem (Coeckelbergh 2015), wo Algorithmen am Werk sind, die (nach eigener Aussage) noch nicht einmal mehr von den Algorithmiker*innen, die diese programmiert haben, verstanden werden?

Für solche Fälle, in denen Verantwortung zwar zugeschrieben werden soll, aber die Subjektposition der fraglichen Verantwortlichkeit nicht besetzbar erscheint, haben einige Verantwortungstheoretikerinnen und -theoretiker in den vergangenen Jahren behelfsmäßige Begrifflichkeiten zu entwickeln versucht, die ohne eine Bestimmung dieses Relatums auskommen. Das wird dann etwa »Systemverantwortung« genannt und soll die Verantwortung ›des Systems‹ bei gleichzeitiger Verantwortungslosigkeit seiner einzelnen Mitglieder bedeuten (Wilhelms 2017). Ich bin überaus skeptisch, dass uns mit solchen Ansätzen geholfen ist. Schließlich suchen Menschen de facto immer nach einer Person (Singular oder Plural), die die eingeforderte Verantwortung schultern kann. Traditionell funktioniert unser Verständnis von Verantwortung so. Aber wie sollte stattdessen in solchen und vergleichbaren Kontexten verfahren werden?

NÄHERE EINORDNUNG DER IN DEN FOLGENDEN KAPITELN BESPROCHENEN ANSÄTZE: Generell scheinen zwei mögliche Wege zu einer Reakkreditierung der Verantwortung beschritten werden zu können: *Zum einen* ließe sich versuchen, das konventionelle, individualtheoretische Verständnis von Verantwortung zu erneuern, um auch weiterhin im gewohnten Sinn von Verantwortung sprechen zu können. In dieser Hinsicht lassen sich die in den Kapiteln 3.1 und 3.2 vorgestellten Ansätze interpretieren. Hier wird darüber nachgedacht, inwiefern auch Roboter moralische und auch potenzielle Verantwortungs*subjekte* oder aber zumindest Verantwortungs*objekte* innerhalb der Mensch-Roboter-Interaktion sind.

Der zweite Weg, der zu einer Reakkreditierung der Verantwortung eingeschlagen werden könnte, besteht gerade darin, dem Ruf nach einer Transformation des traditionellen Verantwortungskonzepts zu folgen, indem etwa seine fünf Relata überdacht beziehungsweise Bestandteile der Minimaldefinition geändert werden. Stellvertretend für diese Haltung werden in Kapitel 3.3 einige Ansätze diskutiert. Hier ist Verantwortung keine Fähigkeit, Kompetenz oder Eigenschaft mehr, die einem einzelnen menschlichen oder nichtmenschlichen Wesen zugeschrieben oder abgesprochen werden kann, sondern Verantwortung entwickelt sich erst im Zusammenspiel mehrerer menschlicher und nichtmenschlicher Wesen. Denn vielleicht, so die Vermutung der in Kapitel 3.3 vorgestellten Denker*innen, werden wir nur auf diese Weise den neuen Anforderungen des Zeitalters der Robotisierung, Automatisierung, Digitalisierung, Industrie 4.0 und global vernetzten Technologien gerecht. Vielleicht ist es an der Zeit, das dem konventionellen Verständnis von Verantwortung zugrunde liegende (humanistische) Bild des autarken, souveränen und mit verschiedenen Kompetenzen wie Autonomie, Handlungsfähigkeit und Urteilskraft ausgerüsteten Individuums ernsthaft in Zweifel zu ziehen.

3.1 Roboter als Verantwortungssubjekte

Auf den folgenden Seiten werden Ansätze diskutiert, die es gestatten, (einige, spezifische) Roboter als Verantwortungssubjekte zu identifizieren. Wie die Einleitung zu Kapitel 3 bereits gezeigt hat, ist Verantwortung kein rein moralisches Phänomen; abhängig von den in einer jeweiligen Situation an die Verantwortung angelegten normativen Kriterien lässt sich zwischen moralischen, politischen, rechtlichen, ökonomischen und weiteren Verantwortlichkeiten differenzieren. Dennoch ist für die philosophische Disziplin der Roboterethik aus naheliegenden Gründen zunächst die moralische Verantwortung von primärem Interesse. Diejenigen Roboterethikerinnen und -ethiker, die das Thema Verantwortung explizit in den Blick nehmen, befassen sich entsprechend vorrangig mit der moralischen Verantwortung.

Darüber hinaus ist die Fähigkeit, Verantwortung zu tragen, an Akteursschaft gebunden, wenn diese auch umgekehrt nicht allein hinreichend für eine etwaige Zuschreibung von Verantwortung sein muss (wie etwa in Kapitel 2.1 an Misselhorns Position zu sehen). Alle Roboter, denen im Rahmen dieses Kapitels zugestanden wird, Verantwortung wahrnehmen zu können, werden zugleich (im- oder explizit) als Handlungssubjekte aufgefasst. Die einleitend vorgestellte Minimaldefinition von Verantwortung, die auf Kommunikationsfähigkeit, Handlungsfähigkeit beziehungsweise Autonomie und Urteilskraft ruht, artikuliert diese (in roboterethischen Texten oftmals intuitiv eingenommene, allerdings oft nicht eigens begründete) Haltung einer Koppelung von Verantwortung an Akteursschaft explizit. Deutlich zeigt sich diese Perspektive an den ersten zwei der hier besprochenen Theorien, die auch in Kapitel 2.1 bereits diskutiert wurden, nämlich an denjenigen von Floridi und Sanders sowie Sullins. Auch mein eigener Ansatz ist in diese Tradition einzureihen, da ich mich in dessen Ausformulierung an Wallach und Allen (siehe Kapitel 2.1) orientiere.[9] Mit den Positio-

---

9 Ich habe zwei unterschiedliche Ansätze zur Verantwortungszuschreibung in der Mensch-Roboter-Interaktion entwickelt; neben dem in Kap. 3.1 vorgestellten, der eine essenzialistische Definition des Verantwortungssubjekts voraussetzt, ist meine eigentliche Position, wie ich sie im Rahmen meines Habilitationsprojekts formuliere, eine kritisch-posthumanistische und damit inklusive Konzeption der Verantwortung, die in Kap. 3.3 skizziert wird.

nen von Gert-Jan Lokhorst und Jeroen van den Hoven (2012) sowie von Jason Millar und Ian Kerr (2016) wird ein Blick in zwei spezifische Roboterbereiche getan: Lokhorst und van den Hoven diskutieren die Möglichkeit, Militärroboter als Verantwortungssubjekte zu identifizieren, Millar und Kerr besprechen eine artifizielle verantwortungsethische Expertenkultur.[10]

Luciano Floridi und J. W. Sanders: Wie bereits in Kapitel 2.1 erwähnt, resultiert aus Floridis und Sanders' Ansatz ein Verständnis von moralischer Akteursschaft, das nicht auf Intelligenz oder einer Zuschreibung voller Verantwortlichkeit für ein Tun fußt. Immerhin jedoch lassen sich artifizielle Akteurinnen und Akteure moralisch für ihre Handlungen »haftbar« machen. Floridi und Sanders differenzieren zwischen »Verantwortung« (beide Zitate in 2004: 351), die in ihren Augen für gewöhnlich ein moralisches Phänomen darstellt, und Haftung, die Teil ihres Konzepts von *moral agency* ist. Die Fähigkeit, Verantwortung zu tragen, geht ihnen zufolge also nicht automatisch mit moralischer Handlungsfähigkeit einher, wohl aber eine schwächere Form (Haftbarkeit), die es erlaubt, Roboter zu »moralisch konformem Verhalten [zu] erziehen« und auf diese Weise sogar ihre Programmierer*innen, Designer*innen und Besitzer*innen moralisch zu entlasten, »die nicht mehr die volle Verantwortung für die nun immerhin haftbaren Roboter übernehmen müssen« (Neuhäuser 2014: 283). Es wird sich herausstellen, dass den beiden Autoren zufolge Haftbarkeit auf (kausale) Verursachung zurückgeht, (moralische) Verantwortung hingegen mit der berechtigten Belohnung beziehungsweise Bestrafung für das eigene Tun zusammenhängt.

Dass Floridi und Sanders Verantwortung primär mit moralischer Verantwortung assoziieren, wird an ihrer Diskussion des Einwands deutlich, dass Roboter deshalb keine moralischen Handlungssubjekte sein könnten, weil sie nicht in der Lage wären, Verantwortung zu tragen (2004: 366-367). Sie gestehen dieser Position intuitive Überzeugungskraft zu, da es ihrer Ansicht nach lächerlich wäre, ein artifizielles Handlungssubjekt für sein Verhalten »zu belohnen oder zu bestrafen« oder ihm einen »moralischen Vorwurf« für das eigene Tun zu machen (2004: 366). Floridi und Sanders möchten

---

10 Weitere Ansätze zu Robotern als potenziellen Verantwortungssubjekten finden sich bei Abney 2012 und Rath 2019.

demgegenüber anhand des nichtsynonymen Gebrauchs der beiden Konzepte »moralische Akteur*innen« und »moralisch verantwortliche Akteur*innen« aufzeigen (beide Zitate in 2004: 368), dass hinreichend Möglichkeiten existieren, über moralisches Handeln zu sprechen, ohne sich dabei genötigt zu fühlen, automatisch entsprechende Verantwortungszuschreibungen vornehmen zu müssen. Dann geben sie zwei Beispiele für ihres Erachtens zwar moralische, aber nicht moralisch *verantwortliche* Handlungssubjekte, nämlich Rettungshunde und Ödipus.

Rettungshunde sind zwar laut Floridi und Sanders die »moralischen Akteurinnen und Akteure« und »Hauptmitwirkenden« in einem »moralischen Spiel« (da die Suche nach Menschen für die fraglichen Hunde ein Spiel sei), für deren Ergebnis sie jedoch keinerlei (moralische) Verantwortung zu schultern hätten. Obwohl viele Menschen diese Hunde de facto für ihr Tun häufig belohnen oder bestrafen, sei die Praxis der moralischen Beurteilung dessen, was Rettungshunde tun, schlicht nicht relevant. Allerdings begründen Floridi und Sanders nicht, warum die Rettungshunde »nicht moralisch für ihre Handlungen verantwortlich gemacht werden können«. Sie definieren »Verantwortung« nicht konkret und benennen keine Bedingungen, die zu erfüllen wären, um Verantwortung zuzuschreiben. Sie setzen in ihren Ausführungen lediglich voraus, dass »Verantwortung […] heißt, dass das Verhalten und die Handlungen der [fraglichen] Akteurin oder des [fraglichen] Akteurs grundsätzlich als lobenswert oder tadelnswert bewertet werden können« (alle Zitate in 2004: 368). Allerdings legen sie dabei nicht fest, unter welchen Umständen eine Belohnung oder Bestrafung der Taten eines Handlungssubjekts und damit die Zuschreibung moralischer Verantwortung gerechtfertigt ist. Genau genommen kann mit Blick auf diese Textstelle daher auch nicht von einer Definition des Verantwortungsbegriffs im strengen Sinn die Rede sein.

Das Ödipus-Beispiel hingegen verdeutlicht immerhin die Unterscheidung zwischen Verantwortung und Haftung, um die es Floridi und Sanders eigentlich geht. Denn zwar könne Ödipus nicht die Verantwortung für den unwissentlich begangenen Mord an seinem Vater zugeschrieben werden, wohl aber sei er dafür haftbar zu machen, insofern er die kausale Ursache für den Tod seines Vaters und damit schuldig an diesem sei. Allerdings, so ließe sich einwenden, folgt hieraus nicht automatisch, dass »Ödipus ein moralischer Akteur ohne Verantwortung ist«, wie sie behaupten, denn natürlich trägt er die moralische Verantwortung dafür, *jemanden* (wenn auch nicht dafür, *seinen Vater*) ermordet zu haben! Aber davon einmal ganz abgesehen, wird an diesem Beispiel zumindest implizit deutlich, dass für Floridi und Sanders Wissen eine Bedingung für die Zuschreibung moralischer Verantwortung darstellt. Das stimmt zwar auf den ersten Blick mit dem dieser Studie zugrunde gelegten Verständnis von Verantwortung überein (siehe Kapitel 3, Einleitung), erklärt allerdings noch nicht, warum ein Roboter in einer dem Ödipus vergleichbaren Situation nicht moralisch verantwortlich für den Tod eines anderen (menschlichen) Wesens gemacht werden sollte, wenn vielleicht auch nicht für den Tod *dieses spezifischen* Menschen, sagen wir, seines Konstrukteurs (äquivalent zu Ödipus' unbewusstem Mord an dessen Vater). An einer späteren Stelle im Text fügen Floridi und Sanders hinzu, dass »moralische Haftbarkeit eine notwendige, wenn auch unzureichende Bedingung für moralische Verantwortung« ist. Für Haftbarkeit genüge ein kausales Verursachungsverhältnis, moralische Verantwortung hingegen setze »die richtigen intentionalen Zustände« voraus (alle Zitate in 2004: 371). Sie berufen sich an dieser Stelle auf den Ödipus-Fall, der allerdings, wie ausgeführt, lediglich zeigt, dass Ödipus für den Tod seines *Vaters* keine moralische Verantwortung zugeschrieben werden kann.

Zusammenfassend sei auf die intuitive Nachvollziehbarkeit von Floridis und Sanders' Differenzierung zwischen moralischer Verantwortung und Haftung hingewiesen, wenn sie auch nicht davon überzeugt, warum artifizielle moralische Akteur*innen Erstere *prinzipiell* nicht innehaben können. Das liegt einerseits an einer mangelnden Definition von »Verantwortung« sowie der dafür nötigen Kompetenzen und Fähigkeiten in Floridis und Sanders' Text. Andererseits fällt eine Unstimmigkeit in ihrem Ansatz mit Blick auf die Thematisierung der Verantwortung dahingehend auf, dass sie (wie in Kapitel 2.1 bemerkt) zwar eine Version der schwachen KI-These vertreten, allerdings die Simulation von moralischer Verantwortung kategorisch ablehnen. Schließlich behaupten Floridi und Sanders in aller Deutlichkeit, dass man »offensichtlich« den eigenen »Webbot nicht ausschimpfen würde« (2004: 366) und darüber hinaus jegliche Bestrafung und Belohnung von Technologien sowieso sinnlos wäre.[11] Jedoch widerspricht im Rahmen der schwachen KI-These nichts einer artifiziellen Simulation moralischer Verantwortung. Unter der Prämisse der schwachen KI-These ließe sich problemlos von einem Roboter als artifiziellem moralischem Akteur sprechen, der so tut, ›als ob‹ er moralische Verantwortung trüge. Es sei an dieser Stelle noch einmal daran erinnert, dass eine Bestimmung von *moral agency* Floridi und Sanders zufolge nichts damit zu tun hat, mit welchen Kompetenzen oder Fähigkeiten eine artifizielle Akteurin oder ein artifizieller Akteur ›tatsächlich‹ oder ›wirklich‹ ausgestattet ist. Es genügt die Betrachtung von außen, um ein Wesen als moralisches Handlungssubjekt einzustufen. Damit verfahren sie grundsätzlich phänomenologisch und behavioristisch, ihre Untersuchung basiert »lediglich auf dem, was zur Beobachtung spezifiziert wird und nicht auf irgendwelchen psychologischen Spekulationen« (2004: 365). Es geht einzig und allein um die Konsequenzen des Handelns des Roboters, die extern beobachtet und interpretiert werden können. Haben dessen Handlungen moralisch gute oder verwerfliche Konsequenzen, simuliert er moralische Akteursschaft und kann damit als artifizieller moralischer Akteur identifiziert werden. Äquivalent müsste dies auch für die Zuschreibung von moralischer Verantwortung gelten. Dass sie hierfür das tatsächliche Vorhandensein intentionaler Zustände bemühen, verwundert und überzeugt als Konsequenz der Argumentation nicht.

JOHN SULLINS: Verantwortung stellt neben Autonomie und Intentionalität die dritte Kompetenz dar, die in Sullins' Augen für die Zuschreibung von moralischer Akteursschaft von Belang ist. Jedoch definiert er Verantwortung (anders als Autonomie und Intentionalität) in »When Is a Robot a Moral Agent?« (2006) noch nicht einmal in einem groben Sinne. Er nimmt lediglich an, dass Verantwortung etwas mit dem Anspruch durch ein moralisches Gegenüber zu tun hat, mit der Wahrnehmung »sozialer Rollen« sowie mit dem »›Glauben‹, dass [man] die Pflicht hat, sich um« die-

---

11 Doch trifft diese Annahme ja nicht zu – viele Menschen (die Autorin eingeschlossen) schimpfen leidenschaftlich gerne und häufig mit ihren Alltagstechnologien wie etwa Computern, Smartphones, der Kaffee-, Wasch- und Spülmaschine und der elektrischen Zahnbürste, die immer genau dann den Geist aufgibt, wenn man sich (in der Regel auf dem Sprung zur Arbeit) ganz furchtbar dringend die Zähne putzen muss!

ses moralische Gegenüber »zu kümmern« (alle Zitate in 2006: 28). Anders als Floridi und Sanders scheint in Sullins' Text implizit eine Version der starken KI-These eingebettet, spricht er doch durchweg davon, dass ebenjene Roboter, die negative Autonomie, negative Intentionalität und (vermutlich ebenfalls in einem schwachen Sinne) Verantwortung tatsächlich *haben*, moralische Akteurinnen und Akteure *sind* (2006: 26, 28).

Moral agency setzt Sullins zufolge insofern Verantwortung voraus, als das Verhalten eines Roboters »sinnvoll nur dann interpretiert werden kann, wenn man dem Roboter eine Verantwortung gegenüber einer anderen moralischen Akteurin oder einem anderen moralischen Akteur (Singular oder Plural) zuschreibt« (2006: 28). Das in diesem Zitat verwendete »gegenüber« ist allerdings mehrdeutig, denn es erlaubt die Identifikation der moralischen Akteurin beziehungsweise des moralischen Akteurs erstens als Verantwortungs*objekt*, *für* das der Roboter Rede und Antwort zu stehen hat, zweitens als Verantwortungs*adressat*in*, *gegenüber* der oder dem der Roboter verantwortlich ist, oder drittens als Verantwortungs*instanz*, *vor* der der Roboter sich verantwortlich zeigen muss. Lediglich die Instanz hat dabei ebenfalls über die Kompetenzen zu verfügen, die die Bedingungen für eine potenzielle Zuschreibung von Verantwortung darstellen, nämlich Kommunikationsfähigkeit, Handlungsfähigkeit beziehungsweise Autonomie sowie Urteilskraft – denn sonst wäre sie nicht in der Lage, das Tun der verantwortlichen Person zu beurteilen und gegebenenfalls zu sanktionieren. Eine Ausstattung mit diesen voraussetzungsreichen und komplexen Kompetenzen ist hingegen weder dafür nötig, als Verantwortungsgegenstand, noch, um als -adressat*in gelten zu können (siehe dazu Kapitel 3, Einleitung). Allerdings dürfte Sullins an der fraglichen Textstelle in den anderen moralischen Akteurinnen und Akteuren weniger Instanzen oder Adressat*innen einer etwaigen artifiziellen Verantwortungszuschreibung als vielmehr Objekte sehen, für die ein jeweiliger Roboter zu sorgen hat.

Sullins nennt als Beispiel für ein in seinem Verständnis verantwortliches artifizielles System einen Pflegeroboter. Dieser ist als moralisches Handlungssubjekt identifizierbar, wenn er über (negative) Autonomie und (negative) Intentionalität verfügt und zudem »seine Rolle in der Verantwortung des Gesundheitssystems versteht, innerhalb dessen er operiert« (2006: 29). Es ist interessant, dass Sullins, dem eigentlich an der Definition von *moralischer* Akteursschaft sowie deren Übertragbarkeit auf Roboter gelegen ist, durchweg nicht von moralischer, sondern (zumindest implizit) von *sozialer* Verantwortung spricht, da es ihm ja bei der Verantwortung um die Wahrnehmung »sozialer Rollen« (2006: 28) und nicht etwa moralischer Rollen geht. Er hat wohl eine Verantwortlichkeit im Blick, die sich in sozialen Rollen wie etwa Pflegeberufen ausdrückt. Anders als Floridi und Sanders, die mit dem Verantwortungsphänomen insbesondere *moralische* Praktiken des Belohnens und Bestrafens assoziieren, sieht Sullins offensichtlich in den Pflegeberufen vorrangig eine Bündelung *sozialer* Fürsorgepflichten. Etwaige moralische Normen, die mit der Wahrnehmung sozialer Funktionen wie in Pflege-, Erziehungs- sowie Betreuungsprofessionen einhergehen, finden keine Erwähnung. Andererseits würde Sullins sicherlich zustimmen, dass ein Pflegeroboter bei entsprechendem Verhalten für sein Tun auch *moralisch* belohnt oder bestraft werden sollte. Dass Verantwortlichkeiten in den meisten Fällen mehr oder minder konkret über bestehende Rollen definiert werden, wurde bereits in der Einleitung zu Kapitel 3 erwähnt. Dass es sich hierbei jedoch ausschließlich um soziale Rollen handelt beziehungsweise nur unsere sozialen Rollen Verantwortlichkeiten generieren, die für moralische Akteursschaft relevant sind, überzeugt nicht.

Eine weitere Unstimmigkeit ergibt sich im Verhältnis der drei Bedingungen für *moral agency* (Autonomie, Intentionalität und Verantwortung), die Sullins bespricht. Er scheint nicht zu bemerken, dass Verantwortung auf einer anderen Ebene anzusiedeln ist als Autonomie und Intentionalität, setzt sie doch Autonomie und andere Kompetenzen wie etwa Kommunikationsfähigkeit und Urteilskraft schon voraus (siehe Kapitel 3, Einleitung). Die Annahme, dass Verantwortung, die ein normatives Phänomen ist, insofern sie immer auf normativen Kriterien beruht, die in einem jeweiligen Kontext das verantwortliche Handeln definieren, moralische Akteursschaft bedingt, scheint das ›Pferd von hinten aufzuzäumen‹. Denn um Rede und Antwort stehen zu können (hinsichtlich eines moralischen, sozialen, rechtlichen, ökonomischen, politischen, religiösen oder sonstigen Sachverhalts), muss man bereits eine Person sein (also über Handlungsfähigkeit beziehungsweise Autonomie, Urteilskraft und Kommunikationsfähigkeit verfügen). Insofern wäre Sullins dahingehend zu korrigieren, dass (moralische, soziale) *agency* eine Bedingung für (moralische, soziale) Verantwortung darstellt – und nicht umgekehrt.

Präsentieren Floridi und Sanders also einen Ansatz, der nicht überzeugend erklären kann, warum artifiziellen moralischen Akteur*innen nur moralische Haftbarkeit, nicht aber moralische Verantwortung zuzuschreiben ist, kann Sullins nicht begründen, warum (soziale) Verantwortung eine der drei Bedingungen für moralische Akteursschaft darstellen soll.

Janina Loh: Der im Folgenden vorgestellte Ansatz wurde in mehreren Publikationen zu den Möglichkeiten der Verantwortungszuschreibung in der Mensch-Roboter-Interaktion erarbeitet (Loh 2018b, 2018c, 2017d, 2016; Loh/Loh 2017). In Kapitel 2.1 konnte über Wallachs und Allens Argument funktionaler Äquivalenz festgestellt werden, dass (mit Blick auf das Arbeitsfeld der Roboterethik, in dem über Roboter als moralische Handlungssubjekte nachgedacht wird) einige artifizielle Systeme in einem funktionalen Sinn in der Tat als *moral agents* verstanden werden können. Wallach und Allen definieren moralische Akteursschaft über (negative) Autonomie und Wertesensitivität. Ebenso lassen sich nun auch die einleitend in Kapitel 3 vorgestellten Bedingungen für Verantwortung (nämlich Kommunikations- und Handlungsfähigkeit beziehungsweise Autonomie sowie Urteilskraft) auf Wallachs und Allens Theorie übertragen, um von verantwortungsbefähigten artifiziellen Akteurinnen und Akteuren sprechen zu können. In diesem Sinne lässt sich sagen, dass manche Roboter die zur Verantwortungszuschreibung nötigen Kompetenzen in einem operationalen und vielleicht (schwach) funktionalen Sinne zu simulieren in der Lage sind. Demzufolge wären die fraglichen artifiziellen Systeme als operational oder funktional verantwortungsbefähigte Akteur*innen zu begreifen. Allerdings, und auch dieser Gedankengang stimmt mit Wallachs und Allens Theorie zusammen, werden Menschen bis auf Weiteres generell besser zu jeglicher Verantwortungsübernahme qualifiziert sein, so wie Wallach und Allen sie auch als die genuinen moralischen Handlungssubjekte identifizieren. Wann immer Menschen und Roboter in einem spezifischen Kontext gemeinsam agieren, ›sticht‹ sozusagen die menschliche Fähigkeit, Verantwortung wahrzunehmen, jede etwaige artifizielle Form des Tragens von Verantwortung (in Kapitel 2.1 auch anhand von Darwalls vier Autonomietypen veranschaulicht). Dies wird weiter unten am Beispiel autonomer Fahrassistenzsysteme besprochen.

Wie einleitend in Kapitel 3 bereits ausgeführt, ist unser traditionelles Verständnis von Verantwortung insofern ein ursprünglich individualtheoretisches, als wir immer ein Subjekt benötigen, das als Verantwortungsträger fungiert. Die Zuschreibung von Verantwortung ist allerdings kaum, gar nicht oder nur metaphorisch möglich, wenn die potenziellen Subjekte die nötigen Kompetenzen nicht oder nicht hinreichend ausgeprägt mitbringen, wie etwa im Fall von Pflanzen, Tieren, Kindern, Menschen mit einer körperlichen oder geistigen Beeinträchtigung oder Behinderung oder eben Maschinen. In Fällen, in denen wir Verantwortung zuschreiben wollen, aber die Subjektposition der fraglichen Verantwortlichkeit nicht besetzbar erscheint, haben einige Verantwortungstheoretikerinnen und -theoretiker in den vergangenen Jahren Begrifflichkeiten zu entwickeln versucht, die ohne eine Bestimmung dieses Relationselements auskommen (Wilhelms 2017). Allerdings ist fraglich, ob damit bezüglich der eigentlichen Aufgabe, die das Verantwortungskonzept hat, nämlich (siehe dazu Kapitel 3, Einleitung) in intransparenten Kontexten, die durch komplexe Hierarchien und vielfach vermittelte Handlungsabläufe gekennzeichnet sind, für mehr Struktur, mehr Transparenz und Handlungsorientierung zu sorgen, geholfen ist. Schließlich bedarf es de facto immer einer Trägerin oder eines Trägers, die oder der in der Lage ist, die eingeforderte Verantwortung zu schultern. Genealogisch und etymologisch funktioniert das klassische Verständnis von Verantwortung in dieser Weise, weshalb es nicht praktikabel erscheint, dieses grundlegende Relationselement einfach nicht zu besetzen beziehungsweise es mit einem Begriff wie »System« nur oberflächlich zu bestimmen.

Allerdings treten bisweilen Situationen ein, in denen einige Parteien die zur Verantwortungszuschreibung notwendigen Kompetenzen nicht oder nur in einem geringen Ausmaß mitbringen, viele aber dennoch die starke Intuition haben, dass hier Verantwortung zugeschrieben werden muss. Das soll am Beispiel autonomer Fahrassistenzsysteme veranschaulicht werden, die mit Wallach und Allen als operational verantwortliche artifizielle Akteur*innen eingestuft werden können, vergleichbar mit der Verantwortungsbefähigung eines Säuglings, Tieres oder eines sehr jungen Kindes. Denn zwar mögen ihre Kommunikationsfähigkeiten und Urteilskraft ähnlich entwickelt sein wie die von etwa dem Roboter *Cog* oder sogar weiter, allerdings ist die Handlungsfähigkeit beziehungsweise Autonomie selbstfahrender Autos aus guten Gründen stark begrenzt; sie sind nicht in einem expliziten beziehungsweise starken Sinne lernfähig. Das selbstfahrende Auto kann also zwar ein operational verantwortungsfähiger Akteur sein, aber als moralischer Akteur in einem signifikanten (das heißt zumindest in einem funktionalen) Sinne lässt es sich nicht begreifen.

Für solche und vergleichbare Kontexte soll der Begriff des *Verantwortungsnetzwerkes* von Christian Neuhäuser (2014), dessen Ansatz in Kapitel 3.2 besprochen wird, übernommen und spezifiziert werden (erstmals in Loh/Loh 2017). Die diesen Überlegungen zugrunde liegende These lautet, dass all denjenigen Parteien in einer gegebenen Situation Verantwortung zu attestieren ist, die an dem fraglichen Geschehen beteiligt sind, und zwar in dem Maße, in dem sie die nötigen Kompetenzen zur Verantwortungszuschreibung mitbringen. Ein Verantwortungsnetzwerk trägt zudem der Tatsache explizit Rechnung, dass sich innerhalb einer Verantwortungskonstellation Relationselemente überlagern können, wie etwa in dem Fall der Verantwortung der Eltern für ihre Kinder, in dem die Kinder einerseits das Objekt besagter Verantwortlichkeit darstellen, andererseits aber auch die Adressatinnen und Adressaten sind (Sombetzki 2014a: 117-118).

Innerhalb beispielsweise des Verantwortungsnetzwerkes »Verantwortung im Straßenverkehr« gehören die autonomen Fahrassistenzsysteme ebenso dazu wie die menschlichen Fahrer*innen (selbst dann, wenn sie nicht aktiv am Fahrprozess beteiligt sind), die Besitzer*innen der Autos, die Programmierer*innen und Designer*innen, aber auch Jurist*innen, Fahrlehrer*innen und alle weiteren am Straßenverkehr Beteiligten. Verantwortungsnetzwerke nehmen also häufig ungewöhnlich große Ausmaße an. Von Verantwortungsnetzwerken wird oft dann gesprochen, wenn man eigentlich – sehr schön zu veranschaulichen am Fall der Klimaverantwortung (Sombetzki 2014a: 221-256; Braun/Baatz 2017) – gar nicht mehr weiß, wer hier eigentlich Verantwortung trägt. In einem Verantwortungsnetzwerk erfüllen die involvierten Parteien unterschiedliche Funktionen beziehungsweise besetzen manchmal mehrere Relationspositionen einer Verantwortlichkeit zugleich (wie oben am Beispiel der Verantwortung der Eltern für ihre Kinder gezeigt) und sind in unterschiedlichen Verantwortlichkeiten einmal die Verantwortungssubjekte, in einem anderen Fall die Instanzen und wieder in einem anderen Fall die Objekte.

Das Verantwortungsnetzwerk »Verantwortung im Straßenverkehr« umfasst mehrere Verantwortungsbereiche – etwa moralische, juristische und politische Verantwortlichkeiten (definiert über moralische, juristische und politische Normen). Der Straßenverkehr stellt das übergeordnete Verantwortungsobjekt dar, für das nicht eine oder mehrere Personen die alleinige Verantwortung tragen, das sich jedoch in weniger komplexe Verantwortungsgegenstände ausdifferenziert, für die dann die unterschiedlichen Parteien jeweils eine spezifische Verantwortung übernehmen. Verantwortung für den Straßenverkehr kann etwa die Sicherheit der am Straßenverkehr beteiligten Menschen bedeuten oder die Verantwortung dafür, schnell und effizient von A nach B zu gelangen, oder aber die Verantwortung dafür, dass die moralischen und ethischen Herausforderungen, die mit einer Beteiligung am Straßenverkehr einhergehen, hinreichend diskutiert und bekannt gemacht wurden. Hier wird bereits nachvollziehbar, dass jeweils ganz unterschiedliche Subjekte in unterschiedlichem Ausmaß dafür zur Verantwortungsübernahme anzusprechen sind, dass es jeweils unterschiedliche Instanzen, Adressatinnen und Adressaten sowie Normen sind, die zur Konkretisierung der jeweiligen Verantwortlichkeit definiert werden müssen.

Gegenwärtig wird ein autonomes Fahrassistenzsystem, das nur in einem operationalen Sinne als sehr schwacher Verantwortungsakteur identifizierbar ist, die Subjektposition einer Verantwortlichkeit innerhalb des Verantwortungsnetzwerkes »Verantwortung im Straßenverkehr« nicht besetzen können, da es immer potenziell qualifiziertere (menschliche) Verantwortungssubjekte gibt (bei denen die für eine Zuschreibung von Verantwortung nötigen Kompetenzen in einem sehr viel deutlicheren Ausmaß vorliegen; siehe Kapitel 3, Einleitung) – zumindest nicht, solange der Ansatz von Wallach und Allen die diesem Argument zugrunde liegende Theorie darstellt. Allerdings ist denkbar, es als Verantwortungsobjekt und als -adressat in eine oder mehrere der Verantwortlichkeiten dieses Verantwortungsnetzwerkes einzubinden. Autonome Autos sind *prinzipiell* durchaus verantwortungsbefähigte artifizielle Akteure – nur eben in einem sehr schwachen Sinne, etwa vergleichbar mit der Verantwortung, die wir gewillt wären, einem sehr jungen Kind zuzuschreiben, was in den meisten Situationen, in denen die Wahrnehmung von Verantwortung eingefordert wird, schlicht nicht genügt.[12]

Im Vergleich zu dem Ansatz von Floridi und Sanders ermöglicht es diese Theorie jedoch, nicht nur moralische, sondern auch andere Formen von Verantwortung all jenen menschlichen und nichtmenschlichen Wesen zuzuschreiben, die über Kommunikationsfähigkeit, Handlungsfähigkeit beziehungsweise Autonomie und Urteilskraft verfügen beziehungsweise diese in dem jeweils geforderten Ausmaß simulieren. Anders als bei Sullins wird hier in der Verantwortung keine Bedingung für *moral agency* gesehen, sondern gerade im Gegenteil Akteursschaft (als Summe der genannten Kompetenzen) als notwendige und hinreichende Bedingung für Verantwortung.

GERT-JAN LOKHORST UND JEROEN VAN DEN HOVEN: In »Responsibility for Military Robots« (2012) zeigen Lokhorst und van den Hoven am Beispiel der Militärroboter, inwiefern man (einigen) Robotern für ihr Tun Verantwortung zuschreiben kann, ohne zugleich den menschlichen Designerinnen und Designern ihre »primäre Verantwortung« (2012: 145) absprechen zu müssen. Ähnlich wie Wallach und Allen (und mit ihnen auch ich im Rahmen dieses Kapitels) sehen Lokhorst und van den Hoven keinen Widerspruch in der Annahme, dass Menschen die genuinen Verantwortungssubjekte sind (beziehungsweise *moral agents* bei Wallach und Allen), zugleich jedoch (einige) Roboter eine schwächere Form der Verantwortung innehaben. Ihnen ist in jedem Fall daran gelegen, die Verantwortung der in den Bau, Vertrieb und die Nutzung von Militärrobotern involvierten menschlichen Parteien als absolut

---

12 Mit einem Blick auf Normen wie bspw. § 254 BGB lässt sich vielleicht bereits eine ansatzweise zivilrechtliche Realisierung eines Verantwortungsnetzwerkes vermuten. Danach wird der zu ersetzende Schaden je nach Ausmaß des Verschuldens gequotelt; in diese Richtung geht auch die Möglichkeit, weitere Schuldner*innen in Regress zu nehmen, nachdem bereits Schadensersatz geleistet wurde. Bspw. kann bei einem Unfall, bei dem ein autonomes Auto beteiligt ist, die geschädigte Person zunächst die Halterin oder den Halter des Fahrzeugs in Regress nehmen. Diese*r kann ggf. die Herstellerin oder den Hersteller des Fahrzeugs in Regress nehmen, welche*r sich wiederum an die Herstellerin beziehungsweise den Hersteller der Software wenden kann. Ich danke Rebecca Sieber für diesen Hinweis.

unanfechtbar abzusichern. Unabhängig davon, welche (qualitativ) und wie viel (quantitativ) Verantwortung Robotern auferlegt werden kann, bleiben die Verantwortlichkeiten der Menschen davon unberührt.

Lokhorst und van den Hoven differenzieren zwischen zwei Formen von Verantwortung, nämlich einerseits »kausale« und andererseits »moralische Verantwortung«. Erstere setzen sie dabei mit kausaler *Verursachung* gleich, was Floridis und Sanders' Haftbarkeit entspricht. Es stellt sich deshalb die Frage, warum sie hier überhaupt den Verantwortungsbegriff bemühen, der, wie in der Einleitung zu Kapitel 3 gezeigt, lediglich in einem metaphorischen Sinne rein deskriptiv gebraucht werden kann. Und ebenso wie Floridi und Sanders interpretieren auch Lokhorst und van den Hoven Verantwortung im *eigentlichen* Sinne als moralisches Phänomen, weshalb ihr Ansatz diesbezüglich vor vergleichbaren Herausforderungen steht. Anders jedoch als Floridi und Sanders identifizieren sie nicht Wissen oder Intentionalität als die wichtigste Bedingung für die Möglichkeit einer Zuschreibung von moralischer Verantwortung, sondern die Freiheit, auch »anders gehandelt haben zu können« (alle Zitate in 2012: 151). Das stimmt mit dem dieser Studie zugrunde gelegten Verständnis von Verantwortung überein, wenn auch Freiheit nicht als einzige Voraussetzung für Verantwortung gelten kann (ebenso wenig wie Wissen oder Intentionalität; siehe Kapitel 3, Einleitung).

Davon abgesehen definieren die beiden Autoren »Verantwortung« selbst nur unvollständig als (im kausalen Sinne) »*für etwas Sorge tragen*« beziehungsweise (im moralischen Sinne) »*abwägend für etwas Sorge tragen*« (beide Zitate in 2012: 150). Sicherlich ist aber richtig, dass das Sorge-Tragen eine Facette des Rede-und-Antwort-Stehens darstellt, das in der Einleitung zu Kapitel 3 als Kern der Minimaldefinition der Verantwortung benannt wurde. Insofern fallen die der Verantwortung gewidmeten Ausführungen von Lokhorst und van den Hoven zwar ein wenig knapp aus, sie sind jedoch sowohl in sich als auch mit Blick auf die Minimaldefinition dieser Studie stimmig.

Den heute schon eingesetzten Militärrobotern, die keine »Wahl« haben, da sie in ihrem Tun vollständig determiniert sind, kann zwar eine kausale Verantwortung attestiert werden, nicht aber eine moralische, die ausschließlich bei der zuständigen »Befehlshaberin« beziehungsweise dem zuständigen »Befehlshaber« zu finden ist (beide Zitate in 2012: 151). In solchen und vergleichbaren Fällen stellen artifizielle Systeme bloße Instrumente dar, die verlängerten Arme derjenigen, die sie konstruiert und programmiert haben und einsetzen. Damit ähnelt Lokhorsts und van den Hovens Definition der operationalen moralischen Akteursschaft von Wallach und Allen, insofern operationale *moral agents* immer »vollständig unter der Kontrolle der Designer*innen und Nutzer*innen des Werkzeugs« (Wallach/Allen 2009: 26) stehen und damit eine »direkte Erweiterung der Werte ihrer Designer*innen« (2009: 30) sind.

Vor dem Hintergrund von Wallachs und Allens Differenzierung zwischen nichtautonomen beziehungsweise nichtwertesensitiven, operational moralischen (verantwortlichen) und funktional moralischen (verantwortlichen) Handlungssubjekten kann Lokhorsts und van den Hovens Konzept der kausalen Verantwortung allerdings nicht mehr recht überzeugen. Denn dieses scheint keine Unterscheidung mehr zwischen (um mit Wallach und Allen zu sprechen) einem Hammer (der weder autonom noch wertesensitiv ist) und dem Roboter *Kismet* (der immerhin über negative Autonomie verfügt) zuzulassen. Es ließe sich hier im Vergleich dieser beiden Ansätze darüber nachdenken, ob nicht gerade die Schwelle zwischen »keine Autonomie« (also permanente direkte Einflussnahme durch eine externe Quelle) und »negative Autonomie« (also Abwesenheit von direktem äußerem Einfluss) einen Spielraum eröffnet, Verantwortung zumindest in einem rudimentären Sinne zuzuschreiben.

Die Möglichkeit, Robotern moralische Verantwortung zuzuschreiben, wird mit »abwägenden« und demzufolge eigentlich erst »autonomen« artifiziellen Systemen eröffnet, die über einen gewissen Handlungsspielraum verfügen (beide Zitate in 2012: 151). Solche »unabhängigen Akteur*innen« unterliegen nicht mehr der vollständigen »Kontrolle« ihrer Erbauerinnen und Erbauer (beide Zitate in 2012: 152). Auch hier stehen Lokhorst und van den Hoven dem Ansatz von Wallach und Allen sehr nahe, die funktionale moralische Maschinen über deren »Fähigkeit, moralische Herausforderungen zu beurteilen und darauf zu reagieren« (2009: 9), definieren. Funktional moralische Roboter können sich laut Wallach und Allen weiterentwickeln, sie sind lernfähig (2009: 27). Lokhorst und van den Hoven räumen ein, dass das die involvierten Menschen insbesondere in der Militärrobotik vor große – ja zu große –

Herausforderungen stellt: Man stelle sich nur eine*n artifizielle*n Soldatin oder Soldaten vor, die oder der über das eigene Tun autonom und eigenständig entscheidet. Die beiden Autoren gelangen jedoch zu dem Schluss, dass der Einsatz solcher autonomer (ergo moralisch verantwortlicher) artifizieller Systeme im Militär sowieso nicht sehr wahrscheinlich ist. Die Entscheidungs- und folglich Handlungsspielräume von Militärrobotern sollten in jedem Fall deutlich eingegrenzt werden, etwa durch eine »*Blockierung* aller unerwünschten Verhaltensweisen, sodass diese verunmöglicht werden« (2012: 152). Solche beschränkt autonomen Maschinen verfügten immer noch über eine größere Handlungsfreiheit als rein kausal verantwortliche Roboter, ohne dabei jedoch die umfassende Eigenständigkeit von Menschen zu erlangen. In Anlehnung an das Konzept einer »›erzwungenen Wahl‹« von Nuel Belnap, Michael Perloff und Ming Xu sprechen Lokhorst und van den Hoven deshalb von einer »›erzwungenen moralischen Verantwortung‹« (beide Zitate in 2012: 152; siehe Belnap u. a. 2001) und meinen damit, dass die fraglichen Roboter zwar hinsichtlich mancher Entscheidungen die Wahl hätten, mit Blick auf moralisch riskante Kontexte, in denen ihre menschlichen Designer*innen sichergehen wollen, dass sie nicht von dem gewünschten Kurs abweichen, allerdings zu bestimmten Handlungen gezwungen seien.

In keinem der beschriebenen Fälle wäre es den beteiligten Menschen (den Designer*innen, Programmierer*innen und Nutzer*innen) gestattet, ihre Verantwortung zu leugnen oder an die Maschinen zu delegieren. Die Erbauerinnen und Erbauer tragen grundsätzlich eine »›Design-Verantwortung‹« – mit Blick auf kausal verantwortliche artifizielle Systeme, insofern diese Lokhorst und van den Hoven zufolge nicht autonom im eigentlichen Sinne, sondern wie »jedes andere Artefakt« zu interpretieren, sind. Hinsichtlich deliberativer und autonomer Roboter haben die Designer*innen für die Programmierung »der Logik deontischen Denkens und Metadenkens« Rede und Antwort zu stehen (alle Zitate in 2012: 154).

Die Position von Lokhorst und van den Hoven überzeugt hinsichtlich der Annahme der eingeschränkten Möglichkeit von Robotern, Rede und Antwort zu stehen. Auch bringen sie explizit den Gedanken zum Ausdruck, dass aus einer Anerkennung artifizieller Verantwortungsfähigkeit keine Minderung des Anspruchs an die involvierten Menschen, Sorge für ihr Tun zu tragen, resultiert. Im Gegenteil führt die Konstruktion autonomer Systeme eher zu mehr Verantwortung, insofern die Designerinnen und Designer nun auch dafür Rede und Antwort stehen müssen, welche Werte sie ihren Geschöpfen implementieren. Hier erwecken Lokhorst und van den Hoven allerdings den Eindruck, als wäre mit der Entwicklung (in ihrem Sinne) autonomer Roboter hinsichtlich der damit einhergehenden Verantwortlichkeiten eine neue Ära angebrochen, eine Ära der Design-Verantwortung in den Technikwissenschaften. Jedoch existiert diese Verantwortlichkeit für die technologischen Erzeugnisse bereits seit jeher, denn allen Technologien, allen Artefakten geben die menschlichen Designer*innen bewusst oder unbewusst, gewollt oder ungewollt ihre moralischen und anderen Normen ein (siehe dazu auch das Beispiel des Tisches in dem Abschnitt zu Moor; Kapitel 2.1).

Jason Millar und Ian Kerr: An dem Beispiel des IBM-Computerprogramms *Watson*, das 2011 gegen Ken Jennings und Brad Rutter die Quizshow Jeopardy! gewann (Ramge 2018: 39-40; Walsh 2017: 28, 33-34), diskutieren Millar und Kerr in dem Text »Delegation, relinquishment, and responsibility« (2016) die Frage, ob artifizielle Expertensysteme[13] Verantwortung für ihre Expertise und ihre Entscheidungen tragen sowie vor welche Herausforderungen uns die Entwicklung solcher Systeme hinsichtlich einer potenziellen Zuschreibung von Verantwortung stellt. Ähnlich wie Lokhorst und van den Hoven halten auch Millar und Kerr an der primären Verantwortung der Menschen für ihre künstlichen Geschöpfe fest und schließen dennoch ihre Überlegungen damit, dass gute Gründe für die Abgabe einiger Entscheidungen an Roboter existieren (2016: 104, 126).

Zunächst geht es Millar und Kerr allerdings darum festzulegen, was unter einem Roboter, der als Experte fungiert, überhaupt zu verstehen und wann es gerechtfertigt ist, eine Maschine eine einem Menschen vergleichbare Expertin zu nennen. Denn die »zahlreichen Aufgaben, die traditionell an menschliche Expert*innen delegiert werden« (2016: 103), sind ihnen zufolge so komplex, dass sie nicht durch »primitive« (2016: 124) artifizielle Systeme ausgeführt werden können. Es muss sich um besondere Systeme

---

13 Im Folgenden wird das Wort »Expertensystem« nicht gegendert.

handeln. Ähnlich wie Lokhorst und van den Hoven gehen auch Millar und Kerr in diesen Fällen von einer verminderten »Kontrolle« (2016: 104) der Schöpferinnen und Schöpfer über die deutlich autonomeren und intransparenteren Maschinen aus. Denn diese würden nach Algorithmen funktionieren, die nicht einmal ihre Programmierer*innen gänzlich verstünden. Das Verhalten von Expertensystemen wie etwa *Watson* ist »*unterdeterminiert*« (2016: 109), will sagen, aufgrund ihrer algorithmischen Struktur und Programmierung *nicht* prognostizierbar.

Gesteigerte Autonomie und Eigenständigkeit (bei Millar und Kerr einhergehend mit Intransparenz und Nichtprognostizierbarkeit) ist sicherlich ein wesentlicher Bestandteil der Bedingungen für die Möglichkeit, Verantwortung zuzuschreiben. Wenn es auch fragwürdig ist, dass die »Watson-artigen Roboter« (2016: 124), um die es den beiden Autoren primär geht, beziehungsweise deren Algorithmen, wirklich zu in dieser Weise nichtprognostizierbaren Resultaten gelangen. Schließlich genügt bereits die schwächere Annahme (wie sie auch von Wallach und Allen, Lokhorst und van den Hoven und anderen getroffen wird), dass es sich bei den fraglichen Maschinen um lernfähige Systeme handelt, die nicht mehr *vollständig* der Kontrolle ihrer Designer*innen und Nutzer*innen unterstehen, um ihnen Handlungsfähigkeit und gegebenenfalls Verantwortung zuzusprechen. Hingegen behaupten Millar und Kerr, dass diese Roboter ihrer algorithmischen Grundstruktur nach »unerklärbar […] durch die menschlichen Expert*innen, die sie gebaut haben« (2016: 126), sind und nicht nur *weniger* erklärbar. Damit leisten sie (wenn vielleicht auch ungewollt) dem Versuch einer Abgabe von Verantwortung Vorschub. Denn auch menschliche Kinder beispielsweise sind sicherlich in ihrem Verhalten nicht vollständig vorhersagbar, sie unterstehen nicht absolut der Kontrolle ihrer Eltern und Erziehungsberechtigten. Diese nehmen Einfluss auf sie und bemühen sich, die Kinder entsprechend den eigenen Wertvorstellungen zu erziehen. Aber obwohl ihre Bemühungen kein *spezifisches* Ergebnis garantieren, erlaubt das nicht den Schluss darauf, dass *keinerlei* Prognose möglich wäre.

Entsprechend überzeugt die Behauptung nicht, dass sich die Entscheidungen, zu denen Roboter, die als Expertinnen und Experten fungieren, gelangen (die sicherlich in ihren Handlungsspielräumen noch einmal sehr viel beschränkter als menschliche Kinder sind), ob ihrer notwendigen Unerklärbarkeit *vollständig* dem menschlichen Verständnis entziehen würden. Denn auch solche hochkomplexen, autonomen und lernfähigen Systeme werden mit Daten trainiert, die entweder von Menschen oder aber von Algorithmen ausgesucht wurden, die wiederum von Menschen programmiert worden sind. Es mag deutlich schwieriger sein, das Handeln einer solchen Maschine auch »nur zu einem Teil« (2006: 126) mit einer angemessenen Wahrscheinlichkeit zu prognostizieren – vollständig unmöglich kann es allerdings nicht sein, und zwar aus dem einfachen Grund, dass es sich um von Menschen konstruierte Technologien handelt, die (ob gewollt oder ungewollt) ihre Normen, Werte und Vorurteile an dieselben weitergeben, etwa indem sie Algorithmen zu ganz spezifischen Zwecken programmieren. Die Herausforderung bei der Konstruktion solcher Roboter scheint weniger darin zu liegen zu prognostizieren, zu welchen Urteilen diese konkret gelangen werden, als vielmehr darin, festzustellen, an welchen Stellen und in welcher Weise menschliche Einflussnahme im Sinne von Vorurteilen und Normen geschieht! Umso wichtiger scheint Millars und Kerrs Betonung der Verantwortung der involvierten menschlichen Parteien, der Bürger*innen, Wissenschaftler*innen und derjenigen, die diese Roboter bauen werden, sich jetzt darüber Gedanken zu machen, ob und falls ja zu welchem Preis wir solche artifiziellen Systeme tatsächlich wollen (zur Einflussmöglichkeit als intendiertem Einwirken und zu Kontrolle als Bedingung für Verantwortung siehe Kapitel 3, Einleitung).

Millar und Kerr definieren nicht, was sie unter »Verantwortung« verstehen. In dem mit »Verantwortung« (2016: 124) betitelten Abschnitt ihres Textes drehen sich ihre Überlegungen vorrangig um die Frage, ob Menschen bereit sein sollten, Kontrolle an die Expertensysteme abzugeben, das Vertrauen in sie zu investieren, dass sie zu den je nach Kontext besten Entscheidungen gelangen werden, obwohl man aufgrund ihrer komplexen algorithmischen Programmierung ihrer Ansicht nach keinerlei Aufschluss über den Hergang ihres Entscheidungsprozesses wird erlangen können. Nur auf den ersten Blick sind dabei die Situationen, in denen Roboter, die als Expertinnen und Experten fungieren, zum Einsatz gebracht werden können, weniger delikat als diejenigen, für die wir etwa Militärroboter konstruieren. So besprechen Millar und Kerr das Beispiel eines »medizinischen Zentrums, das Krankheiten mithilfe eines *Watson* ähnlichen Roboters diagnostiziert« (2016: 125). In diesen und vergleichbaren Kontexten der »Gesundheitsfürsorge und anderen Bereichen der Expertise« besteht die Erwartung an das Handeln eines Expertensystems darin, dass dieses nach dem sogenannten »Goldstandard« agiert, nämlich »evidenzbasiert« (alle Zitate in 2016: 116). Sollte ein solcher Roboter zu einer ungewollten Entscheidung über beispielsweise die Behandlung einer Patientin oder eines Patienten, über den Einsatz von Medikamenten oder die Präferenz hinsichtlich einer bestimmten Therapieform gelangen, besteht laut Millar und Kerr die große Herausforderung darin, dass sich die bekannten Ansätze zur Ermittlung der Verantwortung der beteiligten Handlungssubjekte nicht auf die Maschine übertragen lassen. Wieder betonen sie die »Unmöglichkeit«, den Entscheidungsprozess des artifiziellen Systems nachzuvollziehen, da »der Roboter nicht dazu programmiert ist, zu erklären«, wie er zu einem Urteil in der fraglichen Situation gelangt ist (beide Zitate in 2016: 125-126). Es scheint, als würden die beiden Autoren mit der Verantwortung von Expert*innen in etwa meinen, zu wohlüberlegten Urteilen (im Rahmen eines jeweiligen Kontexts) zu gelangen. Die Einschätzung, inwiefern ein Urteil wohlüberlegt ist, wird natürlich erschwert, wenn die fragliche Akteurin oder der fragliche Akteur über das Warum des eigenen Tuns keine Auskunft geben kann. Allerdings ist es nicht ausgemacht, dass Roboter à la *Watson* nicht auch dazu irgendwann in der Lage sein werden. Zunächst einmal spricht theoretisch nichts gegen eine Entwicklung künstlicher Expertensysteme in diese Richtung, also hin zu einer immer ›menschlicheren‹ Vision von beratenden Robotern.

Allerdings geht es Millar und Kerr an dieser Stelle gerade nicht um die Frage, ob man Verantwortung an diese intransparenten und nichtprognostizierbaren Roboter delegieren kann, denn dass das möglich ist, davon scheinen sie überzeugt. Ihnen zufolge ist es eher fraglich, ob den nicht einsehbaren Entscheidungen solcher Systeme *vertraut* werden sollte. Vor diesem Hintergrund erklären sich im Übrigen die eingangs in ihrem Text eingeführten Alternativen, zwischen denen wir Menschen uns zu entscheiden hätten: »Einerseits könnten wir die relative Fehlbarkeit menschlicher Expertinnen und Experten akzeptieren und die totale Kontrolle bewahren. Alternativ könnten wir uns dazu entschließen, unsere Roboter-›Herr*innen‹ zu bauen und ihnen für ein übergeordnetes Wohl einige Kontrolle zu überlassen« (2016: 104). Vertrauen allerdings ist nur dort gefragt, wo wir weder *absolute* Kontrolle noch *gar keine* Kontrolle haben. Vertrauen bedarf eines gewissen Möglichkeitsspielraums, aber weder der vollständigen Einsicht in einen fraglichen Sachverhalt noch der Annahme eines radikalen Verlusts möglicher Einflussnahme (Loh 2019d). Deshalb erscheint es ganz richtig, dass Millar und Kerr angeben, dass wir *einige* und nicht *die ganze* Kontrolle an die Roboter-Expert*innen abgeben würden. Allerdings irritiert vor dem Hintergrund des hier Gesagten nun umso mehr ihr Beharren darauf, dass etwaige Expertensysteme für Menschen »unerklärbar« (2006: 126) und nichtprognostizierbar agieren.

Abschließend lässt sich zusammenfassen, dass insbesondere im Vergleich mit dem Ansatz von Lokhorst und van den Hoven die Position von Millar und Kerr hinsichtlich der Möglichkeit, (einigen, spezifischen) artifiziellen Systemen Verantwortung zu attestieren, aus ähnlichen Gründen überzeugt – allerdings mit der Einschränkung des oben formulierten Einwands gegen eine absolute Unmöglichkeit, die Entscheidungsprozesse von Robotern, die als Expertinnen und Experten fungieren, zu prognostizieren beziehungsweise gegen den damit einhergehenden Kontrollverlust über die ›Roboter-Herr*innen‹. Es bleibt daran zu erinnern, dass es sich immer noch um Erzeugnisse menschlicher Kreativität handelt, ohne zugleich die immensen Herausforderungen, die sich bei ihrer Erschaffung stellen, relativieren oder leugnen zu wollen.

BEISPIELE: Um die Ausführungen ein wenig abzukürzen, sei hinsichtlich der Ansätze von Floridi und Sanders sowie Sullins auf Kapitel 2.1 verwiesen. Vermutlich würden Floridi und Sanders denjenigen Robotern moralische Haftbarkeit attestieren, die sie auch aufgrund ihrer Interaktivität, Autonomie und Anpassungsfähigkeit als moralische Handlungssubjekte anerkennen. Wie in Kapitel 2.1 besprochen, wäre das von den gewählten Beispielsystemen lediglich bei den Robotern *Cog* und *iCub* der Fall. Sofern die in Kapitel 2.1 angestellten Überlegungen zutreffen, wären diese Maschinen als moralische Akteure zu identifizieren und in der Konsequenz als moralisch haftbar zu begreifen. Moralische Verantwortung könne ihnen, so Floridi und Sanders, aufgrund mangelnder Intentionalität prinzipiell nicht zugeschrieben werden. Allerdings seien Handlungen von *Cog* und *iCub* (als moralische Akteure) immerhin (moralische und) kausale Ursachen für bestimmte Sachverhalte.

Für Sullins folgt hingegen moralische Verantwortung (beziehungsweise Haftung) nicht aus *moral agency*, sondern umgekehrt soll soziale Verantwortung neben Autonomie und Intentionalität eine der drei Bedingungen für moralische Akteursschaft darstellen. Auch er wird (in Übereinstimmung mit den Ausführungen in Kapitel 2.1) nicht gewillt sein, jenen Robotern Verantwortung zuzusprechen, deren Verhalten nicht als die Wahrnehmung einer aus einer sozialen Rolle resultierenden Verpflichtung interpretiert werden muss, um für die involvierten menschlichen Parteien nachvollziehbar zu sein. Von den im Rahmen dieser Studie ausgewählten Beispielrobotern scheint die Zuschreibung von (negativer, sozialer) Verantwortung in Sullins' Sinne höchstens (sofern überhaupt) hinsichtlich *Paro* als therapeutischem Assistenzsystem sowie der evolutionären Lernplattform *iCub* im Rahmen des Möglichen zu liegen.

Da mein Ansatz vor dem Hintergrund von Wallachs und Allens Theorie entwickelt wurde, die Zuschreibung von Verantwortung also an der funktionalen Äquivalenz der dafür zu erfüllenden Bedingungen (Kommunikations- sowie Handlungsfähigkeit beziehungsweise Autonomie und Urteilskraft) hängt, sind die Beispielroboter als operational oder funktional verantwortliche Akteure zu begreifen. Das artifizielle System *Kismet*, das Wallach und Allen als operationalen moralischen Akteur interpretieren, verfügt in einem äußert rudimentären Sinne über Kommunikationsfähigkeit, insofern es wenige Laute und Worte hervorbringen kann. Urteilskraft – sollte man gewillt sein, *Kismets* Verhalten überhaupt vernünftig zu nennen – ist minimal darin zu sehen, dass er auf sehr einfache Fragen reagiert. Die größte Herausforderung dabei, *Kismet* als einen operational verantwortlichen Akteur zu verstehen, liegt wohl in der Zuschreibung von Handlungsfähigkeit beziehungsweise Autonomie in ihrer ganzen Komplexität, da *Kismets* Folgenbewusstsein (Wissen), seine Kontextwahrnehmung als Geschichtlichkeit, seine Personalität sowie seine Einflussmöglichkeit als intendiertes Einwirken doch sehr beschränkt sind (siehe Kapitel 3, Einleitung). *Kismet* kann seine Ohren, Augen, Lippen sowie seinen Kopf bewegen und reagiert auf externe Stimuli wie die menschliche Stimme – das ist aber auch schon alles. Zusammengefasst steht *Kismet* (in Übereinstimmung mit Wallachs und Allens Urteil) immer noch vollständig unter der Kontrolle seiner Designer*innen und Nutzer*innen. *Kismet* verantwortungsbefähigt zu nennen, ist vielleicht damit vergleichbar, einem Säugling oder einigen Tieren Verantwortung zuzuschreiben. Und dennoch – verglichen mit dem Regen, der für das Nass-Sein der Straße lediglich in einem metaphorischen Sinne Rede und Antwort stehen kann – eröffnet die Verantwortungszuschreibung bezüglich *Kismet* einen Diskussionsraum darüber, ob es sinnvoll ist, einige artifizielle Systeme als potenzielle Verantwortungssubjekte zu identifizieren, auch wenn dieser Raum recht klein ist. *BlessU-2* und *Paro* kann aus ähnlichen Gründen ebenfalls nur in einem schwachen, operationalen Sinn Verantwortung zugeschrieben werden. *Paros* Kommunikationsfähigkeit ist ähnlich dürftig entwickelt wie die *Kismets*, *BlessU-2* kann hingegen immerhin auf den Wunsch nach einer Segnung reagieren. Urteilskraft liegt bei beiden artifiziellen Systemen ähnlich schwach ausgeprägt vor wie bei *Kismet* und die Handlungsfähigkeit beziehungsweise Autonomie ist ähnlich deutlich begrenzt. Den drei genannten Maschinen würden vermutlich auch Lokhorst und van den Hoven nur kausale Verantwortung zu attestieren gewillt sein. Denn weder *Kismet* noch *BlessU-2* oder *Paro* verfügen über die Freiheit, auch anders handeln zu können, sie sind in ihrem Tun absolut festgelegt und können davon in keiner Weise abweichen. Schließlich würden ihnen auch Millar und Kerr aus demselben Grund keine Verantwortung attestieren; *Kismet*, *Blessu-2* und *Paro* agieren aufgrund ihrer spezifischen algorithmischen Struktur und Programmierung für die involvierten Menschen transparent. Sie sind nicht lernfähig, sondern in ihrem Tun vollständig determiniert.

Der Roboter *Cog* ist vielleicht als Beispiel für einen in sehr schwachem Maße funktional verantwortlichen Akteur zu sehen, insofern seine Kommunikationsfähigkeit und seine Urteilskraft gegenüber *Kismet* doch deutlich gesteigert sind. Und was noch wesentlicher erscheinen mag – seine Handlungsfähigkeit oder Autonomie ist aufgrund seines »unüberwachten Lernalgorithmus« (Brooks u. a. 1999: 70) deutlich komplexer als die *Kismets*. *Cog* lernt durch Erfahrung, und vielleicht ist es gerade diese (in seinem Fall in der Tat begrenzte) Fähigkeit, die es gestattet, ihn als einen schwachen funktionalen Akteur zu verstehen oder aber als immerhin stark operational verantwortlich. *Cog* verantwortungsbefähigt zu nennen, ist wohl vergleichbar damit, einem jungen Kind Verantwortung zuzuschreiben. Ähnlich sieht es hinsichtlich einer Zuschreibung von Verantwortung vermutlich im Falle *iCubs* aus, denn auch dieser verfügt über Lernfähigkeit und damit über eine signifikant gesteigerte Handlungsfähigkeit beziehungsweise Autonomie. Und ebenso ist seine Kommunikationsfähigkeit und Urteilskraft im Vergleich mit der *Kismets*, *BlessU-2s* und *Paros* sehr viel ausgeprägter. Es ist anzunehmen, dass auch Lokhorst und van den Hoven sowie Millar und Kerr mit Blick auf *Cog* und *iCub* ein ähnliches Urteil zu fällen bereit wären. Zumindest sind die fraglichen Roboter nicht mehr in jeder Form in ihrem Tun vorhersagbar. Ob sie allerdings in einem starken Sinne abwägend Sorge für etwas tragen (Lokhorst und van den Hoven) beziehungsweise wohlüberlegte Urteile fällen können (Millar und Kerr), ist zu bezweifeln. Jedoch scheint es abwegig, *Cog* und *iCub* nur kausale Verantwortung zu attestieren beziehungsweise sie als bloße Instrumente und damit für vollständig berechenbar zu halten.

ZUSAMMENFASSUNG: Einleitend zu diesem Kapitel wurde darauf hingewiesen, dass (moralische) Akteursschaft häufig explizit als notwendige (wenn auch nicht unbedingt hinreichende) Bedingung für die Fähigkeit, Verantwortung wahrnehmen zu können, interpretiert wird. Floridi und Sanders sowie Lokhorst und van den Hoven haben Bedenken, einem Wesen Verantwortung zu attestieren, selbst wenn sie ihm Akteursschaft zuzubilligen bereit wären.

Da keiner von den hier besprochenen Ansätzen die Kompetenzen und Fähigkeiten, auf denen Verantwortung beruht, eindeutig definiert, muss davon ausgegangen werden, dass sich in diesen Positionen die eine oder andere implizite Annahme über die Möglichkeit von Verantwortung findet. Auch ist deutlich geworden, dass mit Blick auf das Verantwortungsphänomen eine Tendenz zur starken KI-These besteht. Lokhorst und van den Hoven sowie Millar und Kerr äußern sich zwar diesbezüglich nicht direkt, sie sprechen aber nicht davon, dass artifizielle Systeme Verantwortung *simulieren*, sondern dass die Maschinen, die die etwaigen Voraussetzungen erfüllen, tatsächlich Verantwortung *haben*. Man sollte diesen Autoren sicherlich zugutehalten, dass ihnen in den fraglichen Texten nicht an einer Differenzierung zwischen starker und schwacher KI gelegen ist. Und dennoch veranschaulichen gerade Floridi und Sanders, wie schnell von einer Position, die ohne Zweifel die Version einer schwachen KI-These ausformuliert (siehe Kapitel 2.1), hinsichtlich einer möglichen Zuschreibung von Verantwortung unvermittelt (und vermutlich ungewollt) zu der Annahme einer starken

KI-These gewechselt werden kann, was schlicht inkonsequent ist.

Hier die Ergebnisse dieses Unterkapitels, zusammengefasst in Tabelle 4:

	Floridi und Sanders	Sullins	Loh	Lokhorst und van den Hoven	Millar und Kerr
KI-These (implizit)	schwache (beziehungsweise dann starke) KI	starke KI	schwache KI	starke KI	starke KI
Verantwortung	(moralische) Haftung	soziale Verantwortung	alle denkbaren Formen von Verantwortung	kausale und moralische Verantwortung	Expert*innen-Verantwortung
Definition »Verantwortung«	angemessene moralische Beurteilung (Belohnung oder Bestrafung)	Erfüllung sozialer Rollen	Minimaldefinition: Rede-und-Antwort-Stehen, normativ, psycho-motivationale Verfasstheit des Subjekts	(abwägend) Sorge für etwas tragen	wohlüberlegte Urteile fällen
Sind diese Roboter Verantwortungssubjekte?					
Kismet	Nein	Nein	operationale Verantwortung	kausale Verantwortung	Nein
BlessU-2	Nein	Nein	operationale Verantwortung	kausale Verantwortung	Nein
Paro	Nein	Ja	operationale Verantwortung	kausale Verantwortung	Nein
Cog	Ja	Nein	(schwach) funktionale Verantwortung	moralische Verantwortung	Ja
iCub	Ja	Ja	funktionale Verantwortung	moralische Verantwortung	Ja

Tabelle 4: Positionen zu Robotern als Verantwortungssubjekten

3.2 Roboter als Verantwortungsobjekte

In diesem Kapitel werden einige der bekanntesten Ansätze innerhalb der Roboterethik besprochen, die sich mit Robotern als Verantwortungsobjekten befassen.[14] Noch deutlicher vielleicht als bereits in Kapitel 2.2 wird sich dabei herausstellen, dass es sich bei der *Absage* an die Möglichkeit, in (einigen, spezifischen) artifiziellen Systemen potenzielle Verantwortungs*subjekte* (äquivalent zu *moral agents*) zu sehen, um die gängige roboterethische Haltung handelt. Denn für gewöhnlich werden Robotern die für die Zuschreibung von Verantwortung nötigen Kompetenzen, nämlich Handlungsfähigkeit beziehungsweise Autonomie, Kommunikationsfähigkeit sowie Urteilskraft (und weitere, in den jeweiligen Texten genannte Fähigkeiten, insbesondere Intentionalität), abgesprochen. Selbst die komplexesten Maschinen, so in etwa der Gedankengang, sind nicht mehr als bloße Instrumente menschlichen Handelns, lediglich Objekte innerhalb von Verantwortungskonstellationen, in denen die involvierten Menschen nicht nur die primären, sondern die einzigen verantwortlichen Akteurinnen und Akteure darstellen.

Roboter lassen sich theoretisch nicht nur als Objekte, sondern auch als Adressat*innen begreifen (siehe Kapitel 3, Einleitung). Denn als Adressatinnen oder Adressaten müssen sie nicht selbst die Bedingungen für eine mögliche Zuschreibung von Verantwortung erfüllen – auch Prinzipien, Werte, Abstrakta oder nicht (selbst-)bewusste Entitäten wie ›die‹ Natur oder der Planet Erde können als Gründe für verantwortliches Handeln in einem spezifischen Kontext angeführt werden. Sind in Robotern keine potenziellen Verantwortungssubjekte zu erkennen, sind sie also als Objekte, auf die sich ein verantwortliches Handeln jeweils bezieht, zu begreifen, oder aber als Adressat*innen, die den Grund für das Vorhandensein einer fraglichen Verantwortlichkeit definieren.[15]

---

14 Weitere Ansätze finden sich etwa bei Maring 2008; Wallach/Allen 2012; Wölm 2019.
15 Da mir jedoch keine Position bekannt ist, die Roboter als potenzielle Verantwortungsadressat*innen explizit bespricht, wird diese Perspektive im Rahmen der vorliegenden Studie ausgeblendet.

Die beiden frühen Ansätze von Lenk sowie Friedman und Kahn aus den 1990er Jahren, die in diesem Kapitel zuerst diskutiert werden, befassen sich allgemeiner mit einem verantwortlichen Umgang mit Informations- und Computersystemen. Sie dienten als Wegweiser, denen die roboterethische Verantwortungsdebatte gefolgt ist. Neuhäuser sowie Marino und Tamburrini fokussieren explizit die moralische Verantwortung für Roboter, letztere zusätzlich mit Blick auf eine etwaige strafrechtliche Konzeption von Verantwortung. Auch der Philosoph Peter Asaro kommt direkt auf die Rückschlüsse strafrechtlicher Verantwortung für die Roboterethik zu sprechen. Mit einer Diskussion der Theorien von Marino und Tamburrini sowie Asaro ist also der in der Einleitung versprochene Brückenschlag zwischen moralischer und rechtlicher Verantwortung vollzogen. Wie insbesondere Asaro betont, zeichnen sich die strafrechtlichen Normen gegenüber den moralischen durch eine größere Transparenz und Eindeutigkeit aus, was wiederum einer Präzisierung Letzterer dienlich sein kann. Es wird umgekehrt allerdings auch zu zeigen sein, dass wir dort moralische Verantwortung zuweilen zuzuschreiben gewillt sind, wohin die rechtliche Haftung nicht reicht.

Daran, dass im Rahmen der in diesem Bereich der Roboterethik angestellten Überlegungen den Maschinen die für die Zuschreibung von Verantwortung nötigen Kompetenzen abgesprochen werden, zeigt sich im Übrigen, dass, anders als hinsichtlich der Frage, ob Roboter als moralische Handlungssubjekte identifizierbar sind, die starke KI-These zumindest implizit vorherrschend ist. In Kapitel 2.1 schien im Rahmen der jeweiligen Ansätze die Simulation der für *moral agency* nötigen Kompetenzen weitestgehend unproblematisch (siehe dort Floridi und Sanders, Wallach und Allen sowie Misselhorn). Hingegen zeigte sich bereits in Kapitel 3.1 an Floridis und Sanders' Behandlung der Frage, ob Robotern moralische Verantwortung attestiert werden könne, eine Abkehr von der von ihnen eigentlich (und zwar im selben Text) vertretenen schwachen KI-These. Es scheint, als würden viele Denkerinnen und Denker mit dem Verantwortungsphänomen etwas noch Bedeutsameres verbinden als mit moralischer Handlungsfähigkeit im Allgemeinen.

HANS LENK: Der Philosoph Hans Lenk gehört neben Matthias Maring und Günter Ropohl zur ersten Generation deutscher Verantwortungsforscherinnen und -forscher, die sich seit vielen Jahren insbesondere auch den Herausforderungen der Verantwortungszuschreibung im Zusammenhang mit den modernen technologischen Entwicklungen widmen. Eine Einführung in die Roboterethik kommt deshalb nicht umhin, sich mit Lenks Position auseinanderzusetzen, obwohl er ausschließlich (und so auch in dem Kapitel »Können Informationssysteme moralisch verantwortlich sein?« seines frühen Bandes *Macht und Machbarkeit der Technik* von 1994) nicht Roboter, sondern Computerprogramme in den Blick nimmt. Vor dem Hintergrund einer kritischen Diskussion der Ansätze von Klaus Haefner, John Searle, William Bechtel, John Snapper, Daniel Dennett und anderen gelangt Lenk zu dem Schluss, dass artifiziellen Systemen keine moralische Verantwortung zugeschrieben werden könne, da sie zwar mit »Deliberationsfähigkeit« (1994: 84) ausgestattet, aber keine Personen seien.

Ausgangspunkt seiner Überlegungen ist die Sorge einer »Verantwortungsverwischung« (1994: 67), »totalen Verantwortungsverwässerung« (1994: 70) beziehungsweise des »Fatalismus einer sich ausbreitenden Mentalität von unverschuldeter Verantwortungslosigkeit« (1994: 70-71) angesichts der Entwicklung von Computersystemen, die Entscheidungen schneller und akkurater als Menschen zu treffen in der Lage wären – und dies in durchaus delikaten Kontexten wie etwa bei militärischen Frühwarnsystemen. Da die fraglichen Situationen bereits für die involvierten Menschen häufig intransparent und durch hohe rechtliche und moralische Ansprüche gekennzeichnet seien, würde der Einsatz artifizieller Entscheidungssysteme dazu einladen zu versuchen, die persönliche »moralische, rechtliche und auch faktisch rollengebundene Verantwortlichkeit« (1994: 67) an die jeweiligen Maschinen zu delegieren. Die immer stärkere Abhängigkeit von Technologien in nahezu allen Bereichen des Alltags tue ihr Übriges, einer Übertragung von Verantwortung auf die jeweiligen Computerprogramme den Weg zu bereiten.

Damit beschreibt Lenk ein ähnliches Szenario wie Millar und Kerr in ihrer Besprechung artifizieller Expertensysteme. Und ebenso wie Millar und Kerr 22 Jahre später geht es schon Lenk Mitte der 1990er Jahre primär um das Vertrauen in »das reibungs- und möglichst fehlerlose Funktionieren« (194: 69) der Programme, die von den beteiligten Menschen nicht mehr durchschaut würden.

Unser Vertrauen in Maschinen ist Lenk zufolge durch deren Deliberationsfähigkeit und Intentionalität gerechtfertigt, die diese in signifikanter Weise artifiziell ausgebildet hätten (1994: 77). Im Unterschied jedoch zu Millar und Kerr, die auf der Grundlage vergleichbarer Prämissen zu dem Schluss gelangen, Computersystemen die Verantwortung, wohlüberlegte Urteile zu fällen, zuzugestehen, wendet Lenk ein, dass das Rede-und-Antwort-Stehen über bloße »Deliberationsverantwortlichkeit« hinausgeht. Zwar ist es theoretisch möglich, in diesen Kontexten bereits den Verantwortungsbegriff zu bemühen, um eine »volle Bewußtseins- oder Willkürhandlungsverantwortlichkeit« (beide Zitate in 1994: 77) im normativen (und damit, wie gleich zu zeigen sein wird, im relevanten) Sinne handelt es sich damit jedoch nicht.

Lenk differenziert zwischen »deskriptiver und normativer Verantwortungszuschreibung« (1994: 72), Erstere sei eine notwendige, wenn auch nicht »hinreichende Bedingung« (1994: 77) für Letztere. Deskriptive Verantwortungszuschreibung erfolgt bereits unter der Voraussetzung spezifischer »empirischer Faktoren« (1994: 73) wie etwa »Intentionalität, Verursacht-Haben, […] Kontrolle und Willkürlichkeit« (1994: 81). Für das Kriterium der Intentionalität beruft sich Lenk auf Searles funktionalistische Position (1994: 73) und offenbart damit seine Orientierung an der schwachen KI-These, was (wie einleitend zu diesem Kapitel bemerkt) eher eine Seltenheit in der roboterethischen Verantwortungsdebatte darstellt (wohingegen sie der Standard in der roboterethischen Debatte um *moral agency* ist). Auch Lenks Bemerkung, dass artifiziellen Entscheidungsprogrammen »quasi« (1994: 82) Verantwortung zugeschrieben werden könne, unterstreicht diese Einschätzung. Etwas verursacht zu haben, stellt die kausale Rückbindung der fraglichen Handlung beziehungsweise des fraglichen Ereignisses an die zur Verantwortung gezogene Person dar. Allein die (oben im Zitat genannte) Willkürlichkeit irritiert – vermutlich rekurriert Lenk damit auf »Abwägung und Willentlichkeit«, die er in der Besprechung des aristotelischen Ansatzes im dritten Buch der *Nikomachischen Ethik* als »notwendige Vorbedingungen für normative Verantwortlichkeitszuschreibung« identifiziert (beide Zitate in 1994: 73).

All das sei zwar ohne Frage für moralische Verantwortung von fundamentaler Bedeutung – allerdings sei die eigentliche normative Bedingung für die Möglichkeit, einem Wesen moralische

Verantwortung zu attestieren, die »Personalität«. Nur Personen, »soziale oder moralische Wesen« also, so Lenk, sind mit »moralisch-praktischer Vernunft« ausgestattet. Allerdings führt er nicht weiter aus, was er mit Personalität oder Vernunft genau meint. Ohne den Personenstatus jedoch könnten die Entscheidungen artifizieller Systeme höchstens »sekundär und indirekt moralische Relevanz haben« (alle Zitate in 1994: 82-83) – es bedürfe in solchen Fällen in letzter Instanz eines oder mehrerer Menschen, die die moralische, politische oder rechtliche Verantwortung für das Computerprogramm schultern. Im Rahmen der vorliegenden Studie wurden die für die Minimaldefinition von Verantwortung anzusetzenden Bedingungen, nämlich Kommunikationsfähigkeit, Handlungsfähigkeit beziehungsweise Autonomie sowie Urteilskraft, in dem Konzept der Personalität zusammengefasst (siehe Kapitel 3, Einleitung). Insofern kann Lenks Annahme, obwohl er sie selbst nicht näher begründet und ausführt, zugestimmt werden.

Zugleich ist damit ein weiteres Indiz dafür gegeben, dass Millars und Karrs Fundament der Verantwortung (in Kapitel 3.1) zu schmal definiert ist, denn bei ihnen ist doch die Deliberationsfähigkeit von Maschinen hinreichender Grund für die Zuschreibung von Verantwortung. Das die moralische Verantwortung auszeichnende Charakteristikum liegt, so Lenk, allerdings in der Tatsache, dass diese »nicht abschiebbar, nicht ablenkbar, delegierbar oder durch Aufteilung bis zum Verschwinden minimierbar ist« (1994: 84), da sich der Personenstatus nicht nach Belieben ablegen lasse. Dem Anspruch moralischer Verantwortung könne man sich nicht einfach entziehen – sobald ein Wesen eine Person ist, haftet ihm moralische Verantwortung unausweichlich an.

Wenngleich Lenks Annahme der Personalität als Voraussetzung für moralische Verantwortung nachvollziehbar erscheint, überzeugt sein Fazit – dass moralische Verantwortung »nicht in programmierten Entscheidungssystemen aufgelöst werden« kann (1994: 84), da sie sich von den menschlichen moralischen Personen nicht abgeben lasse – nicht. Denn die Tatsache, dass moralische Verantwortung nicht delegierbar ist, steht ja gar nicht zur Debatte, sondern vielmehr, ob beziehungsweise inwiefern artifiziellen Wesen der Personenstatus zuzugestehen ist. Dass Maschinen Lenk zufolge »selbstverständlich« (1994: 77) nicht moralisch verantwortlich handeln können, bietet keinen hinreichenden Grund zu der Annahme, sie wären dazu in der Zukunft nicht irgendwann in der Lage. Insbesondere aufgrund seines zuvor implizit gemachten Zugeständnisses an Searles schwache KI-These erklärt sich nun seine strikte Ablehnung einer potenziellen Simulation von Personalität durch (einige, spezifische) Roboter nicht. Es scheint hier ein ähnlicher Fall wie bei Floridi und Sanders (in Kapitel 3.1) vorzuliegen, die auch von einer schwachen KI-These mit Blick auf eine etwaige Zuschreibung moralischer Verantwortung implizit in eine starke KI-These kippen.

Wenn artifiziellen Entscheidungssystemen bis auf Weiteres keine moralische Verantwortung attestiert werden kann, stellt sich die Frage, wer an ihrer Stelle in den fraglichen Kontexten Rede und Antwort zu stehen hat und inwiefern sie als Objekte etwaiger Verantwortlichkeiten zu identifizieren sind. Lenk diskutiert in dem an »Können Informationssysteme moralisch verantwortlich sein?« anschließenden Kapitel die Funktion und Relevanz von Ethikkodizes. Zuvor hatte er festgestellt, dass der Einsatz von Computerprogrammen, die in moralisch delikaten Situationen schneller und präziser zu Entscheidungen gelangen können als Menschen, ein Indiz dafür ist, dass die Designer*innen und Nutzer*innen der fraglichen Systeme zumindest nicht »allein« (1994: 67) verantwortlich gemacht werden können. Ethikkodizes sollen den Ingenieurinnen und Ingenieuren in ihrem Tun moralische Hilfestellung geben (1994: 111). In zahlreichen Schriften (häufig in Zusammenarbeit mit Matthias Maring, so in Lenk 2011, 1993, 1992; Lenk/Maring 2001, 1995) hat sich Lenk zur Verantwortung in Technik-, Wissenschafts- und Medienkontexten geäußert und dabei Wert auf eine klare Differenzierung zwischen der individuellen Verantwortung der einzelnen Wissenschaftlerin sowie des einzelnen Wissenschaftlers, der einzelnen Technikerin und des einzelnen Technikers und der kollektiven Verantwortung innerhalb eines Unternehmens, einer Firma oder einer wissenschaftlichen Einrichtung gelegt.

In aktuellen Texten unterscheiden Lenk und Maring zwischen einer internen und einer externen Verantwortung in Wissenschaft und Technik. »Die *interne* Verantwortung trägt der Wissenschaftler gegenüber seiner Zunft; sie umfasst die Beachtung der Regeln sauberen und wissenschaftlichen Arbeitens und fairer Konkurrenz unter dem Höchstwert der objektiven Wahrheitssuche und -sicherung.« Darunter fällt noch nicht die moralische Verantwortung für die artifiziellen Entscheidungssysteme. Denn die interne Verantwortung unterliegt Lenk und Maring zufolge nur den »fachwissenschaftlichen und wissenschaftstheoretischen Regeln und Normen«, die »nicht im engeren Sinne ethisch oder universalmoralisch« sind, sondern vorrangig das »wissenschaftliche« und »Standesethos« sowie das Eigeninteresse der Wissenschaftlerin und des Wissenschaftlers betreffen. Erst die *externe* Verantwortung bezieht sich auf die »Forschungsprozesse und deren Folgen hinsichtlich der Betroffenen und der Gesellschaft«. Hier nun kommt in der Tat die moralische Verantwortung der Ingenieur*innen und Techniker*innen auch für die Entscheidungen der von ihnen geschaffenen Computerprogramme in den Blick, geht es in der externen Verantwortung in Technik und Wissenschaft doch um die »Unversehrtheit anderer Lebewesen« (alle Zitate in Lenk/Maring 2017: 720-721). Darüber hinaus sind Wisssenschaftler*innen in ihrem institutionellen Tun kollektiv verantwortlich eingebunden (2017: 722-724).

Zusammenfassend lässt sich sagen, dass Lenks Ansatz zwar nicht hinsichtlich einer Begründung der Annahme, dass Roboter keine Personen und also moralische Verantwortungs*subjekte* sein können, überzeugt. Wohl aber zeugt Lenks (und Marings) umfangreiche Arbeit insbesondere zur Verantwortung in Technik, Wissenschaft und Medien von einer enormen Sensibilität hinsichtlich der Verantwortlichkeiten involvierter Individuen und Kollektive in ihrer Mitwirkung an und Gestaltung von technologischen Entwicklungen und Entscheidungsprozessen.

BATYA FRIEDMAN UND PETER KAHN: In »Human Agency and Responsible Computing« (1992) erläutern Friedman und Kahn, warum Computern keine moralische Verantwortung attestiert werden könne und wie zu vermeiden sei, dass Menschen der Illusion verfallen, artifiziellen Systemen die Fähigkeit zum Rede-und-Antwort-Stehen dennoch zuzuschreiben. Ihr Ziel liegt in der »Förderung eines verantwortlichen Umgangs mit Computern durch Systemdesign« (1992: 7).

Auch Friedman und Kahn sehen den üblichen direkten Zusammenhang zwischen moralischer Akteursschaft und moralischer Verantwortung: Letztere folge aus Ersterer. Allerdings bestimmen sie weder »Akteursschaft« noch »Verantwortung« und führen zudem nicht aus, ob Akteursschaft die hinreichende oder lediglich eine notwendige Bedingung für Verantwortung darstellt. Sie verweisen lediglich auf die innerhalb der Verantwortungsforschung geläufigen Voraussetzungen, die zu erfüllen wären, damit von Verantwortung die Rede sein könne, nämlich »Handlungsfreiheit« sowie »Intentionalität«. Mit Letzterer geht »mindestens die Fähigkeit, Glauben, Wünsche, Verstehen, Intentionen und Volitionen zu haben oder zu erleben« einher (alle Zitate in 1992: 8). Wie bereits an früherer Stelle in diesem Zusammenhang erwähnt (siehe Kapitel 3, Einleitung sowie die Positionen in Kapitel 3.1), ist die Zuschreibung von Intentionalität und Freiheit zwar notwendig, aber nicht hinreichend für die Zuschreibung von Verantwortung. In keinem der bislang besprochenen Ansätze werden beispielsweise Kommunikationsfähigkeit und Urteilskraft als Voraussetzungen für Verantwortung diskutiert.

Friedman und Kahn begründen ihre These, dass Computer keine moralische Verantwortung tragen können, mit John Searles Gedankenexperiment des »Chinesischen Zimmers« (siehe Kapitel 2, Einleitung, sowie Lenks Position weiter oben). Sie stimmen Searle in seiner Einwendung gegen Alan Turing darin zu, dass Maschinen bis auf Weiteres nicht über Intentionalität in einem genuinen Sinne verfügen (die starke KI-These), erwähnen dann allerdings irritierenderweise Searles Antwort auf Turing (die schwache KI-These) nicht einmal, sondern schließen von der Ablehnung der starken KI-These direkt darauf, dass Roboter zumindest in der Gegenwart nicht moralisch verantwortlich gemacht werden können. Damit bestätigen Friedman und Kahn die oben getroffene Annahme, dass in der roboterethischen Verantwortungsforschung eine Tendenz zur starken KI-These vorherrscht.

Nachdem sie ausgeführt haben, dass »1) Intentionalität eine notwendige Bedingung für moralische Akteursschaft darstellt; 2) [...] menschliche Intentionalität eine authentische kausale Rolle in unseren Handlungen spielt; und 3) ein Computersystem, wie wir es uns heute vorstellen können, weder seinem Material noch seiner Struktur nach Intentionalität haben kann« (1992: 9), geht es Friedman und Kahn im zweiten Teil des Textes darum zu zeigen, was ein verantwortlicher Umgang mit Computersystemen mit sich bringt. Ausgehend von der Annahme, dass das Wissen darüber, dass nur Menschen moralische Akteur*innen sind, für die Möglichkeit eines verantwortlichen Umgangs mit Computern relevant ist, stellen sie drei Methoden vor, die dieses Wissen fördern: Vermeidung einer

Anthropomorphisierung von Computersystemen, Vermeidung einer Delegierung von Entscheidungen an Computersysteme sowie Vermeidung einer Delegierung von Instruktionen an Computersysteme. Hierdurch könne der Schutz menschlicher moralischer Akteursschaft gewährleistet und die irrtümliche Wahrnehmung von Maschinen als moralischen Akteurinnen und Akteuren unterbunden werden.

Vermeidung einer Anthropomorphisierung von Computersystemen: Mit ihrer Ablehnung der Vermenschlichung von Computern sind Friedman und Kahn auf Seiten eines von Damiano und Dumouchel (in Kapitel 2.2) konstatierten roboterethischen Common Sense. Anthropomorphisierung würde dazu einladen, dem fraglichen Computersystem moralische Akteursschaft zu attestieren (1992: 10). Friedman und Kahn lassen jedoch in ihren Überlegungen zu den Nachteilen einer etwaigen Vermenschlichung artifizieller Systeme die denkbaren Vorteile, denen Damiano und Dumouchel (in den Kapiteln 2.2 und 2.3) Rechnung tragen, außer Acht. Es ist beispielsweise alles andere als ausgemacht, ob wir insbesondere soziale Roboter, die in den intimsten Bereichen des menschlichen Alltags zum Einsatz gelangen (wie etwa in Pflege und Medizin), auch ohne menschliche Charakteristika zu akzeptieren bereit wären. Es lässt sich sogar die gegenteilige These diskutieren, dass ein verantwortlicher Umgang mit sozialen Robotern lediglich dank ihrer menschlichen Form erfolgen kann. Sie agieren nämlich in den Nahbereichen der Menschen, werden dort (so die Annahme) nur dank ihrer menschlichen Gestalt von den Nutzer*innen angenommen, und diese wiederum behandeln umgekehrt ihre Maschinen dank deren Menschenähnlichkeit in einer verantwortungsvollen Weise.

Vermeidung einer Delegierung von Entscheidungen an Computersysteme: Die Delegierung von Entscheidungen an Computersysteme bereitet Friedman und Kahn zufolge sowohl einer Degenerierung menschlicher moralischer Akteursschaft den Weg als auch der Illusion von maschineller *moral agency*. Schon menschliche Interaktionsnetzwerke zur Entscheidungsfindung – etwa in Krankenhäusern, in denen die zu fällenden Urteile zumeist über viele Instanzen zu gehen haben – sind zuweilen nicht vollständig transparent für alle beteiligten menschlichen Akteurinnen und Akteure. In solchen Kontexten kann es sein, dass die in »komplexe soziale Strukturen eingebetteten« (1992: 11) Computersysteme die Selbstwahrnehmung als moralisches Handlungssubjekt zusätzlich einschränken. Hier ist es laut Friedman und Kahn hilfreich, die Möglichkeit der Partizipation auf unterschiedlichen Ebenen zu garantieren, denn das Design eines Computers auf Mitwirkung auszurichten, vergrößere die Wahrscheinlichkeit einer Selbstwahrnehmung als verantwortliche*r Akteur*in. Diesem Gedanken ist in der Tat einiges abzugewinnen. Andererseits überzeugt die Annahme nicht, dass in sich bereits intransparente menschliche Interaktionssysteme erst *aufgrund* der zusätzlichen Einbindung von Computersystemen die Selbstwahrnehmung als moralische Handlungssubjekte einschränken. Die Minderung von Kontrolle und Einflussmöglichkeit (gleich, ob durch andere Menschen oder Maschinen) trübt indes nicht nur das *Gefühl*, keine Verantwortung mehr zu haben, sondern tatsächlich die *Möglichkeit*, Rede und Antwort für etwas stehen zu können. Einflussmöglichkeit als intendiertes Einwirken ist als Facette der Handlungsfähigkeit beziehungsweise Autonomie eine wesentliche Bedingung für die Zuschreibung von Verantwortung (siehe Kapitel 3, Einleitung).

Vermeidung einer Delegierung von Instruktionen an Computersysteme: Ähnlich wie bereits die Abgabe von Entscheidungen an Computersysteme führt Friedman und Kahn zufolge auch die unreflektierte Nutzung von »Instruktionstechnologien« (1992: 11) zu einer Reduzierung menschlicher moralischer Verantwortungsfähigkeit. Dort, wo nicht nur Entscheidungen, sondern auch Strategien und Methoden vorgegeben sind, werde einer Beschneidung der menschlichen Handlungsfähigkeit, Autonomie, Akteursschaft und Verantwortlichkeit in signifikanter Weise Vorschub geleistet. Dem könne etwa mit Lernprogrammen, die zur aktiven Partizipation auffordern, entgegengewirkt werden. Auch hier favorisieren Friedman und Kahn also ein »mitwirkendes Design« (1992: 12), das Kontrolle und Einflussmöglichkeiten (und damit Verantwortung) an die Nutzer*innen der fraglichen Technologien zurückgibt und fördert.

Obwohl die von Friedman und Kahn vorgeschlagenen drei Strategien zur Unterstützung und Stärkung der Selbstwahrnehmung als menschliche moralische Akteurinnen und Akteure sowie zu einer Vermeidung der Illusion einer Wahrnehmung von Computersystemen als *moral agents* nicht in jeder Hinsicht überzeugen, unterbreiten sie damit in diesem frühen Text von 1992 ihren Leser*innen bereits einige differenzierte Vorschläge zu einem verantwortlichen Umgang mit Computertechnologien. Anders als Lenk (und Maring) setzen Friedman und Kahn dabei weniger auf Ethikkodizes und eine möglichst transparente Darstellung der in Technik-, Wissenschafts- und Medienkontexten eingebundenen individuellen und kollektiven Verantwortlichkeiten, sondern auf die spezifische Gestaltung von artifiziellen Systemen (in nichtanthropomorpher Weise) sowie auf die aktive Partizipation der menschlichen Parteien und damit auf die Steigerung von deren Kontrolle und Einflussmöglichkeiten.

CHRISTIAN NEUHÄUSER: In seinem Text »Roboter und moralische Verantwortung« (2014) behandelt Neuhäuser die Frage nach der möglichen Verantwortungsfähigkeit von (einigen, spezifischen) Robotern gleichbedeutend mit der nach moralischer Akteursschaft; ob Roboter »verantwortungsfähige Akteure« sind, ist ihm zufolge nur eine andere Formulierung der Frage, ob sie »moralische Akteure« darstellen. Anhand der im Rahmen dieser Einführung besprochenen Positionen wurde hingegen deutlich, dass moralische Akteursschaft und moralische Verantwortung nicht dasselbe sind. Die Möglichkeit, einem Wesen Verantwortung zu attestieren, beruht auf der Voraussetzung von Akteursschaft und Personalität, was aber (glaubt man etwa Floridi und Sanders, Kapitel 3.1) nicht hinreichend für Verantwortung ist. Neuhäuser glaubt, dass Roboter aufgrund mangelnder Fähigkeiten (auf die weiter unten einzugehen ist) keine moralischen Akteurinnen und Akteure sind, was nicht bedeutet, dass die fraglichen artifiziellen Systeme nicht immerhin als Objekte menschlicher Verantwortlichkeiten zu betrachten wären.[16]

Verantwortung beruht Neuhäuser zufolge auf drei Bedingungen, nämlich auf Kausalität, auf der Freiheit, »auch anders hätte

---

16 Allerdings seien sie damit nicht automatisch *moral patients*, wie Neuhäuser sagt, »moralisch zu berücksichtigende Akteure, also Akteure, die eigene moralische Rechte oder zumindest moralische Ansprüche haben«. Denn unter Berufung auf »die herrschende Meinung« (beide Zitate in 2014: 271) nimmt er an, dass *moral patiency* an Empfindungsfähigkeit geknüpft ist. Das ist allerdings ein anderes Verständnis von *moral patiency* als das in dieser Studie (in der Einleitung sowie zu Beginn von Kap. 2.2) definierte.

handeln [zu] können« (2014: 273) und auf dem Wissen um die Handlungsoptionen in einer fraglichen Situation sowie deren moralische Bewertung. Die zweite Bedingung stimmt mit der Position von Lokhorst und van den Hoven überein, die dritte mit Floridi und Sanders (Kapitel 3.1), Lenk sowie Friedman und Kahn (Kapitel 3.2). Handlungsfreiheit stellt eine Facette der dieser Studie vorangestellten Minimaldefinition von Verantwortung dar (Kapitel 3, Einleitung). Fraglich ist allerdings, ob Kausalität dafür nötig ist, dass jemand Rede und Antwort stehen kann und muss. So schreiben wir etwa Menschen in repräsentativen Funktionen (etwa als Firmenleiter*in, Politiker*in, Bauleiter*in, Vorstand, Dekan*in und in vielen weiteren Rollen) Verantwortlichkeiten beispielsweise für einen entstandenen Schaden zu, selbst wenn die fragliche Person mit dem zu verantwortenden Sachverhalt selbst in keinem direkten kausalen Zusammenhang steht (Sombetzki 2014a: 38).

Neuhäuser macht einen expliziten Unterschied zwischen Verantwortung als generelles Phänomen und moralischer Verantwortung als einer spezifischen Form des Rede-und-Antwort-Stehens (2014: 275), wenngleich er beide nicht definiert, sondern lediglich die Voraussetzungen nennt, die für die Zuschreibung von (moralischer) Verantwortung zu erfüllen wären. In dem fraglichen Abschnitt seines Textes diskutiert er Daniel Dennetts Ansatz, der (moralische) Verantwortung an den »Personenstatus« und damit an »Intentionalität dritter Stufe« (ein intentionales Subjekt erkennt sein Gegenüber als intentionales Subjekt und wird von diesem ebenso als intentionales Subjekt wahrgenommen), »Sprachfähigkeit« und »Selbstbewusstsein« zurückbindet (alle Zitate in 2014: 275). Alle drei Voraussetzungen für Personalität und demzufolge für (moralische) Verantwortung in Dennetts Verständnis bedingen sich gegenseitig und treten nur gemeinsam auf. Neuhäuser schließt diesen Gedankengang damit, dass Roboter über die von Dennett benannten Kompetenzen gegenwärtig nicht verfügen und folglich weder »Personen [noch] moralische Akteure mit einer Verantwortung sind«. Auch wären artifizielle Systeme nicht in der Lage, »die eigenen Wünsche und Urteile mit Hilfe von Wünschen zweiter Ordnung [zu] bewerten und daraufhin eventuell [zu] ersetzen« (beide Zitate in 2014: 278) – eine Fähigkeit, die Harry Frankfurt in »Freedom of the Will and the Concept of a Person« (1971) als Bedingung für moralische Verantwortung nennt.[17]

Insbesondere mit Blick auf die von Dennett vorgeschlagenen Bedingungen für Personalität und damit moralische Verantwortung wird allerdings anhand von Neuhäusers Ausführungen nicht ersichtlich, inwiefern Intentionalität dritter Stufe, Sprachfähigkeit und Selbstbewusstsein Voraussetzungen gerade für *moralische* Verantwortung sein sollen, warum Personalität in Dennetts Sinne also mit *moralischer* Akteursschaft und Verantwortungsfähigkeit einhergeht. Die Fokussierung auf moralische Verantwortung wird nur unter Berücksichtigung von Frankfurts Position nachvollziehbar, denn laut Neuhäuser eröffnet sich über die Möglichkeit einer Artikulation von Wünschen zweiter Ordnung die Einnahme eines »moralischen Standpunkt[es]«, die Formulierung »moralische[r] Gründe« (beide Zitate in 2014: 278).

Spätestens mit der Infragestellung auch dieser Fähigkeit hinsichtlich Robotern wird deutlich, dass Neuhäuser zumindest implizit von einer starken KI-These ausgeht. Immerhin drehen sich seine Überlegungen grundsätzlich darum, dass die fraglichen Maschinen die jeweiligen Kompetenzen haben oder nicht haben, die nötigen Bedingungen für Verantwortung erfüllen oder nicht erfüllen beziehungsweise zu etwas »in der Lage« oder aber eben nicht dazu befähigt sind. Dafür spricht auch seine Annahme über den Ursprung der Moral in einem »moralische[n] Gespür und vielleicht sogar [in] Gefühle[n]« (beide Zitate in 2014: 278-279). Moral beruht ihm zufolge auf etwas, das im Alltagssprachgebrauch zuweilen ›gesunder Menschenverstand‹ genannt wird. Gefühle, so sein Schluss, hätten Roboter bislang nicht. Ob sie Gefühle oder ein etwaiges moralisches Gespür simulieren könnten, darum geht es ihm in dem hier besprochenen Text nicht. Demzufolge sind sie keine »moralischen Akteure mit Verantwortung« (2014: 279).

Hieraus folge allerdings nicht automatisch eine Absage an jegliche artifizielle Verantwortungszuschreibung, sondern lediglich an die Annahme, Roboter wären genau so wie Menschen in der

---

17 Ein Wunsch erster Ordnung wäre etwa in dem Verlangen zu sehen, eine Zigarette zu rauchen, ein (zugleich bestehender) Wunsch zweiter Ordnung hingegen darin, mit dem Rauchen aufzuhören und anhand dieses Wunsches den Wunsch erster Ordnung zu beeinflussen bzw. zu revidieren.

Lage, Rede und Antwort zu stehen. Ob jedoch (einige, spezifische) Maschinen als verantwortliche Akteurinnen und Akteure in einem schwächeren Sinne zu identifizieren sind, diskutiert er im zweiten Teil seines Textes anhand der drei Positionen von Moor, Floridi und Sanders sowie Wallach und Allen (siehe Kapitel 2.1). Alle drei Positionen überzeugen Neuhäuser zufolge nicht; Wallach und Allen aufgrund ihrer Theorie funktionaler Äquivalenz, die eine Version der schwachen KI-These darstellt, die Neuhäuser nicht teilt. Moors Ansatz fußt seiner Ansicht nach auf einem fundamentalen Missverständnis hinsichtlich der Natur und praktischen Relevanz von Moraltheorien, die auch (und das übersieht Moor Neuhäuser zufolge) in einer unperfekten Welt den Menschen pragmatische Prinzipien an die Hand geben, die den moralischen Alltag zu strukturieren helfen. Floridi und Sanders schließlich zögen einen zu engen Vergleich zwischen Tieren und Robotern, wohingegen Letztere laut Neuhäuser doch ganz anders wären als Erstere (2014: 280-283).

Aus dem Schluss, Roboter wären gegenwärtig weder im genuinen noch in einem schwächeren Sinne moralische Akteur*innen und deshalb nicht in der Lage, moralisch Rede und Antwort zu stehen, folgen, so Neuhäuser, zwei mögliche Konsequenzen: *Erstens* müssten entweder die in den Umgang mit komplexen artifiziellen Systemen involvierten Menschen ihre jeweiligen Verantwortlichkeiten wahrnehmen. Er spricht hier direkt die »Produzenten, Programmierer und Betreiber« an, und ohne Zweifel ließen sich weitere menschliche Parteien wie etwa die Nutzer*innen, aber auch Jurist*innen, Politiker*innen und Wissenschaftler*innen hinzufügen. Neuhäuser schlägt sogar vor, »eine neue Gruppe von Aufsehern« zur Beurteilung des moralisch angemessenen Verhaltens von Maschinen einzusetzen, was Lenks Forderung nach Ethikkodizes verwandt klingt. Insbesondere dieses Bewusstsein für die Notwendigkeit offizieller Instanzen, wie sie etwa in Deutschland in Form der Ethikkommission zum autonomen Fahren existiert, ist unbedingt zu begrüßen. Allerdings zeigt sich auch und gerade am Beispiel des autonomen Fahrens, dass eine Definition eindeutiger moralischer Prinzipien und der Verantwortlichkeiten der jeweils involvierten menschlichen Parteien eine alles andere als triviale Angelegenheit darstellt. Vergleichbar Millar und Kerr weist auch Neuhäuser deshalb in diesem Zusammenhang auf die geminderten »Kontrollmöglichkeiten« (alle Zitate in 2014: 284) der Menschen bei zugleich immer autonomeren artifiziellen Systemen hin.

Will man sich also den gravierenden Herausforderungen, die der Einsatz komplexer, autonomer Roboter, die Aufgaben von moralischer Relevanz ausführen, mit sich brächte, nicht stellen, bliebe *zweitens* die Alternative, Maschinen aus diesen delikaten Bereichen des menschlichen Lebens und Alltags vollständig auszuschließen. Das scheint auf den ersten Blick zwar ein durchaus gangbarer Weg zu sein, allerdings äußert sich Neuhäuser nicht weiter dazu, welche konkreten Bereiche er hier im Blick hat. Schließlich geht es überall dort, wo Roboter entwickelt und eingesetzt werden – in der Industrie, dem Militär, dem autonomen Fahren, der Medizin und Pflege, der Sexrobotik sowie dem Servicebereich im Allgemeinen –, um ethisch brisante Fragen, die den direkten Nahbereich der Menschen betreffen, in dem diese auch zu Schaden kommen können. An welcher Stelle wir eine Grenze überschreiten, ab der keine oder doch zu wenig Transparenz und Kontrolle gegeben sind, ist nur schwer zu ermitteln.

Darüber hinaus greift der Verweis auf die handelnden verantwortlichen Subjekte in der Tat zu kurz. Neuhäuser lässt sowohl die unterschiedlichen normativen Kriterien (und damit die Differenzierung zwischen verschiedenen Verantwortungsbereichen) als auch etwaige Verantwortungsadressatinnen und -adressaten und vor allem -instanzen weitestgehend außer Acht, wenn er auch den Einfluss und die Steuerung technologischer Entwicklungen von Seiten der Politik erwähnt und exemplarisch immerhin das »Rechtsinstrument der Gefährdungshaftung« nennt (2014: 285), das ein strafrechtliches Rede-und-Antwort-Stehen der Betreiber*innen ermöglicht. Eine umfassendere Diskussion von Robotern als Verantwortungsobjekten hätte allerdings neben der Rolle der fraglichen -subjekte auch die anderen in eine jeweilige Verantwortungskonstellation eingebundenen Relationselemente zu berücksichtigen (siehe Kapitel 3, Einleitung).

DANTE MARINO UND GUGLIELMO TAMBURRINI: Mit dem von Neuhäuser angesprochenen Rechtsinstrument der Gefährdungshaftung ist bereits ein erster Schritt in die Richtung getan, in die sich auch Marino und Tamburrini in »Learning Robots and Human Responsibility« (2006) wenden, nämlich zur Beantwortung der Fage hin, inwiefern roboterethische Überlegungen hinsichtlich der Zuschreibung von Verantwortung an artifizielle Systeme durch strafrechtliche Instrumente Unterstützung erfahren können. Ihnen ist vorrangig an einer ethischen Einhegung lernfähiger Roboter gelegen, deren Tun von den Programmierer*innen nicht mehr eindeutig nachvollzogen beziehungsweise prognostiziert werden könne (2006: 47; siehe auch Millar und Kerr, Kapitel 3.1). In ihrem kurzen Text gelangen die Autoren zu dem Schluss, dass ausschließlich die involvierten Menschen für die artifiziellen Systeme Rede und Antwort zu stehen haben.

Zur Absicherung ihrer Konklusion setzen sich Marino und Tamburrini mit der Position einer sogenannten »Verantwortungslücke« (2006: 49), repräsentiert durch das Argument von Andreas Matthias (2004), auseinander. Dieser hatte angenommen, dass niemand das Verhalten der fraglichen Maschinen vorherzusagen in der Lage wäre, also niemand die volle Kontrolle über sie hätte. Da allerdings jemand nur dann für einen Sachverhalt verantwortlich zu machen ist, wenn er Kontrolle darüber ausüben kann, und niemand in diesem Kontext die für die Verantwortungsfähigkeit notwendige Kontrollbedingung erfüllt, entsteht laut Matthias eine Lücke in der Möglichkeit, Verantwortung zuzuschreiben (siehe hierzu auch die Ausführungen zu einer etwaigen Transformation der Verantwortung in der Einleitung).

Kontrolle ist sicherlich als eine Facette der Handlungsfähigkeit beziehungsweise Autonomie eine (wenn auch nicht die einzige) Bedingung für Verantwortung im Sinne der dieser Studie zugrunde gelegten Minimaldefinition (siehe dazu auch Millar und Kerr sowie Kapitel 3, Einleitung). Auf weitere Voraussetzungen für das Rede-und-Antwort-Stehen kommen Marino und Tamburrini nicht zu sprechen, ebenso wenig definieren sie »Verantwortung« selbst. Zunächst bestätigen sie, dass Kontrolle für die Möglichkeit, jemandem Verantwortung zu attestieren, von Relevanz ist. Dabei übersehen die Autoren *zum einen* allerdings, dass Einflussnahme nicht kategorial (entweder ganz oder gar nicht) zu attestieren, sondern eine graduell zuschreibbare Fähigkeit ist. Entsprechend ließe sich mehr oder weniger Verantwortung annehmen, abhängig von dem Ausmaß an Kontrolle, über das jemand verfügt. *Zum anderen* ist nicht ausgemacht, dass die Programmierer*innen artifizieller Systeme diese wirklich in keiner Weise in ihrem Tun durchschauen könnten. Da diese Überlegungen in dem Abschnitt zu Millar und Kerr (Kapitel 3.1) bereits ausformuliert worden sind, soll das Argument hier nicht wiederholt werden.

Beide Aspekte nehmen Marino und Tamburrini also nicht in den Blick, bevor sie vor dem Hintergrund dieser Überlegungen zu Matthias und dem strafrechtlichen Konzept der »Haftung« überleiten. Haftung könne auch in solchen Situationen geltend gemacht werden, »in denen die Kausalkette, die zu dem Schaden geführt hat, nicht eindeutig feststellbar und niemand eindeutig als schuldig zu identifizieren ist«. Den Fokus von moralischer zu strafrechtlicher Verantwortung zu verschieben – wobei es sich bei beiden Formen von Verantwortlichkeit um »traditionelle« (alle Zitate in 2006: 49) Weisen des Rede-und-Antwort-Stehens handelt –, könne zu einer Aufhellung der moralisch intransparenten Situation aufgrund mangelnder Kontrollausübung über die selbstlernenden Roboter beitragen. Auf diese Weise ließe sich die von Matthias vermutete Verantwortungslücke im Umgang mit selbstlernenden und deshalb nicht (vollständig) kontrollierbaren artifiziellen Systemen schließen beziehungsweise entstünde gar nicht erst.

Obwohl Marino und Tamburrini weder moralische noch strafrechtliche Verantwortung definieren oder alle Bedingungen, die zur Wahrnehmung der einen oder anderen Form von Verantwortlichkeit erfüllt sein müssen, vollständig benennen, zeigen sie Sensibilität insofern, als sie zwischen »retrospektiver« und »prospektiver« (beide Zitate in 2006: 50) Verantwortung unterscheiden und damit eine Eigenschaft des Verantwortungs*objekts* fokussieren (siehe Kapitel 3, Einleitung). Sie geben an, dass alle bislang in der roboterethischen Verantwortungsdebatte zur Sprache gebrachten Herausforderungen zumindest implizit solche einer *retrospektiven* Verantwortungszuschreibung für bereits entstandene Schäden und Unfälle wären. Diese ließen sich unter Rückgriff auf das strafrechtliche Haftungskonzept hinreichend eindeutig verantworten.

Was aber, so fragen sie, ist mit den *prospektiven* Verantwortlichkeiten, die sich beim (zukünftigen) Bau und Einsatz selbstlernender Maschinen einstellen würden? Selbst wenn sich diese Systeme nicht vollständig in ihrem Tun prognostizieren ließen, wären die involvierten menschlichen »Hauptakteur*innen« dennoch dafür zuständig, »Regeln« zu entwerfen, nach denen ein potenzieller gesellschaftlicher Schaden »identifiziert«, sowie »Kriterien zu spezifizieren«, nach denen eine »Kompensation« im Nachhinein (also dann wieder retrospektiv) vorgenommen werden kann (alle Zitate in 2006: 50). Die Autoren betonen die individuelle Verantwortung der beteiligten Computerwissenschaftler*innen, Robotiker*innen und weiterer Interessenvertreter*innen (2006: 50).

Mit ihren Forderungen scheinen Marino und Tamburrini sehr in Übereinstimmung mit Lenks (und Marings) Differenzierung zwischen externer und interner Verantwortungszuschreibung in Technik-, Wissenschafts- und Medienkontexten zu stehen. Insbesondere die externe Verantwortung der Wissenschaftlerinnen und Wissenschaftler, im Angesicht der potenziellen gesellschaftlichen Auswirkungen selbstlernender artifizieller Systeme zu handeln, klingt hier an. In keinem Fall, weder in retrospektiver noch in prospektiver Hinsicht, könne von einer Verantwortungslücke beim Bau und Einsatz selbstlernender Maschinen ausgegangen werden – im Gegenteil liege in der Behauptung einer solchen Verantwortungslücke die Gefahr einer Leugnung und Verschleierung gegebener Verantwortlichkeiten. Ohne die »Neuartigkeit dieses Problems und die Herausforderung der Anpassung bekannter Haftungskriterien« (2006: 50) zu übergehen oder auszublenden, ist uns dennoch, so die Autoren, mit ebendiesen ein brauchbares strafrechtliches Werkzeug an die Hand gegeben, mit dem die ethischen Schwierigkeiten, die sich mit selbstlernenden Robotern einstellen, konstruktiv angegangen werden können.

Die Kürze ihres Textes vor Augen, lässt sich zusammenfassend damit schließen, dass Marino und Tamburrini einige interessante und nachvollziehbare Gedanken zu der Aufhellung roboterethischer Fragen der Verantwortungszuschreibung durch das Konzept strafrechtlichen Rede-und-Antwort-Stehens zum Ausdruck bringen. Ihre Überlegungen greifen an den Stellen zu kurz, an denen es um das Verhältnis von Moral und Recht geht sowie um die Erklärung grundlegender Konzepte wie etwa *moral agency*, die sie durchaus als beiden Bereichen zugehörig erkennen (2006: 50), und in welchem Zusammenhang dieses (neben Kontrolle als einer Voraussetzung) mit der Fähigkeit, Verantwortung tragen zu können, steht. In ihren Forderungen bekräftigen die Autoren implizit die Anregungen von Lenk hinsichtlich einer Förderung und Klärung der externen Verantwortung der Robotikerinnen und Robotiker.

Peter Asaro: An den Gedanken einer Aufhellung roboterethischer Fragestellungen hinsichtlich möglicher artifizieller Verantwortungszuschreibung durch das Konzept strafrechtlichen Rede-und-Antwort-Stehens lässt sich mit Asaros »Robots and Responsibility from a Legal Perspective« (2007) ohne Zweifel anknüpfen. Auch ihm ist daran gelegen herauszufinden, »welche Konzepte und Ansätze für die Roboterethik aus der Einnahme einer rechtlichen Perspektive gewonnen werden können«. Seine Überlegungen kreisen dabei um vier primär in der Rechtstheorie beheimatete Konzepte, die sich dennoch auf moralische Kontexte übertragen lassen, nämlich »*Produkthaftung*«, »*eingeschränkte Verantwortung*«, »*Unternehmensstrafen*« (alle Zitate in 2007: 20) sowie Quasi-Akteursschaft (2007: 22).

Von Anfang an stellt Asaro klar, dass er einen Unterschied zwischen strafrechtlicher und moralischer Verantwortung sieht, ohne eine eindeutige Definition beider Konzepte zu geben. Hinsichtlich der jeweiligen Kriterien, die der fraglichen Verantwortlichkeit als Rahmen und Maßstab dienen, verweist er allerdings zu Recht darauf, dass es »keine allgemein akzeptierte Moraltheorie« gibt.[18] Das Strafgesetzbuch bereite hingegen ein hinreichend klares und eindeutiges Fundament zur Bestimmung strafrechtlicher Verantwortlichkeiten. Dort gibt es lediglich ein Set an Kriterien, wohingegen in der Moral mehrere Normenkataloge miteinander konkurrieren. Aus diesem Grund sei die rechtliche Perspektive mit Blick auf artifizielle Systeme ein pragmatischer erster Schritt, um zu »praktischen Antworten« und Handlungsprinzipien zu gelangen. Das Recht denkt Asaro dabei als einen »Unterbereich« der Moral mit »großen Überschneidungen« zwischen beiden Sphären (alle Zitate in 2007: 20). In der Tat lässt sich über das spezifische Verhältnis von Moral und Recht vortrefflich diskutieren (Beck/Thies 2011), doch Asaros Intention, einen ersten Zusammenhang zwischen beiden zu konstatieren, um seine Rückschlüsse von der strafrechtlichen auf die moralische Verantwortung zu begründen, überzeugt hier.

---

18 Sondern (so ließen sich seine Überlegungen an dieser Stelle fortsetzen) allein im sog. westlichen Kulturkreis mindestens drei gleichermaßen akzeptierte Schulen, nämlich die Tradition einer aristotelischen Tugendethik, die für gewöhnlich auf Immanuel Kant zurückgeführte deontologische Ethik sowie der an Jeremy Bentham und John Stuart Mill anknüpfende Konsequenzialismus mit seiner Spezifizierung im Utilitarismus.

Produkthaftung: Unter der Perspektive der Produkthaftung werden Roboter nicht anders beurteilt als andere Technologien. Haben die Hersteller*innen entweder wissentlich die Kundinnen und Kunden über bestehende »Risiken oder Gefahren« im Umgang mit ihrem Produkt nicht informiert oder aber es versäumt, »offensichtliche beziehungsweise leicht prognostizierbare« Risiken oder Gefahren im Umgang mit dem Produkt geltend zu machen, kann ihnen »*Fahrlässigkeit*« vorgeworfen werden (alle Zitate in 2007: 21). Da auf Vorwürfe der Fahrlässigkeit für gewöhnlich mit der sogenannten »*Industriestandard-Verteidigung*« geantwortet wird, die besagt, dass die Herstellerinnen und Hersteller »in Übereinstimmung mit den offiziellen oder inoffiziellen Standards der Industrie, an der sie partizipieren«, gehandelt haben, besteht Asaro zufolge die Herausforderung der Roboterethik darin, konkrete, eindeutige und transparente Handlungsvorgaben für die »Roboterindustrie« zu formulieren (alle Zitate in 2007: 21-22). Denn je genauer die fraglichen Industriestandards gefasst sind, desto schwerer wird im Falle eines durch einen Roboter entstandenen Schadens die Leugnung etwaiger Produkthaftung. Damit spricht Asaro implizit die Arbeit von Ethikgremien an, die entsprechende Kodizes für Ingenieurinnen und Ingenieure definieren (siehe dazu auch Lenk weiter oben).

Quasi-Akteursschaft: Obwohl das Rechtsmittel der Produkthaftung die pragmatischste Strategie einer Zuschreibung und Gewährleistung der Wahrnehmung von Verantwortung der in Herstellung, Vertrieb und Nutzung von Robotern involvierten Personen darstellt, existieren weitere rechtliche Möglichkeiten, um das Tun von Maschinen in Verantwortungskonstellationen einzubinden. Eine davon besteht Asaro zufolge darin, artifiziellen Systemen – wenn auch nicht zum gegenwärtigen Zeitpunkt, so doch in einer denkbaren Zukunft – eine Quasi-Akteursschaft zu attestieren (siehe auch Wallach und Allen, Kapitel 2.1). Vergleichbar Kindern, die keine Personen im strafrechtlich genuinen Sinne des Wortes und dennoch exemplarische »Quasi-Personen beziehungsweise strafrechtliche Quasi-Akteur*innen« (2007: 22) sind, ließen sich vielleicht auch Roboter eines Tages als solche Quasi-Handlungssubjekte begreifen.

Eingeschränkte Verantwortung: In Unfall- oder sonstigen Ausnahmesituationen können Menschen (natürliche Personen) und

Unternehmen beziehungsweise Personenvereinigungen (juristische Personen) von der Übernahme voller Verantwortung entschuldigt oder nur in einem eingeschränkten Sinn zur Verantwortung gezogen werden, je nachdem, in welchem Ausmaß die für die Wahrnehmung von Verantwortung nötigen Bedingungen erfüllt sind. Damit entspricht Asaro dem graduell zuschreibbaren Verständnis von Verantwortung, das auch dieser Einführung vorangestellt wird. Es ließe sich weiterhin darüber nachdenken, inwiefern Unternehmungen des Europaparlaments, (einigen, spezifischen) Robotern den Status elektronischer Personen zu geben, an Asaros Überlegungen anknüpfen (siehe Kapitel 2.2).

Unternehmensstrafe: Die Vorstellung, dass Personenvereinigungen als juristische Personen zumindest in einem eingeschränkten Sinne Rede und Antwort stehen können, liegt auch dem letzten von Asaro besprochenen Rechtsmittel zugrunde. Da Roboter zumindest gegenwärtig nicht bestraft werden könnten (weil sie noch keine Quasi-Akteur*innen sind), wären die Unternehmen, die für ihre Herstellung zuständig sind, zur Verantwortung zu ziehen beziehungsweise im Falle eines Unfalls oder Schadens haftbar zu machen (2007: 23).

Asaros Übersicht über vier Rechtsmittel, denen roboterethische Relevanz hinsichtlich der Frage einer Verantwortlichkeit im Umgang mit artifiziellen Systemen zukommt, ist ebenso knapp wie prägnant. Die Produkthaftbarkeit der Herstellerinnen und Hersteller steht im Vordergrund seiner Ausführungen, obwohl er die Möglichkeit einer Quasi-Akteursschaft und damit einhergehenden eingeschränkten Verantwortung (einiger, spezifischer) Maschinen nicht per se ausschließt. Nur seine generelle Ablehnung einer potenziellen Bestrafbarkeit artifizieller Systeme überzeugt auf der Grundlage des Arguments, dass ja auch andere Quasi-Akteur*innen wie etwa »Kinder und geistig eingeschränkte Menschen aufgrund ihres Rechtsstatus für gewöhnlich von Bestrafung befreit« (2007: 23) sind, nicht. Denn in der Tat ziehen wir auch Kinder (ab einem bestimmten Alter) und Menschen mit gewissen Einschränkungen (je nach Schwere und Kontext) zumindest moralisch zur Verantwortung und bestrafen sie auch (moralisch) für ihr Tun, indem wir sie etwa ausschimpfen, wenn auch unsere Urteile ihnen gegenüber in der Regel milder ausfallen. Hier ließe sich also umgekehrt mit Blick auf Roboter eine Ergänzung des Rechts durch die

Ethik hinsichtlich einer etwaigen Verantwortungsbestimmung vornehmen.

BEISPIELE: Von den in dieser Studie exemplarisch betrachteten Beispielrobotern verfügen wohl *Kismet*, *BlessU-2* und *Paro* nicht über die von Lenk beschriebene deskriptive Deliberationsverantwortung, die eine Voraussetzung für normative Formen des Rede- und-Antwort-Stehens darstellt. Intentionalität und Deliberationsfähigkeit kämen (und auch dies vermutlich nur in einem schwach ausgeprägten Sinne) lediglich *Cog* und *iCub* zu, sind diese artifiziellen Systeme doch immerhin in der Lage, in einem rudimentären Sinne aus Erfahrung und durch Nachahmung zu lernen, also Entscheidungen in spezifischen Kontexten zu fällen.

Friedman und Kahn zufolge wird aufgrund der Anthropomorphisierung zumindest bei vier der ausgewählten fünf Beispielroboter (mit Ausnahme von *Paro*, bei dem allerdings ein Zoomorphismus vorliegt) die Wahrnehmung von Verantwortung für dieselben durch die involvierten Menschen immerhin erschwert. Eine Vermenschlichung artifizieller Systeme generiere die Illusion ihrer moralischen Akteursschaft und leiste damit dem Versuch einer Delegierung von Verantwortung Vorschub. Echte Mitwirkung in Entscheidungsprozessen und deren Realisierung ist bei keiner der Maschinen in einem starken Sinne gegeben (höchstens vielleicht in *iCubs* Fall, der durch die menschlichen Technikerinnen und Techniker zumindest trainiert und dadurch in seinem Tun durch diese beeinflusst wird).

Auch Neuhäuser würde vermutlich allen hier betrachteten Beispielrobotern jegliche Möglichkeit der Verantwortungsübernahme absprechen.

Marino und Tamburrini sprechen die Ergänzung moralischer Verantwortlichkeit durch das Konzept des strafrechtlichen Rede- und-Antwort-Stehens im Sinne der Haftung an. Auf diese Weise würden sich Verantwortungslücken aufgrund mangelnder Kontrolle über die fraglichen Maschinen gar nicht erst auftun. Da sie die Möglichkeit artifizieller Verantwortungszuschreibung generell ablehnen, würden Marino und Tamburrini vermutlich keinem der diskutierten Roboter Verantwortung zuschreiben.

Schließlich lehnt auch Asaro eine Zuschreibung moralischer Verantwortung an artifizielle Systeme ab, wenn er auch die Möglichkeit, Roboter irgendwann als Quasi-Akteur*innen zu identifizieren, denen dann eine eingeschränkte Verantwortung zu attestieren wäre, nicht generell ausschließt. Zum jetzigen Zeitpunkt allerdings sind es vorrangig die Herstellerinnen und Hersteller (und andere in Entwicklung und Vertrieb involvierte Personen) und Personenvereinigungen, die zu haften hätten und gegebenenfalls auch unter den für gewöhnlich herangezogenen Kriterien bestraft werden könnten.

ZUSAMMENFASSUNG: Als Verantwortungssubjekte angesprochen werden in den hier behandelten Ansätzen die in den Bau artifizieller Systeme involvierten Robotiker*innen, Programmierer*innen und Designer*innen (Lenk, Friedman und Kahn, Marino und Tamburrini) sowie Institutionen wie das Kollektiv der Herstellerinnen und Hersteller beziehungsweise die entsprechenden Unternehmen, die die fraglichen Roboter vertreiben und offizielle politische Institutionen, Gremien und Kommissionen, die zur Überwachung und (moralischen) Sanktionierung der Firmen und Einzelpersonen eingesetzt sind (Lenk, Neuhäuser, Marino und Tamburrini, Asaro). Den verantwortlichen Subjekten wird generell eine moralische Verantwortung für die Produkte ihres Schaffens zugeschrieben, bei Marino und Tamburrini sowie Asaro noch eine rechtliche. Weitere Formen des Rede-und-Antwort-Stehens, die immerhin angedeutet werden, sind die gesellschaftliche, politische und ökonomische Verantwortung von Seiten der involvierten Wissenschaftlerinnen und Wissenschaftler, aber insbesondere der Institutionen. Individuelle Verantwortung erstreckt sich sowohl auf das Design artifizieller Systeme (hier vor allem Friedman und Kahn) als auch auf die Abschätzung etwaiger Auswirkungen der technologischen Produkte auf die Gesellschaft (Lenk, Marino und Tamburrini). Kollektive Verantwortung wird schwerpunktmäßig in der (moralischen) Kontrolle, Legitimierung, Sanktionierung und Beratung gesehen sowie in der (rechtlichen) Haftung im Falle eines entstandenen Schadens.

Allen Denker*innen ist an der Vermeidung jedes Anscheins von *artificial moral agency* gelegen, die die Versuchung einer Abgabe von Verantwortung an die entsprechenden Maschinen begünstigen könnte. Bedingungen für die Zuschreibung von Verantwortung sind Intentionalität (Lenk, Friedman und Kahn, Neuhäuser), Handlungsfreiheit (Lenk, Friedman und Kahn, Neuhäuser) sowie Kontrolle (Lenk, Friedman und Kahn, Marino und Tamburrini). Wie einleitend zu diesem Kapitel erwähnt, ist die (implizite) Orientierung an der starken KI-These vorherrschend, im Unterschied zu der in Kapitel 2 tendenziell häufiger anzutreffenden (impliziten) Orientierung an der schwachen KI-These. Nur Lenk differenziert zwischen deskriptiven und normativen Weisen der Verantwortungszuschreibung und gesteht Maschinen immerhin Erstere zu. Asaro zieht die Möglichkeit in Betracht, Robotern in der Zukunft Quasi-Akteursschaft und damit eine eingeschränkte Fähigkeit zur Verantwortungswahrnehmung zu attestieren.

In keinem der hier besprochenen Texte werden neben Verantwortungssubjekten und -objekten weitere Relata des Rede-und-Antwort-Stehens direkt in den Blick genommen. Lediglich Asaro besteht auf einem Unterschied zwischen moralischen und rechtlichen Normen, ohne dabei diese Differenz genauer zu spezifizieren. Er sowie Marino und Tamburrini führen die Subkategorie der Prospektivität und Retrospektivität zur Konkretisierung eines jeweiligen Verantwortungsgegenstands an. Jedoch nehmen Lenk (und Maring) als dezidierte Verantwortungsforscher in anderen Werken (etwa in Lenk/Maring 1971-2007) alle Relationselemente der Verantwortung mit ausnehmender Sensibilität und Genauigkeit in den Blick.

Auf der folgenden Seite die Ergebnisse dieses Unterkapitels, zusammengefasst in Tabelle 5:

	Lenk	Friedman und Kahn	Neuhäuser	Marino und Tamburrini	Asaro
KI-These (implizit)	schwache (beziehungsweise dann starke) KI	starke KI	starke KI	starke KI	schwache KI
Bedingungen für (moralische) Verantwortung	deskriptive (Intentionalität, Kausalität, Kontrolle, Willkürlichkeit) und normative (Personalität) Bedingungen	Handlungsfreiheit, Intentionalität, Kontrolle	Kausalität, Handlungsfreiheit, Wissen, Personalität (Intentionalität dritter Stufe, Sprachfähigkeit, Selbstbewusstsein), Wünsche zweiter Ordnung	Kontrolle	keine
Weitere Formen von Verantwortung (neben moralischer)	(angedeutet) gesellschaftliche Verantwortung	keine	(angedeutet) gesellschaftliche, politische, ökonomische, rechtliche Verantwortung	rechtliche Verantwortung	rechtliche Verantwortung
Verantwortung der Roboter	Deliberationsverantwortung, deskriptive Verantwortung	keine	keine	keine	gegebenenfalls zukünftig eingeschränkte Verantwortung aufgrund Quasi-Akteursschaft
Verantwortung der involvierten Menschen	Ethikkodizes, individuelle und kollektive, interne und externe Verantwortung	Vermeidung von Anthropomorphisierung, Partizipation in Entscheidungs- und Entwicklungsprozessen, System-Design	Ethikkommissionen und eingeschränkter Einsatz von Robotern	retrospektive und prospektive Verantwortung, Ethikkodizes, Beratung	Produkthaftung (Ethikkodizes)

Sind diese Roboter Verantwortungssubjekte?					
Kismet	Nein	Nein	Nein	Nein	Nein
BlessU-2	Nein	Nein	Nein	Nein	Nein
Paro	Nein	Nein	Nein	Nein	Nein
Cog	Ja	Nein	Nein	Nein	Nein
iCub	Ja	Nein	Nein	Nein	Nein

Tabelle 5: Positionen zu Robotern als Verantwortungsobjekten

3.3 Inklusive Ansätze der Verantwortungszuschreibung

In Kapitel 2.3 wurden die inklusiven Ansätze als Alternative zum aristotelischen Ethik- beziehungsweise Bereichsethiken-Modell, zu dem damit einhergehenden (anthropologischen) Essenzialismus sowie dem häufig darin eingefassten (moralischen und epistemischen) Anthropozentrismus vorgestellt. Inklusiven Ansätzen ist daran gelegen, das tradierte Verständnis vom moralischen Handlungssubjekt aufzubrechen, um es auch auf nichtmenschliche Wesen auszudehnen. Außerdem, und das ist insbesondere für dieses Kapitel von Relevanz, sollen Kompetenzen, die im Rahmen der üblichen exklusiven Ansätze essenzialistisch einzelnen Handlungssubjekten zugeschrieben worden sind, nun relational als im Zusammenspiel unterschiedlicher menschlicher und nichtmenschlicher Akteur*innen sich realisierend verstanden werden. Im Folgenden wird entsprechend ein im engen Sinne relationales Verständnis der Verantwortungsfähigkeit vor dem Hintergrund des inklusiven Paradigmas entworfen. Die Rede ist deshalb von einem relationalen Verantwortungskonzept *im engen Sinne*, da es sich bei dem Verantwortungsphänomen von vornherein um ein relationales Konzept handelt (siehe Kapitel 3, Einleitung). Diese ›grammatikalische‹ Relationalität, die die Verantwortung mit vielen anderen Konzepten teilt (ein Diebstahl ist etwa ein mindestens zweistelliges relationales Konzept, das eines Subjekts sowie eines Objekts bedarf) und die eine Relationalität *im weiten Sinne* darstellt, ist hier nicht gemeint. Relationalität im engen Sinne fokussiert Verantwortung als etwas, das sich ausschließlich in der Interaktion zwischen Wesen abspielt und nicht als Attribut einem einzelnen Wesen zuschreibbar ist. Verantwortung im weiten Sinn wird hingegen für gewöhnlich einem oder mehreren Wesen als Fähigkeit oder Kompetenz (also attributiv) zugeschrieben. Inklusive roboterethische Denkerinnen und Denker fokussieren somit nicht nur nichtmenschliche Wesen (vor allem Roboter) als potenzielle Handlungssubjekte (Kapitel 2.3), zudem suchen sie die mit Akteursschaft assoziierten Kompetenzen (hier insbesondere Verantwortung) als im engen Sinne relational, also sich ausschließlich in der Interaktion der menschlichen und nichtmenschlichen Akteur*innen realisierend, zu begreifen.

An die Gedanken in Kapitel 2.4 anschließend, soll zudem auf die Spannung einer gleichzeitigen Absage an einen radikalen Objektivismus einerseits sowie an einen radikalen Sozialkonstruktivismus andererseits eingegangen werden, in der sich verantwortliche Wesen stets befinden beziehungsweise in der sich etwaige Verantwortungskonstellationen zwischen menschlichen und nichtmenschlichen Wesen entfalten.

Obwohl es einen etablierten Kreis inklusiver roboterethischer (und kritisch-posthumanistischer) Philosophinnen und Philosophen gibt, spielt die explizite Zuschreibung von Verantwortung als ein relationales Konzept im engen Sinne bisher nur in wenigen Theorien eine ausschlaggebende Rolle. Texte wie »Transformations of Responsibility in the Age of Automation« (2019) von Coeckelbergh und Loh, »Responsibility and the Moral Phenomenology of Using Self-Driving Cars« (2016) von Coeckelbergh sowie »Beyond the skin bag« (2009) von Allan Hanson bilden die seltene Ausnahme. Daher werden die Ausführungen dazu zum einen deutlich kürzer ausfallen als die der vorherigen Kapitel und zum anderen werden die jeweiligen Positionen nicht gesondert in den Blick genommen. Dieses Kapitel stellt eher den skizzenhaften Grundriss einer noch auszuformulierenden umfassenden Theorie einer inklusiven Konzeption relationaler Verantwortung im engen Sinne bereit.[19]

Allgemeiner werden zunächst die Weisen relationaler Zuschreibung von Verantwortung im kritischen Posthumanismus betrachtet, dessen theoretische Grundannahmen, wie in Kapitel 2.3 bemerkt, als paradigmatisch für die inklusiven Ansätze gelten können (exemplarisch mit Haraway, Suchman und Barad). Sodann wird Verantwortung als relationales Phänomen in der Mensch-Roboter-

---

19 In meinem Habilitationsprojekt unternehme ich derzeit die Ausarbeitung eines inklusiven und kritisch-posthumanistischen Ansatzes einer Zuschreibung von Urteilskraft und Verantwortung.

Interaktion in den Blick genommen (unter Rekurs auf die Ansätze von Hanson, Coeckelbergh sowie Coeckelbergh und Loh).

Verantwortung als relationales Phänomen im kritischen Posthumanismus: In Kapitel 2.3 wurde ausgehend von Haraways *Cyborg Manifesto* (1985), in dem das gängige Subjektverständnis hinterfragt und auf nichtmenschliche Formen des Gegenübers erweitert wird, auch darauf hingewiesen, dass sich Haraway an eine Infragestellung der gegebenen Wissenskulturen und der akademisch-disziplinären Landschaft begibt. In diesem Zusammenhang bereitet sie auch ein inklusives und relationales Verständnis von Verantwortung vor. Sie führt an zahlreichen Stellen ihres Werks ihre Haltung gegenüber den Methoden der Wissenserzeugung in den (Natur-)Wissenschaften aus, die sie »als eine spezifische Form des Erzählens, als eine kulturelle Praktik der Erzeugung von Bedeutungen« interpretiert (Hammer/Stieß: 17; siehe Haraway 1995c: 105). Wie bereits in Kapitel 2.4 angemerkt, begegnet Haraway dieser mit dem Konzept des situierten Wissens (»*Situated Knowledges*«; 1995d), das veranschaulicht, inwiefern Wissen» niemals kontextunabhängig, geschichtslos oder in irgendeiner Form ›wahrhaft objektiv‹ ist. Aus dieser Haltung resultiert jedoch keineswegs ein radikaler Konstruktivismus, der Haraway zufolge auf zynische Weise relativistisch und vor allem zu politischem Handeln unfähig wäre (Penley/Ross 1991: 4). Mit ihrem Konzept des situierten Wissens bewegt sie sich zwischen den Polen eines »radikalen Sozialkonstruktivismus« (1995d: 74) einerseits und eines Objektivismus, der in einem reduktionistischen Universalismus mündet (1995d: 79), andererseits. Situiertes Wissen ist »eine Lehre verkörperter Objektivität« (1995d: 80), es ist also lokalisierbar, kontextsensitiv, an die beobachtende und Wissen schaffende Person gebunden, ohne zugleich von allem faktisch Gegebenen relativistisch zu abstrahieren. Auf diese Wiese möchte Haraway der »Vielfalt partialen, verortbaren, kritischen Wissens« (1995d: 84) Rechnung tragen, wobei sie betont, dass nicht jede Position eine gute, »nicht jede partiale Perspektive brauchbar« ist (1995d: 85).

Situiertes Wissen à la Haraway braucht ein gut ausgebildetes Urteilsvermögen, den Mut zur Kritik und den Willen, Verantwortung zu tragen. Verantwortung heißt, »zur Rechenschaft gezogen werden zu können«, die Anerkennung, dass man im Prozess des Wissenschaffens niemals unschuldig, unparteilich oder vorurteilslos ist. Die »Verortung und Verkörperung von Wissen« (beide Zitate in 1995d: 83) in Form des situierten Wissens ist eine Weise, sich für die Produktion von Fakten und Tatsachen als den Gesellschaften Leitbilder gebende Narrative verantwortlich zu zeigen. Umgekehrt führt die Behauptung einer relativistischen Irrelevanz jeglicher Unterschiede zwischen den Perspektiven zu einer Leugnung individueller »Verantwortlichkeit und verhindert eine kritische Überprüfung« (1995d: 84). Situiertes Wissen, »Positionierung[,] impliziert Verantwortlichkeit für die Praktiken, die uns Macht verleihen« (1995d: 87). Damit sind die wissenschaftlichen Methoden angesprochen und das Verwischen tradierter Grenzen, was eine durchaus lustvolle Angelegenheit sei, die man »genießen« solle. Dabei bleibe jedoch zu beachten, dass mit der Hinterfragung alter Grenzziehungen notgedrungen die Etablierung neuer Unterscheidungen einhergehe, für die man auch wieder Rede und Antwort zu stehen habe (1995a [1985]: 35). Jede*r steht individuell vor der Herausforderung, die ein Schwanken zwischen den Polen eines radikalen Konstruktivismus einerseits und der bloßen Akzeptanz und Verobjektivierung gegebener Strukturen andererseits mit sich bringt (Penley/Ross 1991: 4).

Da Wissen stets gemacht und nicht nur entdeckt wird, entwirft Haraway im *Cyborg Manifesto* einen »politischen Mythos« (1995a [1985]: 33), der eine alternative Interpretation der Gegenwart vorschlägt. In den Dichotomien, die unser Leben ordnen, »erweist sich die Herstellung von Wissen als ein unentrinnbar politischer Prozeß«. In dieser Hinsicht ist sich Haraway mit Bruno Latour einig, dass »Wissenschaft die Fortsetzung der Politik mit anderen Mitteln ist« (beide Zitate in Hammer/Stieß: 18; siehe Haraway 1986: 83).

Haraways Verantwortungsbegriff ist aus zwei Gründen im engen Sinne relational. *Zum einen* muss sich das Subjekt als nicht monadisch und nicht autark sehen lernen, als ein Subjekt, das immer bereits mit anderen menschlichen und nichtmenschlichen Wesen interagiert und verschränkt ist. Das Narrativ vom autarken Handlungssubjekt ist eine gesellschaftliche, rechtliche und politische Illusion – vielleicht notwendig für das Funktionieren unseres Zusammenlebens, aber nichtsdestotrotz ein Konstrukt –, mit sehr konkreten, realen und materiellen Auswirkungen. Verantwortung lässt sich einer einzelnen Akteurin oder einem einzelnen Akteur ebenso wenig zuschreiben wie Urteilskraft, Autonomie und andere

Kompetenzen. *Zum anderen* entsteht Verantwortung aus und in der Interaktion mit menschlichen und nichtmenschlichen Formen des Gegenübers, in diesem Fall in der Produktion von situiertem Wissen. Denn der Erkenntnisgegenstand lässt sich nicht als von der beobachtenden Person unabhängig begreifen, er wird nicht einfach so in der Wirklichkeit zu irgendeinem Zeitpunkt ›gefunden‹, sondern ganz fundamental von der Beobachterin beziehungsweise dem Beobachter mit erschaffen. Verantwortung entsteht in diesem Prozess und wird von dem gesamten Apparat aus menschlichen und nichtmenschlichen ›Subjektobjekten‹ getragen. Das bedeutet mitnichten, dass nicht auch Einzelne für ihr Tun Rede und Antwort stehen, und nicht, dass alles individuelle Handeln durch ›die Umstände‹ entschuldbar wird. Wohl aber bringt Haraways im engen Sinne relationales Verantwortungskonzept es mit sich, dass in die Beurteilung dessen, was jemand ›getan‹ hat, die Umstände und die jeweilige Situiertheit mit einzupreisen sind.

Wie in Kapitel 2.3 bereits bemerkt, scheint Haraways Ethik allerdings noch auf dem Fundament von Interaktion und Identität zu beruhen, das Suchman mit der von Barad übernommenen Vorstellung von einer wechselseitigen Konstitution in Interferenz-Beziehungen überschreitet. Auf diese Weise gelangt Suchman zu einer prozesshaften Idee von Menschen und Nichtmenschen, die sich in ihren ständigen Interferenzen dauernd miteinander und gegenseitig neu erschaffen (2007: 278-279). »Handlungsfähigkeit – und die damit assoziierten Verantwortlichkeiten – ist weder in uns noch in unseren Artefakten zu verorten, sondern in unseren Intra-Aktionen« (2007: 285). Ähnlich wie Haraway gelangt auch Suchman über dieses gewandelte Verständnis von Akteursschaft, das es eher erlaubt, von Subjektobjekten zu sprechen als von autarken Subjekten und Objekten, zu einem neuen Begriff von Verantwortung. Sie wendet sich dabei wörtlich gegen die »Kontrolle«, die in den vergangenen Kapiteln von vielen Denker*innen als eine relevante Bedingung der Möglichkeit, Rede und Antwort stehen zu können, identifiziert worden ist, und weicht damit radikal von dem tradierten Verständnis von den Bedingungen für die Möglichkeit, Verantwortung zu tragen, ab (Kapitel 3, Einleitung). Verantwortung entsteht und wird ausschließlich in den »fortwährenden praktischen, kritischen und produktiven Akten der Bindung« (beide Zitate in 2007: 286) wahrgenommen.

Und auch Barad stimmt der generellen ›Gemachtheit‹ von Tatsachen zu und betont die fundamentale Verknüpfung von naturwissenschaftlichen mit ökonomischen, ontologischen, ethischen und sozialen Fragen (2015b: 177-180). Die Kategorisierung von Wissen innerhalb der gegebenen Disziplinen sei eine künstliche und der Verworrenheit und Komplexität des Kosmos niemals gerecht werdende Vereinfachung. Barad zufolge sind Fragen der (Natur-)Wissenschaften Fragen der Gerechtigkeit (2015b: 205), da in das Gewebe der (natur-)wissenschaftlichen Arbeit »rassistische, kolonialistische, sexistische, heterosexistische Geschichten« (2015b: 175) eingeflochten sind. Umgekehrt seien auch Fragen der Ökonomie, des Sozialen und des Politischen immer zugleich solche der (Natur-)Wissenschaften (2015b: 177). Barad kritisiert nicht nur die traditionellen Wissenskulturen und die akademische Fächerlandschaft, sondern auch die zumindest implizite Normativität dieser vermeintlich rein deskriptiv und betrachtend verfahrenden (Natur-)Wissenschaften. Gerechtigkeit und Empirie sind untrennbar miteinander verflochten, das Sein selbst, »Ontologie, ist politisch« (2015b: 207), da man das Sein selbst nicht bestimmen, Ontologie nicht betreiben könnte, ohne dabei auch politisch zu verfahren. Da wir Ethik und Politik nicht aus den Wissenschaften heraushalten können, stellt Barad zufolge Kritik per se auch eine kreative Aufgabe dar, sie erschöpft sich nicht in der pauschalen Verneinung (2015b: 199-202). Verantwortung habe das handelnde Individuum aufgrund seiner Seinsstruktur, die immer bereits eine mit einem Gegenüber geteilte beziehungsweise eine der Gebundenheit an ein Gegenüber ist. Die Individuen entscheiden sich nicht bewusst und aktiv zu der Übernahme von Verantwortung, sondern können gar nicht anders, als verantwortlich zu sein (2015b: 183, 2012: 77). Es überschneiden sich in Barads Denken das Konzept einer relationalen Ontologie, in der es keine Objekte, voneinander unabhängige Entitäten und Relata, sondern nur Subjektobjekte gibt, und die Idee einer immer schon politischen Ontologie im Begriff der Verantwortung, die hier im engen Sinn relational verstanden wird.

VERANTWORTUNG ALS RELATIONALES PHÄNOMEN IN DER ROBOTERETHIK: Der Schritt eines kritisch-posthumanistischen Ansatzes zur Verantwortung als im engen Sinne relationales Konzept hin zu einer technik- und roboterethischen Theorie lässt sich mit dem Text »Beyond the skin bag« (2009) von Allan Hanson unternehmen. Darin setzt er der tradierten Position eines methodologischen und ethischen Individualismus die Theorie einer »erweiterten Akteursschaft« (2009: 91) entgegen. Seit einigen Jahrhunderten sind wir es gewohnt, so Hanson, unter einem Handlungssubjekt eine autarke, monadische, autonome Einheit zu verstehen, wenn diese Vorstellung auch nicht historisch einheitlich ist. Ihr liegt die Idee der Individualität zugrunde, die erst nach dem Mittelalter im sogenannten westlichen Kulturraum entstand und bis in die Gegenwart (etwa mit Blick auf den sogenannten asiatischen Kulturraum) keinen globalen Status beanspruchen kann (2009: 91, 93). Auf der Grundlage dieses methodologischen Individualismus liegt »moralische Verantwortung für eine Handlung allein bei dem dieselbe ausübenden Subjekt«. Ist man bereit, von dieser Sicht auf die handelnde Akteurin und den handelnden Akteur abzuweichen, ändert sich Hanson folgend auch das mit dieser und diesem assoziierte »Konzept der Verantwortung« (beide Zitate in 2009: 91). Ganz ähnlich also wie die in Kapitel 2.3 besprochenen Ansätze geht auch Hanson den Weg von einer Dekonstruktion des klassischen Subjektverständnisses zu einem Umdenken hinsichtlich der diesem essenzialistisch zugesprochenen Kompetenzen und Fähigkeiten. Der zentrale Gedanke hinter dem Konzept der *extended agency* ist Hanson zufolge darin zu sehen (2009: 92), dass,

sofern eine Handlung nur unter der Voraussetzung einer Interaktion einer Vielzahl menschlicher und nichtmenschlicher Beteiligter ausgeführt werden kann, sich das Subjekt beziehungsweise die Instanz, das beziehungsweise die die fragliche Handlung ausführt, nicht auf die menschliche Komponente beschränken lässt, sondern aus allen bestehen muss.

Unter Rekurs auf Andy Clark, Donna Haraway, John Law und andere Denker*innen erläutert Hanson im Folgenden sein Konzept der »*gemeinsamen Verantwortung*« (2009: 92), das der *extended agency* als ›Interaktions-Akteursschaft‹ entspricht. Diese Idee sei nicht vollkommen neu, sondern bereits in ähnlicher Form in überindividuellen Weisen des Rede-und-Antwort-Stehens zu finden, etwa in der Verantwortung, die wir Kollektiven, Korporationen und ganzen Systemen zuzuschreiben bereit sind.

Das tradierte Verständnis von Verantwortung vor dem Hintergrund eines methodologischen und ethischen Individualismus ruht auf der Zuschreibung bestimmter, vor allem kognitiver, Kompetenzen wie etwa »Intentionalität, Handlungsfreiheit und Folgenbewusstsein« (2009: 93; siehe auch Kapitel 3, Einleitung). Wie in den Kapiteln 3.1 und insbesondere 3.2 deutlich geworden sein sollte, sind die meisten Roboterethikerinnen und -ethiker nicht bereit, unbelebten Entitäten im Allgemeinen sowie Robotern im Besonderen diese und weitere für die Zuschreibung von Verantwortung relevanten Kompetenzen zu attestieren. Stellen wir uns allerdings, so Hanson, zum Beispiel zwei Personen vor, die jemanden umzubringen beabsichtigen, indem die eine das Opfer auf die Straße jagt, auf der es dann von der anderen mit einem Auto überfahren wird, entsteht Verantwortung erst in und aus der Interaktion der beiden Menschen sowie dem Auto heraus. Denn gäbe es Letzteres nicht, ließe sich der Mord nicht in dieser Weise in die Tat umsetzen. Nicht »das Auto trägt selbst moralische Verantwortung« (2009: 95-96), sondern die *extended agency* als Apparat (wie Barad sagen würde) aus Subjektobjekten (wie Suchman sagen würde) hat für den Mord Rede und Antwort zu stehen.

Eine sich an Hansons Position anschließende Frage liegt sicherlich darin, ob die Beteiligung eines *menschlichen* Handlungssubjekts für die Zuschreibung von *joint responsibility* eine Bedingung darstellt. Hanson selbst behauptet das. Auch in eine ausgedehnte Akteursschaft muss »eine menschliche Komponente inkludiert sein, denn diese ist der Ort des Willens, welcher notwendig für Intentionen ist« (2009: 97). Indem er schließlich Verantwortung doch auf essenzialistisch zuschreibbare Kompetenzen wie hier die Intentionalität und den (menschlichen) Willen zurückführt, erscheint Hansons Argumentation inkonsistent und fällt in einen impliziten methodologischen Individualismus, den er zuvor noch kritisiert hatte, zurück. Allerdings äußert er sich andererseits sehr viel expliziter zu der Zuschreibung von Verantwortung in einem relationalen (engen) Sinne als viele andere Roboterethiker*innen. Das Handlungssubjekt »eher als Verb denn als Nomen« (2009: 98) zu verstehen, resultiert in einer Reformulierung auch der Verantwortung, die weniger als Attribut und Eigenschaft, sondern vielmehr als Weise der Interaktion und Verbindung zwischen Subjektobjekten zu begreifen sei.

Dem stimmen Coeckelbergh und Loh in ihrem Text »Transformations of Responsibility in the Age of Automation« (2019) zu, wenn sie auch in ihren Ausführungen zu einem unter den Vorzeichen von Robotisierung, Digitalisierung und Industrie 4.0 sich vollziehenden Eintritt in das Zeitalter der Automation mit Blick auf das sich transformierende Verständnis von Verantwortung nicht Hansons Konsequenz an den Tag legen. Auf der Grundlage der Minimaldefinition der Verantwortung von Loh (siehe Kapitel 3, Einleitung) leiten sie zunächst drei Herausforderungen dieses traditionellen Verständnisses des Rede-und-Antwort-Stehens im Zeitalter der Automation ab, nämlich *erstens* die Schwierigkeit, im Angesicht immer selbstständiger werdender autonomer Systeme eine verantwortliche Akteurin oder einen verantwortlichen Akteur mit Eindeutigkeit zu identifizieren. Maschinen, hybride Systeme und Algorithmen würden immerhin den Anschein erwecken, mit den für die Zuschreibung von Verantwortung relevanten Kompetenzen und Fähigkeiten ausgestattet zu sein, während zugleich die involvierten menschlichen Parteien (die einzigen Verantwortungssubjekte im tradierten Sinne) scheinbar immer weniger von diesen mitbrächten, immer weniger Kontrolle über die Ereignisse ausüben könnten und diese insgesamt auch immer weniger verstehen würden (siehe hierzu die Positionen in den Kapiteln 3.1 und 3.2).

Zweitens tauchen Coeckelbergh und Loh zufolge insbesondere in durch die modernen Technologien signifikant beeinflussten Kontexten insofern vermehrt Lücken in dem klassischen Gerüst an Relationselementen der Verantwortung auf, als oftmals keine konkrete Bestimmung etwa der in eine jeweilige Verantwortungskonstellation eingebundenen normativen Kriterien, Instanzen oder Adressat*innen vornehmbar ist. Da allerdings die vollständige Definition aller Relata die Voraussetzung für eine eindeutige Ausformulierung einer etwaigen Verantwortlichkeit und der mit dieser einhergehenden Pflichten und Handlungsaufträgen darstellt, ist in solchen und vergleichbaren Fällen folglich gar nicht ausgemacht, inwiefern hier überhaupt Rede und Antwort gestanden werden kann. *Drittens* sei das Zeitalter der Automation durch erweiterte Raum- und Zeit-Dimensionen gekennzeichnet, in denen eine Rückbindung globaler Ereignisse wie etwa Klimawandel und transnationale Fluchtbewegungen[20] an eine begrenzte sowie eindeutig zu ermittelnde Gruppe verantwortlicher Akteurinnen und Akteure unmöglich scheint.

---

20 Ich danke Mia Steinfeldt für den Hinweis.

Daher stellen Coeckelbergh und Loh einige Überlegungen hinsichtlich einer Transformation des konventionellen Verständnisses von Verantwortung an, da dieses den genannten Herausforderungen nicht mehr gewachsen sei. Sie fokussieren dabei unter Rekurs auf die Ansätze von Emmanuel Levinas und Bruno Latour das Gegenüber, das nicht als einfaches Relationselement (das Verantwortungsobjekt), sondern als Zentrum des Verantwortungsphänomens schlechthin verstanden werden soll. Hierdurch ergebe sich eine sehr viel stärkere Form der Relationalität in der Verantwortung als lediglich in ihrer ›grammatikalischen‹ Struktur (als relationaler Begriff im weiten Sinne). Verantwortung, so Coeckelbergh und Loh, entsteht aus der direkten Interaktion und der Verbundenheit mit einem menschlichen oder nichtmenschlichen Gegenüber. Es gehe in der Wahrnehmung von Verantwortung an erster Stelle um dieses Gegenüber und nicht um das verantwortliche Subjekt, dessen Handlungen und Kompetenzen.

Ganz ähnlich äußert sich dazu Coeckelbergh in dem Text »Responsibility and the Moral Phenomenology of Using Self-Driving Cars« (2016b), in dem er, ausgehend von seinem relationalen Ansatz sozialer Verbundenheit in *Growing Moral Relations* (2012), das Antworten als Kernelement des (engen) relationalen Verständnisses von Verantwortung interpretiert (2016b: 750). Das bedeutet, dass, »damit eine Beziehung zu verantwortungsvollem Verhalten führt, die oder der andere und die Beziehung zur und zum anderen wahrgenommen werden, die und der andere mir als andere*r erscheinen muss, insbesondere als moralisch relevante*r andere*r« (2016b: 751). Auf diese Weise soll es möglich werden, den subjektiven und wandelbaren Erfahrungen, die menschliche Handlungssubjekte im Umgang mit modernen Technologien machen (in diesem Text am Beispiel autonomer Fahrassistenzsysteme), Rechnung zu tragen. Allerdings bindet Coeckelbergh die Möglichkeit, Verantwortung wahrzunehmen, essenzialistisch an Kontrolle und Wissen (2016b: 750) und gelangt vor diesem Hintergrund zu dem Schluss, dass das autonome Auto zwar über Ersteres verfügen kann, jedoch nicht über Letzteres (2016b: 756).

In beiden Texten wird nicht deutlich, unter welchen Bedingungen Verantwortung im engen Sinne zuzuschreiben ist, wenn als signifikantes Indiz dafür lediglich das subjektive Empfinden des (menschlichen) Handlungssubjekts dienen soll. Zwar betont

Coeckelbergh, dass sich beide Ansätze der Verantwortung – das traditionelle, das im weiten Sinn relational ist, und das im engen Sinne relationale Verständnis – nicht gegenseitig ausschließen, sondern ergänzen, wodurch »ein umfassenderes und vollständigeres Bild der Verantwortung« (2016b: 751) gezeichnet werden kann als unter Heranziehung lediglich einer der beiden Theorien. Damit stimmt er mit dem in Kapitel 2.4 formulierten Interpretationsvorschlag zusammen, dass inklusive Ansätze keine andere Ontologie, kein neues System, einfordern, sondern (zumindest in manchen Fällen) eine Ergänzung der bestehenden Ansätze. Demgegenüber ist die von Coeckelbergh und Loh drei Jahre später vorgeschlagene Transformation des besagten tradierten Verantwortungskonzepts mithilfe der Positionen von Levinas und Latour deutlich radikaler, wenn auch nicht unbedingt eindeutiger hinsichtlich der Ausformulierung von Verantwortlichkeiten in einem jeweiligen Kontext. Welche nichtmenschlichen Akteur*innen in welchem Ausmaß und wofür Rede und Antwort zu stehen haben, bleibt in beiden Texten offen.

Beispiele und Zusammenfassung: Da sich vermutlich alle hier besprochenen Denkerinnen und Denker hinsichtlich der Frage, inwiefern sich die fünf Beispielroboter in Verantwortungskonstellationen einbinden lassen, ähnlich äußern würden, werden hierzu im Folgenden die Überlegungen zusammengefasst. Bis auf Coeckelbergh (2016b), der Kontrolle und Wissen als Bedingungen für die Fähigkeit, Rede und Antwort stehen zu können, anführt und damit letztlich eine essenzialistische Zuschreibung von Verantwortung unternimmt, halten sämtliche hier diskutierten Philosoph*innen alle fünf Beispielroboter für potenzielle Partizipientinnen und Partizipienten in Kontexten, in denen es um die Wahrnehmung und Ausformulierung von Verantwortung geht. Am deutlichsten formuliert diese Haltung Hanson mit seinem Konzept der gemeinsamen Verantwortung von ausgedehnten Akteursschaften, die immer dann vorliegt, wenn eine Handlung die Beteiligung menschlicher sowie nichtmenschlicher Wesen bedarf.

Alle Positionen zeichnen sich durch eine radikale Ausweitung des Kreises potenzieller Verantwortungssubjekte beziehungsweise -subjektobjekte (da keine klare Differenzierung zwischen Subjekten und Objekten mehr zu treffen ist) auch auf nichtmenschliche Wesen und herkömmlich als unbelebte Dinge, passive Gegenstände (eben Objekte) verstandene Entitäten aus. Nichtsdestotrotz soll mit einem Verständnis von relationaler Verantwortung im engen Sinne etwa die Schuldigsprechung einzelner Beteiligter nicht ausgeschlossen sein.

Eindeutig unterscheiden sich Suchman und Coeckelbergh (2016b) darin, dass Suchman zufolge in der Verantwortung gerade Kontrolle nicht mehr vorliegt, wohingegen sie bei Coeckelbergh neben dem Wissen eine der zwei Bedingungen für Verantwortung darstellt. Ähnlich klingen hingegen die Theorien von Haraway, Barad und Hanson hinsichtlich dessen, was unter Verantwortung zu verstehen ist. Haraway zufolge geht mit Verantwortung das Ablegen von Rechenschaft einher, Barad zufolge umfasst jedes Rede-und-Antwort-Stehen immer auch die politische Dimension, und bei Hanson ist (moralische) Verantwortung an die rechtlich bereits bekannten Konzepte überindividueller und kollektiver Verantwortungszuschreibung geknüpft.

Hier die Ergebnisse dieses Unterkapitels, zusammengefasst in Tabelle 6.

3.4 Kritische Zwischenbilanz

Kapitel 3.1, das Roboter als potenzielle Verantwortungssubjekte thematisiert hat, kam über eine Besprechung der Positionen von Floridi und Sanders, Sullins, Loh, Lokhorst und van den Hoven sowie Millar und Kerr zu dem Ergebnis, dass

– *Akteursschaft beziehungsweise Personalität* für gewöhnlich als eine notwendige (wenn auch nicht unbedingt hinreichende) Bedingung für Verantwortung gesehen wird.
– zuweilen zwischen *moralischer* und *kausaler Verantwortung* (beziehungsweise *Haftung*) differenziert wird.
– *Intentionalität*, *Handlungsfreiheit* und *Wissen* oft als Bedingungen für die Zuschreibung von Verantwortung angeführt werden.
– häufig befürchtet wird, (einige, spezifische) Roboter ließen sich *nicht kontrollieren*, ihr Verhalten sei *nicht prognostizierbar*, was zu einem *Mangel an Vertrauen* führt.

	kritisch-posthumanistische Ansätze			roboterethische Ansätze		
	Haraway	Suchman	Barad	Hanson	Coeckelbergh und Loh	Coeckelbergh
Subjekte-objekte der Verantwortung	(nicht) menschliche Wesen, Erkenntnis-›objekte‹ (und weitere klassisch als Objekte verstandene Entitäten)	(nicht) menschliche Wesen, die Intra-Aktion	(nicht) menschliche Wesen, Interferenz	ausgedehnte Akteursschaften	(nicht) menschliche Wesen	(nicht) menschliche Wesen (nichtmenschliche Wesen gegebenenfalls eingeschränkt)
Verantwortlich sein	Rechenschaft ablegen können, kritisch sein	keine Kontrolle haben	ontologische und politische Verstrickung	gemeinsame Verantwortung	Fokussierung des Gegenübers als Kern der Verantwortung	Fokussierung des Gegenübers als Kern der Verantwortung
Sind diese Roboter Teil von Verantwortungskonstellationen?						
Kismet	Alle Roboter können theoretisch in eine Verantwortungskonstellation eingebunden sein.					eingeschränkte Verantwortungssubjekte
BlessU-2						
Paro						
Cog						
iCub						

Tabelle 6: Inklusive Positionen der Verantwortungszuschreibung

In Kapitel 3.2, das anhand der Ansätze von Lenk, Friedman und Kahn, Neuhäuser, Marino und Tamburrini sowie Asaro Überlegungen hinsichtlich Robotern als potenziellen Verantwortungsobjekten ausgeführt hat, wurde festgestellt, dass

– es (im Unterschied zu Kapitel 2) eine eindeutige Tendenz zugunsten einer implizit der Argumentation zugrunde gelegten

starken KI-These (und nicht zugunsten einer schwachen KI-These) gibt.
- die Verantwortung der involvierten menschlichen Parteien vorrangig auf zwei Ebenen in den Blick genommen wird, nämlich auf der *individuellen Ebene* der Programmierer*innen, Designer*innen und Robotiker*innen sowie auf der *kollektiven Ebene* von Unternehmen und Ethikgremien.
- zuweilen zwischen *moralischer* und *rechtlicher Verantwortung* differenziert beziehungsweise eine Nähe von moralischer und rechtlicher Sphäre angenommen wird.
- eines der leitenden Motive einer Absage an Roboter als potenzielle Subjekte der Verantwortung die Sorge vor einer *Verwischung oder Verdunkelung* von Verantwortungsstrukturen darstellt, die dem Versuch einer *unrechtmäßigen Delegation* von Verantwortung durch die eigentlich verantwortlichen Akteurinnen und Akteure an artifizielle Systeme Vorschub leiste.
- häufig *Partizipation* und *Transparenz* als Möglichkeiten zur Schließung sich etwaig auftuender Verantwortungslücken angesehen werden.

Kapitel 3.3, das mit Rekurs auf die Theorien von Haraway, Suchman, Barad, Hanson, Coeckelbergh und Loh (2019) sowie Coeckelbergh (2016b) der Frage nachging, inwiefern sich bei einer Erweiterung des Kreises der potenziellen Verantwortungssubjekte auch auf nichtmenschliche Wesen (Kapitel 2.3) Verantwortung als relationales Konzept im engen Sinne verstehen lässt, kam zu dem Schluss, dass

- dennoch die Möglichkeit besteht, *einzelne Verantwortliche zur Rechenschaft zu ziehen*.
- über das Rede-und-Antwort-Stehen zumeist ein *Zusammenhang zwischen Ontologie, Epistemologie, Ethik, Politik und Ökonomie* hergestellt beziehungsweise die Auffassung vertreten wird, diese Sphären ließen sich nicht unabhängig voneinander in den Blick nehmen.
- keine Einheitlichkeit hinsichtlich eines etwaigen Zusammenhangs zwischen Verantwortung und *Kontrolle* zu konstatieren ist.
- die Interpretation von Verantwortung im engen Sinne das tra-

ditionelle Verständnis von Verantwortung als relationales Konzept im weiten Sinn nicht ersetzen muss, sondern dass inklusive Theorien eine *Ergänzung zu den herkömmlichen Ansätzen* (in der Roboterethik) darstellen – wenngleich dabei auch radikale Änderungen unseres Menschen- und Weltbilds in Kauf zu nehmen sind.

In diesem Kapitel wurde die Herausforderung, vor die wir uns mit dem Abschied von einer eindeutigen, absoluten und unabhängigen Beurteilungsautorität gestellt sehen, angesprochen, was wiederum einen charakteristischen Zug moderner sogenannter westlicher Gesellschaften zum Vorschein bringt: das Bedürfnis nach einer möglichst umfassenden Kontrolle und Verfügungsgewalt, die man unter anderem durch die Entwicklung autonomer artifizieller Systeme auf Seiten der Menschen gefährdet sieht (Loh 2018a: 79-91). Exklusive Theorien, die sich um die Absicherung der Stellung und des Status des menschlichen Handlungssubjekts bemühen, reagieren auf die Entwicklung autonomer, selbstlernender Roboter, durch die sie einen Verlust an Kontrolle und Prognostizierbarkeit befürchten, für gewöhnlich mit einer Verschärfung der eigenen Grundannahmen, wie etwa der Übergang von der schwachen zur starken KI-These zeigt. Denn nun genügt die Simulation etwaiger Kompetenzen für die Zuschreibung von Verantwortung nicht mehr, sondern die fraglichen Maschinen haben diese nun im genuinen Sinne auszubilden. Es ist leichter, ihnen eine Möglichkeit dazu kategorisch abzusprechen, als zu bestreiten, sie wären in der Lage, die jeweiligen Fähigkeiten zu simulieren, also so zu tun, ›als ob‹ sie Rede und Antwort stehen könnten. Zugleich wird mehr Kontrolle und Einfluss der involvierten Menschen beansprucht, nämlich in Form von mehr Transparenz und Nachvollziehbarkeit der Technologien samt ihrer Produktionskontexte sowie von mehr Partizipation im Umgang mit ihnen.

Inklusive Denker*innen reagieren deshalb gelassen(er) auf den befürchteten Kontrollverlust moderner Gesellschaften, weil sie von vornherein nicht die Position vertreten, dass Menschen jemals in einem umfassenden und vollständigen Sinn Kontrolle und Verfügungsgewalt über Natur und Kultur, über Menschen, Nichtmenschen und Kosmos innehaben. Bei all der Abstraktheit, Verworrenheit und schlechten beziehungsweise anstrengenden

Nachvollziehbarkeit, die man inklusiven Theorien mit einiger Berechtigung vorwirft, haben sie interessanterweise einen genuin pragmatischen Anspruch. Ihnen ist eher daran gelegen, Wege auszumachen, mit den Unwägbarkeiten und Unsicherheiten, in denen sich Menschen seit jeher wiedergefunden haben, konstruktiv umzugehen, Verantwortlichkeiten auszumachen und Rechenschaftspflicht gerade dort zu begründen, wo die Dinge komplexer sind und nicht mit Eindeutigkeit auszumachen ist, wer wofür in welchem Ausmaß Rede und Antwort zu stehen in der Lage ist. Wenn das Handlungssubjekt gar nicht erst als ›Monade‹ gesehen wird, scheint der nächste Schritt, dass nämlich auch die Fähigkeiten, von denen es bislang so relevant« erschien, dass man sie ausschließlich diesem autonomen Handlungssubjekt attestieren könne, sich gerade nicht in der tradierten Weise essenzialistisch zuschreiben (und damit immer auch absprechen) lassen, verhältnismäßig leicht gangbar.

Dass dennoch nicht vollständig von der (vielleicht sogar notwendigen) Illusion des autarken Handlungssubjekts gelassen werden muss, betonen Haraway, Coeckelbergh und andere immer wieder. Coeckelbergh (2016b) vertritt dabei den Anspruch der Konsistenz beider Ansätze zur Verantwortung – des tradierten mit dem im engen Sinne relationalen Verständnis. Haraway hingegen betont immer wieder das lustvolle Ringen mit unterschiedlichen Perspektiven, wenn sie ausführt, dass »Ironie von Widersprüchen [handelt], die sich nicht – nicht einmal dialektisch – in ein größeres Ganzes auflösen lassen, und von der Spannung, unvereinbare Dinge beieinander zu halten, weil beide oder alle notwendig und wahr sind« (1995a [1985]: 33). Vor diesem Hintergrund erlauben inklusive Ansätze sowohl die *Vereinbarkeit mehrerer Sichtweisen* (hier würde Verantwortung als relationales Konzept im engen Sinne eine Erweiterung der klassischen Interpretation von Verantwortung als relationales Konzept im weiten Sinne darstellen) als auch *die Akzeptanz einer eventuellen Unvereinbarkeit unterschiedlicher Positionen* – solange man gewillt ist, von den Absolutheitsansprüchen eines radikalen Objektivismus und eines radikalen Konstruktivismus gleichermaßen Distanz zu wahren. Denn mit Barad lässt sich sagen, dass aus der Anerkennung der Tatsache, dass die Dinge sozial konstruiert und nicht gleichwie natürlich ›gegeben‹ sind, *nicht* folgt, dass sie nicht auch real sind und ganz konkrete ethische, politische und ökonomische Konsequenzen haben (Kapitel 2.4).

All das gerade Gesagte wird das Unbehagen exklusiver Denkerinnen und Denker vermutlich noch nicht einmal im Ansatz ausräumen. Wir haben gelernt, so der geläufige Einwand, Menschen als autonome, autarke, mit Willensfreiheit und Verantwortung ausgerüstete Akteur*innen zu begreifen – wir können gar nicht anders. Und selbst wenn wir dazu in der Lage wären, würde es uns nichts bringen, da die Idee vom autonomen Handlungssubjekt die Grundlage unseres Rechtssystems und unserer ethischen Systeme abgibt. Auf diesem Theoriefundament lässt sich eine Reihe von Tatsachen empirisch nachweisen (in unserer Biologie, in unseren Genen etwa), andere Sachverhalte immerhin statistisch berechnen. Natürlich unterliegen alle wissenschaftlichen Ansätze aufgrund des ›menschlichen Faktors‹ der Fehleranfälligkeit, auch werden Theorien ab und an einmal widerlegt. Aber im Großen und Ganzen sind wir in der Lage, Einsicht in die ›wahre Natur‹ der Gegebenheiten zu erlangen. Selbst wenn uns die Entwicklung autonomer artifizieller Systeme vor einige Herausforderungen hinsichtlich einer Zuschreibung von Verantwortung aufgrund einer erschwerten eindeutigen Identifikation der fraglichen verantwortlichen Handlungssubjekte stellt, müssen wir doch nicht gleich das ›Kind mit dem Bade ausschütten‹, also unsere gesamten ethischen, rechtlichen und politischen Prämissen insbesondere hinsichtlich des verantwortlichen Handlungssubjekts in den Wind schießen.

Auch dieses Kapitel mündet also in der Feststellung einer Spannung exklusiver roboterethischer Ansätze, die eine generelle Befähigung zur Wahrnehmung von Verantwortung der involvierten Menschen annehmen (Kapitel 3.2) und gegebenenfalls noch bereit sind, auch in (einigen, spezifischen) Robotern potenzielle Verantwortungssubjekte zu erkennen (Kapitel 3.1), mit inklusiven Ansätzen, die von vornherein von einem anderen Subjekt- und Objektverständnis ausgehen und folglich auch die Möglichkeit zum Rede-und-Antwort-Stehen anders auslegen (Kapitel 3.3). Inwiefern sich diese unangenehm spürbar werdenden Spannungen zwischen inklusiven und exklusiven Positionen abschließend aufheben lassen, wird zu zeigen sein.

4. Abschließende Bemerkungen – Plädoyer für einen inklusiven und kritischen Diskurs

Um das Ergebnis der im Folgenden angestellten abschließenden Überlegungen gleich vorwegzunehmen: Eine vollständige Vereinigung inklusiver und exklusiver Ansätze, also eine Zusammenführung beider Theoriesysteme, die im Rahmen dieser Studie vorgestellt worden sind, ist unwahrscheinlich. Zu gegensätzlich sind die den jeweiligen Positionen zugrunde liegenden Prämissen, zu unterschiedlich die daraus abgeleiteten Thesen hinsichtlich handelnder und verantwortlicher menschlicher und nichtmenschlicher Akteur*innen. Dennoch soll gezeigt werden, dass ein Resümee für diese Einführung in die Roboterethik formuliert werden kann, das für exklusive wie inklusive Denkerinnen und Denker gleichermaßen von Relevanz und zumindest einigen der in den beiden ›Lagern‹ geäußerten ethischen Bedenken hinsichtlich einer Entwicklung autonomer artifizieller Systeme gerecht zu werden in der Lage ist. Das Ziel ist der Entwurf eines Plädoyers für einen inklusiven und kritischen Diskurs, für eine Inklusion, die nicht unreflektiert und radikal daherkommt, sondern bedacht und sensibel gegenüber den historisch und gesellschaftlich starken Intuitionen bezüglich einer Zuschreibung von moralischer Akteursschaft und Verantwortungsfähigkeit auftritt. Es handelt sich dabei zwar letztlich immer noch um eine inklusive Perspektive, allerdings befürwortet sie eine dem exklusiven Denken entgegenkommende und diesem gleichsam offen begegnende Haltung.

In drei Schritten soll das Plädoyer für einen inklusiven und kritischen Diskurs ausformuliert werden, nämlich *erstens* in einer Forderung nach der Wahrnehmung von Verantwortung im Umgang mit Technik auf (mindestens) vier gesellschaftlichen Ebenen, wofür die Voraussetzung eine radikale Absage an die sogenannte Neutralitätsthese im Umgang mit Technologien darstellt (siehe Einleitung). *Zweitens* wird die Notwendigkeit einer kritischen Reflexion konkreter Technologien im Gegensatz zu dem Beharren auf den Extrempositionen einer radikalen Ablehnung aller Technik schlechthin beziehungsweise einer euphorischen Befürwortung neuer Technik betont (siehe Kapitel 2.1, Einleitung). Schließlich wird *drittens* der Frage nach dem (moralisch) Wünschenswerten, nach dem (normativen) Sollen gegenüber der Frage nach dem (technisch) Möglichen und Machbaren eine Vorrangstellung eingeräumt. In diesem Zusammenhang soll abschließend auch auf die Vision einer starken künstlichen Superintelligenz und der ethischen Relevanz einer Beurteilung derselben eingegangen werden.

Erstens – Absage an die Neutralitätsthese der Technik: Schon in der Einleitung wurde konstatiert, dass die Produkte des menschlichen Handelns nicht neutral sein können, da bereits menschliches Handeln nie neutral ist. Die von Menschen geschaffenen Artefakte und implementierten Techniken sind immer schon und unweigerlich normativ beziehungsweise evaluativ, denn in jede Technologie, in jede Technik, in jede technische Ausdrucksweise gehen die Normen und Werte ihrer menschlichen Schöpfer*innen ein. So beschreibt Peter-Paul Verbeek in der Einleitung zu seinem Werk *What Things Do* (2005) an dem Beispiel der Form eines Esstisches, wie bereits einfache technologische Artefakte wie etwa Möbelstücke bestimmte soziale und politische Strukturen wiedergeben und implizit affirmieren: Ein rechteckiger Tisch, der eine Kopfseite hat, drückt hierarchische Strukturen aus, wohingegen an einem runden Tisch alle gleichberechtigt sitzen können (siehe dazu auch den Abschnitt zu Moor, Kapitel 2.1). In der Philosophiegeschichte wurde diese inhärente Normativität der Technik durch Hannah Arendt, Karl Marx, Ernst Kapp und andere mit der konzeptionellen und praktischen Vorstellung des *Homo Faber* auf den Punkt gebracht. Alle Technik ist zweckgebunden und damit nie neutral. Welche konkreten ästhetischen, politischen, ökonomischen, religiösen, sozialen und ethischen Zwecke, Normen und Werte als Maßstab gelten können, sollen und dürfen, bleibt freilich in jedem Einzelfall zu erörtern und damit eine kontinuierliche Aufgabe technikphilosophischer Analyse, ethischer Diskussion sowie gesellschaftlicher Deliberation. In jedem Fall wird dadurch Einwänden technikgläubiger Zeitgenoss*innen, es handele sich doch lediglich ›um Einsen und Nullen‹, ebenso der Boden entzogen wie dem Slogan der National Rifle Association aus den 1980er-Jahren: »Nicht Waffen töten Menschen, Menschen töten Menschen«. Eine Schützin oder ein Schütze ist eben immer eine Konstellation aus Mensch und Schusswaffe, beide agieren (in diesem Fall: schießen) nicht ohne einander.[1]

Um die Absage an die Neutralitätsthese der Technik gesellschaftlich zu verankern und ein entsprechend verantwortliches Handeln gewährleisten zu können, bedarf es auf (mindestens) vier gesellschaftlichen Ebenen der Ausbildung und Stärkung eines ethischen Bewusstseins im Umgang mit Technik: (1) im Ethik- und Informatikunterricht der *Schulen*. Im Ethikunterricht muss Technikethik einen größeren Stellenwert einnehmen, als dies bislang der Fall ist, im Informatikunterricht sollte von Anfang an die Normativität jeglichen menschlichen Handelns und der durch dieses geschaffenen Technologien betont werden. Weiterhin bedarf es (2) in den technik- und ingenieurswissenschaftlichen *Ausbildungsstätten* der Einführung von Ethikpflichtkursen. In vielen anderen Disziplinen ist die Einbindung ethischer Fragestellungen in den Lehrkanon selbstverständlich und grundlegend. Man stelle sich nur einmal vor, eine Ärztin oder ein Arzt würde auf etwaige Patient*innen ›losgelassen‹ werden, ohne dass sie oder er zuvor im Rahmen des Studiums ethische Pflichtkurse zu Themen wie etwa Präimplantationsdiagnostik und Sterbehilfe absolviert hätte!

Darüber hinaus braucht es (3) in den betreffenden *Unternehmen* eine Einführung verpflichtender Weiterbildungskurse in Technik- und Roboterethik. Allein anhand der knappen Ausführungen in Kapitel 1 zur Industrie-, Pflege, Militär- und Sexrobotik sowie zum autonomen Fahren sollte deutlich geworden sein, dass mit frappierender Selbstverständlichkeit fragwürdige Geschlechterstereotype, unreflektierte Vermenschlichungen und intransparente Entscheidungen über Handlungsfähigkeit und Entscheidungsautorität, implizit getragen durch in die Entstehung der jeweiligen Technologien eingewobenen Macht- und Autoritätsstrukturen, perpetuiert und gesellschaftlich bestätigt werden. Schließlich verlangt die konsequente Absage an die Neutralitätsthese der Technik und die Forderung nach der Stärkung eines kritischen, ethischen Bewusstseins (4) die Einrichtung zusätzlicher *Ethikgremien*. Hiermit geht auch die transparente Gestaltung des akademischen Dis-

---

1 Dieser Absatz wurde in ähnlicher Weise in der Gründungsphase der Buchreihe *Techno:Phil – Aktuelle Herausforderungen der Technikphilosophie* (J.B. Metzler), die ich gemeinsam mit Birgit Beck, Bruno Gransche und Jan-Hendrick Heinrichs herausgebe, formuliert.

kurses einher, der auf die verstärkte Inklusion gesellschaftlicher und industrieller Akteurinnen und Akteure eingestellt zu sein hat. Es ist Teil der Verantwortung der Wissenschaftler*innen (sowie aller anderen am Diskurs Beteiligten), Sachverhalte in einer Weise darzustellen, Sprache in einer Weise zu nutzen, die Außenstehenden eine Teilnahme und Mitsprache ermöglicht.

ZWEITENS – FORDERUNG NACH DER KRITISCHEN REFLEXION KONKRETER TECHNOLOGIEN: Ein möglichst inklusiver Diskurs über die Einführung moderner Technologien verlangt also nach einer Strukturbildung sowohl *bottom-up* (aller Menschen bereits in der Erziehung, in den Schulen) als auch *top-down* (unterstützt durch Institute und Gremien), verlangt nach einer Mitarbeit auf (mindestens) den oben geschilderten vier Ebenen. Größtmögliche Inklusion zu garantieren, erfordert eine diverse und heterogene Bildung offizieller Institutionen und Gremien, die den wissenschaftlichen Diskurs prägen und die Macht haben, eine Teilhabe aller an diesem zu befördern. Besteht etwa, um es pointiert auszudrücken, eine Ethikkommission für die Produktion und den serienmäßigen Vertrieb von Sexrobotern ausschließlich aus weißen, heterosexuellen Männern über 50, wird der Diskurs in diesem Fall von vornherein auf die Teilhabe eines entsprechenden Nutzer*innenkreises nahegelegt und der Diskurs gegebenenfalls eingeschränkt beziehungsweise eine Exklusion anderer Stimmen bestärkt.

Allerdings geht es an dieser Stelle nicht nur um die Frage, *wer* am Diskurs teilnehmen kann, wessen Stimme gehört wird und welches Gewicht eine Position jeweils bekommt, sondern auch darum, *worüber* der Diskurs geführt wird. In den Debatten um die Entwicklung autonomer artifizieller Systeme, KI und moderner Technologien im Allgemeinen begegnet man häufig zwei Extremszenarien: die dystopische Sicht, dass die Maschinen die Weltherrschaft an sich reißen werden, und die utopische (transhumanistische) Sicht, dass wir irgendwann mit Nanobots verschmelzen, unseren Geist auf einen Computer hochladen und damit (virtuell) unsterblich werden. Wir haben jedoch nicht den Luxus, uns auf diese Schwarzweiß-Sicht der Dinge zu beschränken! Wir müssen uns in die große, chaotische Grauzone zwischen diesen Polen hineinwagen und Technologien im Einzelnen und kritisch reflektieren. Viele Menschen wechseln, wenn sie über Roboter reden, häufig sehr schnell von der Ebene des konkreten artifiziellen Systems (etwa: Dieser

Schachcomputer ist sehr viel besser darin, Schach zu spielen, als die meisten Menschen) auf die allgemeine Ebene ›der‹ Maschine (etwa: ›die‹ Maschine wird irgendwann ›den‹ Menschen überholen). Mit Blick auf Tiere würden wir jedoch nie so verfahren, zum Beispiel würden wir niemals von einem Lawinenspürhund, der sich durch einzigartige Fähigkeiten zum Auffinden von Menschen in Lawinengebieten auszeichnet, auf die abstrakte Ebene ›des‹ Tieres wechseln – und schon gar nicht, um damit zu behaupten, ›das Tier‹ würde die Weltherrschaft anstreben. Technik ist für ganz konkrete Zwecke gemacht; Roboter haben bis auf Weiteres ›Inselbegabungen‹. Ein Schachcomputer kann zwar besser Schach spielen als ein Mensch, ist aber nicht in der Lage, Auto zu fahren, Kaffee zu kochen, mit unseren Kindern die Hausaufgaben zu machen oder in den Krieg zu ziehen. Wir müssen die jeweiligen Kontexte eines Einsatzes von Technik und die fraglichen Technologien im Besonderen kritisch in den Blick nehmen. Das verlangt nach einem transparent geführten Diskurs akademischer und nichtakademischer Teilnehmerinnen und Teilnehmer und nach der Vermittlung von Sachverstand, Reflexions- und Urteilskraft auf allen Ebenen für alle Mitglieder einer Gesellschaft und nicht nur für politische, ökonomische und wissenschaftliche Eliten und Lobbygruppen.

Drittens – Vorrangstellung der Frage nach dem Sollen vor der nach dem Können: Schließlich sollte vor dem Hintergrund des bislang Gesagten deutlich werden, warum ich darauf beharre, dass es nicht ›den‹ Menschen gibt, sondern Menschen im Plural. Und die haben je nach ihrem Platz in der Gesellschaft, ihren finanziellen Möglichkeiten, ihrer Profession und so weiter unterschiedliche Einflussmöglichkeiten. Technologische Entwicklungen sind in jedem Fall keine Naturgesetze! Dass wir beispielsweise irgendwann eine künstliche Superintelligenz entwickeln werden, was sowohl in roboterethischen Kreisen als auch in einer breiteren Öffentlichkeit ein gern diskutierter Fall ist (der im Übrigen auch die oben geschilderte Tendenz zu einer utopischen beziehungsweise dystopischen Extremsicht befeuert), ist kein Faktum wie etwa die Tatsache, dass die Sonne jeden Morgen auf- und jeden Abend wieder untergeht. Es gibt allein im deutschsprachigen Raum zahlreiche Beispiele für Technologien, die theoretisch (zumindest mit einer entsprechenden finanziellen und institutionellen Unterstützung) umsetzbar wären, allerdings rechtlich strikten Sanktionen unterliegen (etwa Klonen, die Produktion von ›Designerbabys‹, der Einsatz von Atomenergie und viele mehr). Technologische Entwicklungen sind menschengemacht und unterliegen menschlichen Bedingungen. Nicht alles, was möglich ist, wird notwendig auch verwirklicht werden. Behauptet man das Gegenteil, verfällt man einer selbsterfüllenden Prophezeiung.

Prognosen über die Zukunft ›des‹ Menschen sind insgesamt ausnehmend problematisch und stehen unter dem Verdacht der Unwissenschaftlichkeit. Der umtriebige Futurist, Computeringenieur und Erfinder Ray Kurzweil steht exemplarisch für ein solch populärwissenschaftliches Unterfangen, die technologischen Entwicklungen bis weit in die Zukunft hinein zu berechnen. Als Autor von Werken wie unter anderem *The Age of Intelligent Machines* (1990), *Homo S@piens* (*The Age of Spiritual Machines*; 1999) und insbesondere *Menschheit 2.0* (*The Singularity is Near*; 2005) ist er wie kein anderer technologischer Posthumanist im öffentlichen Diskurs vertreten. Als Mitbegründer der Singularity University in Kalifornien (2008), der ›Brutstätte‹ technologisch-posthumanistischer Wissenschaftler*innen, Unternehmer*innen und Futurist*innen, und seit 2012 Leiter der technologischen Entwicklung (»Director of Engineering«) bei Google repräsentiert Kurzweil die Elite des technologischen Posthumanismus sowie deren Macht und Einfluss.[2] Kurzweil hat letztlich keinerlei Bedenken im Hinblick auf eine artifizielle Superintelligenz, deren Entwicklung er als einen bedeutsamen Höhepunkt einer exponentiell und quasi notwendig sich abspulenden technologischen Evolution auf das Jahr 2045 datiert (2005: 98). Deshalb weist er nur in einem kurzen Absatz darauf hin, dass die Singularität die Fähigkeiten der Menschen zur Selbstzerstörung steigert (2005: 32).[3] Kurzweil korrigiert das lineare Geschichtsbewusstsein durch ein exponentielles. Er begeht dabei allerdings den Fehler zu meinen, aus dem Blick in die Geschichte technologischer Entwicklungen könne ein allgemeines

---

2 Dem technologischen Posthumanismus ist insbesondere an der Entwicklung einer starken künstlichen Superintelligenz gelegen (Loh 2018a: 112-118).

3 Der Ausdruck »Singularität« bezeichnet einen Moment, eine Epoche oder Daseinsweise in der Zukunft, ab dem bzw. in und mit der sich das menschliche Leben radikal gewandelt haben wird, v. a. dank der Ablösung der menschlichen Spezies als ›Krone der Schöpfung‹ durch eine artifizielle Superintelligenz (Loh 2018a: 106-112).

Prinzip abgeleitet werden, das ihm die Prognose konkreter technologischer Errungenschaften zu einigermaßen genau berechenbaren Zeitpunkten in der Zukunft gestatte. Dabei unterliegt er einer Variante des *Induktionsproblems*, das schon von David Hume 1740 ausführlich beschrieben wurde: der logischen Unmöglichkeit, von einem Besonderen auf ein Allgemeines zu schließen. Hume stellt die Falschheit der Induktion als allgemeingültige Begründungsstrategie (im Gegensatz zu den korrekten Verfahren einer Erkenntnis durch Intuition, Deduktion oder Empirie) fest, da es »unmöglich [ist], dass irgendwelche Begründungen durch Erfahrung diese Ähnlichkeit der Vergangenheit mit der Zukunft belegen können, denn all diese Begründungen beruhen ja auf der Voraussetzung dieser Ähnlichkeit« (2007 [1978]: 59). Ebenso wenig wie eine Person, die ihr ganzes Leben lang lediglich weiße Schwäne gesehen hat, von ihrer Erfahrung darauf schließen kann, dass es nur weiße Schwäne gibt, lässt sich der Eintritt in die Singularität beziehungsweise die Entwicklung einer artifiziellen Superintelligenz anhand bestimmter technologischer Entwicklungen berechnen.

Eine künstliche Superintelligenz ist das Ziel vieler Technikenthusiast*innen vom Schlage Kurzweils. Dieses Konzept taucht auch in der Roboterethik immer wieder auf, obwohl eine künstliche Intelligenz nicht in Form eines Roboters verkörpert sein muss, um als solche gelten zu können. Doch was ist damit überhaupt gemeint? Der Transhumanist Nick Bostrom differenziert in seinem Buch *Superintelligenz* (*Superintelligence*; 2014) drei Formen der Superintelligenz: (1) eine »speed superintelligence«, die sich von der menschlichen Intelligenz nur durch ihre radikal erhöhte Geschwindigkeit unterscheidet; (2) eine »collective superintelligence«, das heißt eine Art Schwarmintelligenz, die aus einer großen Anzahl von Einheiten geringerer Intelligenz besteht; sowie (3) eine »quality superintelligence«, die sich nicht nur der Quantität (Geschwindigkeit) nach von menschlichen Formen der Intelligenz unterscheidet, sondern auch hinsichtlich ihrer Qualität (2014: 53-56). Bereits der Mathematiker Irving John Good beschrieb in dem Text »Speculations Concerning the First Ultraintelligent Machine« (1965) eine Maschine, die sich selbst weiterzuentwickeln, also in ihre eigene algorithmische Grundstruktur einzugreifen befähigt ist. Dies nennt er die letzte Erfindung der Menschen (1965: 33). Von einer solchen starken Universal-KI, einer KI also, die, vergleichbar den

Menschen, in jedem Kontext agieren könnte und nicht, wie gegenwärtige artifizielle Systeme, allein für spezifische Aufgaben und Einsatzbereiche geschaffen wäre, hänge einerseits das »Überleben« (1965: 31) der menschlichen Spezies ab, andererseits gingen mit ihr zahlreiche ökonomische, politische, soziale und insbesondere ethische Herausforderungen einher. Zu Letzteren gehört insbesondere Goods Befürchtung, dass die Menschheit überflüssig werden könnte, weiterhin das in seinen Augen »ethische Problem« (1965: 34), ob eine Maschine Schmerz empfinden kann, sowie, ob sie in dem Fall, dass sie veraltet, demontiert werden sollte (siehe zum Thema Superintelligenz auch Loh 2018a: 112-118).

Häufig wird der Diskurs über die Entwicklung und Einführung bestimmter Technologien so geführt, als ob es bereits ausgemacht wäre, dass diese Technologien irgendwann real werden. So überlegt Bostrom etwa, welche Werte wir einer starken KI implementieren sollen, anstatt die Frage zu stellen, ob wir überhaupt eine starke KI wollen. Die Frage des technologisch Machbaren und des Könnens darf allerdings der Frage des (moralisch) Wünschbaren und des Sollens nicht vorangestellt werden. Wir müssen die Frage nach dem Wünschbaren und dem Sollen explizit stellen und in der Gesellschaft diskutieren. Für uns als Wissenschaftler*innen bedeutet das, den Diskurs in einer Weise zu beeinflussen, dass er möglichst transparent und verständlich geführt werden kann. Wir entmündigen uns, wenn wir einen gesellschaftlichen und technologischen Determinismus dahingehend vertreten, dass sich das ›Rad der Geschichte‹ vor unseren Augen einfach weiterdreht und wir keine Möglichkeiten der Beeinflussung haben.

Plädoyer für einen inklusiven und kritischen Diskurs: Autonome artifizielle Systeme gehören in vielen Bereichen bereits zum Alltag. Umso wichtiger ist ein offener und kritischer Diskurs, der alle Mitglieder einer Gesellschaft zur gleichberechtigten Partizipation einlädt, heterogen und mehrsprachig strukturiert ist und allen Argumenten Gehör schenkt, jeder Stimme Gewicht gibt. Ein Diskurs dieser Art verlangt die Ausbildung von Urteilskraft und Verantwortungsfähigkeit in allen potenziellen Teilnehmerinnen und Teilnehmern.

Es scheint, als befänden wir uns mitten auf dem Weg hinein in ein Zeitalter der Robotisierung und Automation, das von uns mehr denn je die umsichtige, kritische und bedachte Reflexion der technologischen Errungenschaften fordert. Zugleich aber, so scheint es zumindest, versuchen wir mit jedem weiteren Schritt uns unserer (auch) individuellen Verantwortung und der Last des eigenständigen Urteils zu entledigen. In dieser Studie wurden exemplarisch ganz unterschiedliche Positionen besprochen, mit denen es gelingen kann, an der Verantwortung im Umgang mit (modernen) Technologien im Allgemeinen sowie in der Mensch-Roboter-Interaktion im Speziellen festzuhalten, sie mit anderen in den Diskurs aufgenommenen (nichtmenschlichen) Wesen zu teilen und sie zu transformieren. Keine einzige der hier gehörten Stimmen, so verschieden sie im Einzelnen auch sein, so widersprüchlich sie zuweilen klingen mögen, hat jedwede individuelle oder kollektive Verantwortung generell zu leugnen gesucht.

Es mag sein, dass ich mit dem Gesagten eine wissenschaftstechnologische Utopie skizziere, da ein solch inklusiver und kritischer Diskurs zum gegenwärtigen Zeitpunkt noch nicht existiert. Allerdings liegt es in unserer Hand, das zu ändern und diese Utopie in die Tat umzusetzen.

Literaturverzeichnis

Abney, Keith, »Robotics, Ethical Theory, and Metaethics. A Guide for the Perplexed«, in: Patrick Lin, Keith Abney, George Bekey (Hg.), *Robot Ethics. The Ethical and Social Implications of Robotics*, Cambridge, Massachusetts, London 2012, S. 35-52.

Ackermann, Evan, »Care-O-bot 4 Is the Robot Servant We All Want but Probably Can't Afford«, in: *IEEE Spectrum* (29.1.2015), online verfügbar unter ⟨https://spectrum.ieee.org/automaton/robotics/home-robots/care-o-bot-4-mobile-manipulator⟩, letzter Zugriff 20.7.2019.

Albs, Birgit, *Verantwortung übernehmen für Handlungen und deren Folgen*, Hamburg 1997.

Allen, Colin, Wallach, Wendell, Smit, Iva, »Why Machine Ethics?«, in: *Intelligent Systems IEEE* 4 (2006), S. 12-17.

Altmann, Jürgen, »Preventive Arms Control for Uninhabited Military Vehicles«, in: Rafael Capurro, Michael Nagenborg (Hg.), *Ethics and Robotics*, Heidelberg, Amsterdam 2009, S. 69-82.

Anderson, Michael, Anderson, Susan Leigh, »Machine Ethics. Creating an Ethical Intelligent Agent«, in: *AI Magazine* 4 (2007), S. 15-26.

Anderson, Michael, Anderson, Susan Leigh (Hg.), *Machine Ethics*, New York 2011.

Anderson, Michael, Anderson, Susan Leigh, Armen, Chris, »MedEthEx. A Prototype Medical Ethics Advisor«, in: *Proceedings of the Eighteenth Conference on Innovative Applications of Artificial Intelligence*, Boston, Massachusetts 2006a, S. 1759-1765.

Anderson, Michael, Anderson, Susan Leigh, Armen, Chris, »An Approach to Computing Ethics«, in: *Intelligent Systems IEEE* 4 (2006b), S. 2-9.

Anscombe, Elizabeth, *Intention*, Oxford 1957.

Arendt, Hannah, *Vom Leben des Geistes. Das Denken. Das Wollen*, München 1998.

Arendt, Hannah, *Vita activa oder Vom tätigen Leben*, München ¹⁴2014 (1960).

Arendt, Hannah, »Über den Zusammenhang von Denken und Moral«, in: Ursula Ludz (Hg.), *Hannah Arendt. Zwischen Vergangenheit und Zukunft. Übungen im politischen Denken I*, München, Berlin, Zürich ³2015 (1971), S. 128-155.

Aristoteles, *Nikomachische Ethik*. Übersetzt von Ursula Wolf, Reinbek 2006.

Arkin, Ronald C., *Governing lethal behavior in autonomous robots*, Boca Raton 2006.

ÄrzteZeitung, »Mit Sexrobotern Pädophilie therapieren?« (18.1.2018), online verfügbar unter ⟨https://www.aerztezeitung.de/panorama/article/955012/vision-verwerflich-sexrobotern-paedophile-therapieren.html⟩, letzter Zugriff 20.7.2019.

Asaro, Peter M., »What Should we Want From a Robot Ethic?«, in: *International Review of Information Ethics* 6 (2006), S. 9-16.

Asaro, Peter M., »Robots and Responsibility from a Legal Perspective«, in: *Proceedings of the IEEE Conference on Robotics and Automation. Workshop on Roboethics* 20 (2007), S. 20-24.

Asaro, Peter M., »How Just Could a Robot War Be?«, in: Philip Brey, Adam Briggle, Katinka Waelbers (Hg.), *Current Issues on Computing and Philosophy*, Amsterdam 2008, S. 50-64.

Asaro, Peter M., »Military Robotics and Just War Theory«, in: Gerhard Dabringer (Hg.), *Ethica Themen. Ethical and Legal Aspects of Unmanned Systems*, Wien 2010, S. 103-119.

Asimov, Isaac, *The Complete Robot. The Definitive Collection of Robot Stories*, London 1982.

Balconi, Michaela, Bortolotti, Adriana, »Resonance Mechanisms in Empathic Behavior. BEES, BIS/BAS and psychophysiological contribution«, in: *Physiology and Behavior* 2 (2012), S. 298-394.

Banks, Marian A., Willoughby, Lisa M., Banks, William A., »Animal-Assisted Therapy and Loneliness in Nursing Homes. Use of Robotic versus Living Dogs«, in: *Journal of the American Medical Directors Association* 9 (2008), S. 173-177.

Barad, Karen, *Meeting the Universe Halfway. Quantum Physics and the Entanglement of Matter and Meaning*, Durham, London 2007.

Barad, Karen, *Agentieller Realismus*, Berlin 2012.

Barad, Karen, »Dem Universum auf halbem Wege begegnen. Realismus und Sozialkonstruktivismus ohne Widerspruch«, in: Karen Barad, *Verschränkungen*, Berlin 2015a, S. 7-69.

Barad, Karen, »Verschränkungen und Politik. Karen Barad im Gespräch mit Jennifer Sophia Theodor«, in: Karen Barad, *Verschränkungen*, Berlin 2015b, S. 173-212.

Bath, Corinna, »Artifizielle Emotionen. Körper- und Geschlechterwissen bei der Herstellung menschenähnlicher Maschinen«, in: Angelika Wetterer (Hg.), *Körper, Wissen, Geschlecht. Geschlechterwissen und soziale Praxis II*, Sulzbach 2010, S. 95-115.

Bath, Corinna, Meißner, Hanna, Trinkaus, Stephan, Völker, Susanne, »Einleitung«, in: Corinna Bath, Hanna Meißner, Stephan Trinkaus, Susanne Völker (Hg.), *Geschlechter Interferenzen. Wissensformen – Subjektivierungsweisen – Materialisierungen*, Berlin 2013.

Bayertz, Kurt, »Eine kurze Geschichte der Herkunft der Verantwortung«,

in: Kurt Bayertz (Hg.), *Verantwortung. Prinzip oder Problem?*, Darmstadt 1995, S. 3-71.
Beauchamp, Tom L., Frey, R. G. (Hg.), *The Oxford Handbook of Animal Ethics*, New York 2011.
Beck, Birgit, Thies, Christian (Hg.), *Moral und Recht. Philosophische und juristische Beiträge*, Passau 2011.
Beck, Susanne, »Roboter, Cyborgs und das Recht. Von der Fiktion zur Realität«, in: Tade M. Spranger (Hg.), *Aktuelle Herausforderungen der Life Sciences.* Band 1 der Reihe »Recht der Lebenswissenschaften«, Berlin 2010, S. 95-120.
Beck, Susanne, Gransche, Bruno, Hilgendorf, Eric, Loh (geb. Sombetzki), Janina, Misselhorn, Catrin, Zoglauer, Thomas, »Brauchen wir eine Roboterethik? Eine Kontroverse mit Susanne Beck, Bruno Gransche, Eric Hilgendorf, Janina Loh, Catrin Misselhorn und Thomas Zoglauer«, in: *Jahrbuch Technikphilosophie* 5 (2019), S. 231-267.
Becker, Ralph, *Der menschliche Standpunkt. Perspektiven und Formationen des Anthropomorphismus*, Frankfurt/M 2011.
Bekey, George, *Autonomous Robots. From Biological Inspiration to Implementation and Control*, Cambridge 2005.
Belnap, Nuel, Perloff, Michael, Xu, Ming, »*Facing the Future. Agents and Choices in Our Indeterminist World*, New York 2001.
Bendel, Oliver, »Die Industrie 4.0 aus ethischer Sicht«, in: *HMD Praxis der Wirtschaftsinformatik* 52 (2015a), S. 739-748.
Bendel, Oliver, »Surgical, Therapeutic, Nursing and Sex Robots in Machine and Information Ethics«, in: Simon Peter van Rysewyk, Matthijs Pontier (Hg.), *Machine Medical Ethics*, Cham 2015b, S. 17-32.
Bendel, Oliver, »Die Maschine in der Moral«, in: *Cyber Security Report* (2017a), S. 4-6.
Bendel, Oliver, »Sexroboter im Gesundheitsbereich«, in: *IT for Health* 8 (2017b), S. 36-37.
Bendel, Oliver (Hg.), *Pflegeroboter*, Wiesbaden 2018a.
Bendel, Oliver, »Überlegungen zur Disziplin der Maschinenethik«, in: *Aus Politik und Zeitgeschichte (ApuZ)* 68 (2018b), S. 34-38.
Bendel, Oliver (Hg.), *Handbuch Maschinenethik*, Wiesbaden 2019a (im Erscheinen).
Bendel, Oliver, »Pflegeroboter aus ethischer Sicht«, in: *Blätter der Wohlfahrtspflege* 1 (2019b), S. 24-26.
Bendel, Oliver, »Sexroboter aus Sicht der Maschinenethik«, in: Oliver Bendel (Hg.), *Handbuch Maschinenethik*, Wiesbaden 2019c (im Erscheinen).
Betzler, Monika, Scherrer, Nina, »Verantwortung und Kontrolle«, in: Ludger Heidbrink, Claus Langbehn, Janina Loh (geb. Sombetzki) (Hg.), *Handbuch Verantwortung*, Wiesbaden 2017, S. 337-352.

Bhargava, Vikram, Kim, Tae Wan, »Autonomous Vehicles and Moral Uncertainty«, in: Patrick Lin, Ryan Jenkins, Keith Abney (Hg.), *Robot Ethics 2.0. From Autonomous Cars to Artificial Intelligence*, New York 2017, S. 5-19.

Bird-David, Nurit, »›Animism‹ Revisited. Personhood, Environment, and Relational Epistemology«, in: *Current Anthropology* 41 (2000), S. 67-91.

Birnbacher, Dieter, »Grenzen der Verantwortung«, in: Kurt Bayertz (Hg.), *Verantwortung. Prinzip oder Problem?*, Darmstadt 1995, S. 143-183.

Boeker, Heidrun, »Robotik in Betreuung und Gesundheitsvorsorge«, in: *Technikfolgenabschätzung. Theorie und Praxis* 22 (2013), S. 62-69.

Bołtuć, Piotr, »Church-Turing Lovers«, in: Patrick Lin, Ryan Jenkins, Keith Abney (Hg.), *Robot Ethics 2.0. From Autonomous Cars to Artificial Intelligence*, New York 2017, S. 214-228.

Borenstein, Jason, Howard, Ayanna, Wagner, Alan A., »Pediatric Robotics and Ethics. The Robot Is Ready to See You Now, but Should It Be Trusted?«, in: Patrick Lin, Ryan Jenkins, Keith Abney (Hg.), *Robot Ethics 2.0. From Autonomous Cars to Artificial Intelligence*, New York 2017, S. 127-141.

Bostrom, Nick, *Superintelligence. Paths, Dangers, Strategies*, Oxford 2014.

Both, Göde, Weber, Jutta, »Hands-Free Driving? Automatisiertes Fahren und Mensch-Maschine Interaktion«, in: Eric Hilgendorf (Hg.), *Robotik im Kontext von Recht und Moral*, Baden-Baden 2014, S. 171-187.

Braidotti, Rosi, *Posthumanismus. Leben jenseits des Menschen*, Frankfurt/M 2014 (2013).

Braidotti, Rosi, »Jenseits des Menschen. Posthumanismus«, in: *Aus Politik und Zeitgeschichte (ApuZ). Der neue Mensch* 66 (2016), S. 33-38.

Brand, Lukas, *Künstliche Tugend. Roboter als moralische Akteure*, Regensburg 2018.

Bratman, Michael E., *Intention, Plans, and Practical Reasons*, Cambridge MA 1987.

Braun, Florian, Baatz, Christian, »Klimaverantwortung«, in: Ludger Heidbrink, Claus Langbehn, Janina Loh (geb. Sombetzki) (Hg.), *Handbuch Verantwortung*, Wiesbaden 2017, S. 855-886.

Breazeal, Cynthia, *Designing Sociable Robots*, Cambridge MA, London 2002.

Breazeal, Cynthia, »Social interactions in HRI. The robot view«, in: *IEEE Transactions on Systems, Man, and Cybernetics, Part C (Applications and Reviews)* 34 (2004), S. 181-186.

Breazeal, Cynthia, Scassellati, Brian, »Robots That Imitate Humans«, in: *Trends in Cognitive Sciences* 11 (2002), S. 481-487.

Breen, John, Teeuwen, Mark, *A New History of Shinto*, Blackwell 2010.

Brey, Philip, Briggle, Adam, Waelbers, Katinka (Hg.), *Current Issues on Computing and Philosophy*, Amsterdam 2008.

Brodnig, Ingrid, »Wir sind die Roboter. Zu Besuch bei Amazon«, in: *profil* (16.12.2018), online verfügbar unter ⟨https://www.profil.at/wirtschaft/amazon-roboter-automatisierung-10535226⟩, letzter Zugriff 20.7.2019.

Brooks, Rodney A., »Intelligence Without Reason«, in: *Proc.* IJCAI-91 (1991), S. 569-595.

Brooks, Rodney A., Breazeal, Cynthia, Marjanović, Matthew, Scassellati, Brian, Williamson, Matthew M., »The Cog Project. Building a Humanoid Robot«, in: Chrystopher Nehaniv (Hg.), *Computation for Metaphors, Analogy, and Agents*, Heidelberg, Berlin 1999, S. 52-87.

Brynjolfsson, Erik, McAfee, Andrew, *Race Against The Machine. How the Digital Revolution is Accelerating Innovation, Driving Productivity, and Irreversibly Transforming Employment and the Economy*, United States 2011.

Bryson, Joanna, »Robots should be slaves«, in: Yorick Wilks (Hg.), *Close Engagements with Artificial Companions. Key social, psychological, ethical and design issues*, Amsterdam, Philadelphia 2010, S. 63-74.

Bryson, Joanna, »Patiency is not a virtue. The design of intelligent systems and systems of ethics«, in: *Ethics and Information Technology* 20 (2018), S. 15-26.

Brzeski, Carsten, Burk, Inga, »Die Roboter kommen. Folgen der Automatisierung für den deutschen Arbeitsmarkt«, INGDiBa Economic Research 2015.

Callus, Ivan, Herbrechter, Stefan, »Posthumanism«, in: Paul Wake, Simon Malpas (Hg.), *The Routledge Companion to Critical and Cultural Theory*, London 2013, S. 144-153.

Calverley, David J., »Android Science and Animal Rights. Does an Analogy Exist?«, in: *Connection Science* 4 (2006), S. 403-417.

Calverley, David J., »Legal Rights for Machines. Some Fundamental Concepts«, in: Michael Anderson, Susan Leigh Anderson (Hg.), *Machine Ethics*, New York 2011, S. 213-227.

Cangelosi, Angelo, Schlesinger, Matthew, *Developmental Robotics. From Babies to Robots*, Cambridge 2015.

Canguilhem, Georges, »Maschine und Organismus«, in: *Die Erkenntnis des Lebens*. Aus dem Französischen von Till Bardoux, Maria Mühle und Francesca Raimondi, Berlin 2012, S. 183-232.

Capurro, Rafael, Nagenborg, Michael (Hg.), *Ethics and Robotics*, Heidelberg, Amsterdam 2009.

Ceppi, Sofia, »KI in der Unterhaltungsindustrie«, in: Luis de Miranda (Hg.), *Künstliche Intelligenz & Robotik in 30 Sekunden. Visionen, Herausforderungen & Risiken*, Kerkdriel, Niederlande 2019, S. 72.

Cheok, Adrian, Karunanayaka, Kasun, Yann Zhang, Emma, »Lovotics. Human-Robot Love and Sex Relationships«, in: Patrick Lin, Ryan Jenkins, Keith Abney (Hg.), *Robot Ethics 2.0. From Autonomous Cars to Artificial Intelligence*, New York 2017, S. 193-213.

Churchland, Paul M., *Matter and Consciousness*, rev. ed., Cambridge 1999.

Clynes, Manfred E., Kline, Nathan S., »Cyborgs and Space«, in: Chris Hables Gray, Heidi Figueroa-Sarriera, Steven Mentor (Hg.), *The Cyborg Handbook*, New York 1995 (1960), S. 29-33.

Coeckelbergh, Mark, »Robot rights? Towards a social-relational justification of moral consideration«, in: *Journal of Ethics and Information Technology* 12 (2010a), S. 209-221.

Coeckelbergh, Mark, »Moral Appearances. Emotions, Robots, and Human Morality«, in: *Ethics and Information Technology* 12 (2010b), S. 235-241.

Coeckelbergh, Mark, *Growing Moral Relations. Critique of Moral Status Ascriptions*, New York 2012.

Coeckelbergh, Mark, »E-Care As Craftsmanship. Virtuous Work, Skilled Engagement, and Information Technology in Health Care«, in: *Medicine, Health Care and Philosophy* 16 (2013), S. 807-816.

Coeckelbergh, Mark, »The Moral Standing of Machines. Towards a Relational and Non-Cartesian Moral Hermeneutics«, in: *Philosophy & Technology* 27 (2014), S. 61-77.

Coeckelbergh, Mark, *Money Machines. Electronic Financial Technologies, Distancing, and Responsibility in Global Finance*, Farnham 2015.

Coeckelbergh, Mark, »Can Machines Create Art?«, in: *Philosophy & Technology* 3 (2016a), S. 285-303.

Coeckelbergh, Mark, »Responsibility and the Moral Phenomenology of Using Self-Driving Cars«, in: *Applied Artificial Intelligence* 8 (2016b), S. 748-757.

Coeckelbergh, Mark, Gunkel, David, »Facing Animals. A Relational, Other-Oriented Approach to Moral Standing«, in: *Journal of Agriculture and Environmental Ethics* 5 (2014), S. 715-733.

Coeckelbergh, Mark, Loh (geb. Sombetzki), Janina, »Transformations of Responsibility in the Age of Automation. Being Answerable to Human and Non-Human Others«, in: Birgit Beck, Michael C. Kühler (Hg.), *Technology, Anthropology, and Dimensions of Responsibility*. Techno:Phil – Aktuelle Herausforderungen der Technikphilosophie. Band 1, Stuttgart 2019 (im Erscheinen).

Coeckelbergh, Mark, Loh (geb. Sombetzki), Janina, Funk, Michael, Seibt, Johanna, Nøskov, Marco (Hg.), *Envisioning Robots in Society. Politics, Power, and Public Space. Proceedings of the Robophilosophy/TRANSOR 2018 Conference*. Frontiers in Artificial Intelligence and its Applications, Amsterdam 2018.

Coleman, Kari Gwen, »Android arete. Toward a virtue ethic for computational agents«, in: *Ethics and Information Technology* 3 (2001), S. 247-265.

Dabringer, Gerhard, »Unbemannte Systeme und die Zukunft der Kriegsführung«, in: *Militärische Kulturen* (12.12.2011), online verfügbar unter ⟨http://www.bundesheer.at/wissen-forschung/publikationen/beitrag.php?id=2131⟩, letzter Zugriff 20.7.2019.

Dahlmann, Don, »Die fünf Level des autonomen Fahrens«, 19.10.2016, online verfügbar unter ⟨https://www.dondahlmann.de/2016/10/19/die-fuenf-level-des-autonomen-fahrens/⟩, letzter Zugriff 20.7.2019.

Damiano, Luisa, Dumouchel, Paul, »Anthropomorphism in Human-Robot Co-evolution«, in: *Frontiers in Psychology* 9 (2018), S. 1-9, online verfügbar unter ⟨https://www.frontiersin.org/articles/10.3389/fpsyg.2018.00468/full#B54⟩, letzter Zugriff 20.7.2019.

Danaher, John, »Should We Be Thinking about Robot Sex?«, in: John Danaher, Neil MaArthur (Hg.), *Robot Sex. Social and Ethical Implications*, Cambridge, Massachusetts, London 2017, S. 3-14.

Danaher, John, »The rise of the robots and the crisis of moral patiency«, in: *AI & Society* 2017, online verfügbar unter ⟨https://www.researchgate.net/publication/321150508_The_rise_of_the_robots_and_the_crisis_of_moral_patiency⟩, letzter Zugriff 20.7.2019.

Danaher, John, McArthur, Neil (Hg.), *Robot Sex. Social and Ethical Implications*, Cambridge, Massachusetts, London 2017.

Darling, Kate, »Extending Legal Protection to Social Robots«, in: *IEEE Spectrum* Sep. 10 (2012), online verfügbar unter ⟨https://spectrum.ieee.org/automaton/robotics/artificial-intelligence/extending-legal-protection-to-social-robots⟩, letzter Zugriff 20.7.2019.

Darling, Kate, »›Who's Jonny?‹ Anthropomorphic Framing in Human-Robot Interaction, Integration, and Policy«, in: Patrick Lin, Ryan Jenkins, Keith Abney (Hg.), *Robot Ethics 2.0. From Autonomous Cars to Artificial Intelligence*, New York 2017, S. 173-188.

Darwall, Stephen, »The Value of Autonomy and Autonomy of the Will«, in: *Ethics* 116 (2006), S. 263-84.

Davidson, Donald, *Essays on Actions and Events*, New York 1980.

de Largie, Vanessa, »Sex robots offer real benefits to society – and to women«, in: *iNews. The Essential Daily Briefing* (26.7.2017), online verfügbar unter ⟨https://inews.co.uk/opinion/sex-robots-offer-real-benefits-society-women/⟩, letzter Zugriff 20.7.2019.

de Miranda, Luis, »›Unimate‹, der erste Industrieroboter«, in: Luis de Miranda (Hg.), *Künstliche Intelligenz & Robotik in 30 Sekunden. Visionen, Herausforderungen & Risiken*, Kerkdriel, Niederlande 2019a, S. 56.

de Miranda, Luis, »Karel Čapek & die ersten ›Roboter‹«, in: Luis de Miranda (Hg.), *Künstliche Intelligenz & Robotik in 30 Sekunden. Visionen, Herausforderungen & Risiken*, Kerkdriel, Niederlande 2019b, S. 18.

de Miranda, Luis, »Evolutioinäre KI & Robotik«, in: Luis de Miranda

(Hg.), *Künstliche Intelligenz & Robotik in 30 Sekunden. Visionen, Herausforderungen & Risiken*, Kerkdriel, Niederlande 2019c, S. 134.

Decker, Michael, »Caregiving robots and ethical reflection. The perspective of interdisciplinary technology assessment«, in: *AI & Society* 22 (2008), S. 315-330.

Di Nucci, Ezio, »Sex Robots and the Rights of the Disabled«, in: John Danaher, Neil McArthur (Hg.), *Robot Sex. Social and Ethical Implications*, Cambridge, Massachusetts, London 2017, S. 73-88.

Diels, Hermann, *Die Fragmente der Vorsokratiker*. Griechisch und deutsch. Herausgegeben von Walther Kran, Dublin, Zürich [12]1966.

Dittmann, Anne, »Objektophilie. Berlinerin liebt ein Modell-Flugzeug«, in: *Berliner Zeitung online* (19. 4. 2016), online verfügbar unter https://www.berliner-zeitung.de/panorama/objektophilie-berlinerin-liebt-ein-modell-flugzeug-23915362#), letzter Zugriff 20. 7. 2019.

Draper, Heather, Sorell, Tom, »Ethical values and social care robots for older people. An international qualitative study«, in: *Ethics of Information Technology* 19 (2017), S. 49-68.

Drux, Rudolf (Hg.), *Menschen aus Menschenhand. Zur Geschichte der Androiden. Texte von Homer bis Asimov*, Stuttgart 1988.

Duff, R. Anthony, »Responsibility«, in: Edward Craig (Hg.), *Routledge Encyclopedia of Philosophy*, London 1998, S. 290-294.

Duffy, Brian R., »Anthropomorphism and the social robot«, in: *Robotics and Autonomous Systems* 42 (2003), S. 177-190.

Duffy, Brian R., »Social Embodiment in Autonomous Mobile Robotics«, in: *International Journal of Advanced Robotic Systems* 1 (2004), S. 155-170.

Duffy, Brian R., »Fundamental Issues In Affective Intelligent Social Machines«, in: *Open Artificial Intelligence Journal* 2 (2008), S. 21-34.

Edgar, Stacey L., *Morality and Machines. Perspectives on Computer Ethics*, Boston, Toronto, London, Singapore [2]2003.

Eichenberg, Christiane, Khamis, Marwa, Hübner, Lisa, Küsel, Cornelia, Huss, Jessica, »Zunehmend positiver Trend«, in: *Deutsches Ärzteblatt* 5 (2019), S. 228-230.

Ekman, Paul, »An Argument for Basic Emotions«, in: *Cognition and Emotion* 3/4 (1992), S. 169-200.

Elder, Alexis, »Robot Friends for Autistic Children. Monopoly Money«, in: Patrick Lin, Ryan Jenkins, Keith Abney (Hg.), *Robot Ethics 2.0. From Autonomous Cars to Artificial Intelligence*, New York 2017, S. 113-126.

Engelsing, Jörg, »Der Wandel beginnt innen und die Verantwortung bei uns selbst«, in: *Sein* 9 (2009), S. 24-26.

Engisch, Karl, *Untersuchungen über Vorsatz und Fahrlässigkeit im Strafrecht*, Berlin 1930.

Ethikkommission Automatisiertes und Vernetztes Fahren, *Bericht* (Juni 2017), online verfügbar unter ⟨https://www.bmvi.de/SharedDocs/DE/Publikationen/DG/bericht-der-ethik-kommission.pdf?__blob=publicationFile⟩, letzter Zugriff 20. 7. 2019.

Europäisches Parlament, »Entwurf eines Berichts mit Empfehlungen an die Kommission zu zivilrechtlichen Regelungen im Bereich Robotik. (2015/2103(INL))«, 2014-2019, online verfügbar unter ⟨http://www.europarl.europa.eu/doceo/document/JURI-PR-582443_DE.pdf?redirect⟩, letzter Zugriff 20. 7. 2019.

Fink, Julia, »Anthropomorphism and Human Likeness in the Design of Robots and Human-Robot Interaction«, in: Shuzhi Sam Ge, Oussama Khatib, John-John Cabibihan, Reid Simmons, Mary-Anne Williams (Hg.), *Social Robotics. 4th International Conference, ICSR 2012, Chengdu, China, October 2012. Proceedings*, Berlin, Heidelberg 2012, S. 199-208.

Finn, Anthony, Scheding, Steve, *Developments and Challenges for Autonomous Unmanned Vehicles*, Heidelberg 2010.

Fischer, John Martin, »Responsiveness and Moral Responsibility«, in: Ferdinand David Schoeman (Hg.), *Responsibility, Character, and the Emotions. New Essays in Moral Psychology*, Cambridge 1988, S. 81-106.

Floridi, Luciano, Sanders, J. W., »On the Morality of Artificial Agents«, in: *Minds and Machines* 14 (2004), S. 349-379.

Fong, Nourbakhsh, Terrence, Illah, Dautenhahn, Kerstin, »A survey of socially interactive robots«, in: *Robotics and Autonomous Systems* 42 (2003), S. 143-166.

Foot, Philippa, »Moral Beliefs«, in: Philippa Foot, *Theories of Ethics*, Oxford, New York 1967, S. 83-100.

Ford, Kenneth M., Glymour, Clark, Hayes, Patrick J. (Hg.), *Thinking about Android Epistemology*, Menlo Park, Cambridge, London 2006.

Ford, Martin, *Rise of the Robots. Technology and the Threat of a Jobless Future*, New York 2015.

Frankfurt, Harry, »Alternate Possibilities and Moral Responsibility«, in: *The Journal of Philosophy* 66 (1961), S. 829-839.

Frankfurt, Harry, »Freedom of the Will and the Concept of a Person«, in: *Journal of Philosophy* 1 (1971), S. 5-20.

Franklin, Adrian, »Posthumanism«, in: George Ritzer (Hg.), *The Blackwell Encyclopedia of Sociology*, Oxford 2009, S. 3548-3550.

French, Peter A., *Shared Intentions and Collective Responsibility*, Boston 2006.

Frey, Carl Benedikt, Osborne, Michael A., »The Future of Employment. How Susceptible Are Jobs to Computerisation?«, Oxford 2013.

Freyer, Hans, »Verantwortung – Heute«, in: Hans Freyer (Hg.), *Gedanken zur Industriegesellschaft*, Mainz 1970, S. 195-221.

Friedman, Batya, Kahn, Peter H., »Human Agency and Responsible Computing. Implications for Computer System Design«, in: *Journal of Systems and Software* 17 (1992), S. 7-14.

Froese, Tom, Di Paolo, Ezequiel A., »Modelling Social Interaction As Perceptual Crossing. An Investigation into the Dynamics of the Interaction Process«, in: *Connect. Sci* 1 (2010), S. 43-68.

Gallagher, Ann, Nåden, Dagfinn, Karterud, Dag, »Robots in elder care. Some ethical questions«, in: *Nursing ethics* 23 (2016), S. 369-371.

Gallagher, Shaun, »Neurons, Neonates and Narrative. From Embodied Resonance to Empathic Understanding«, in: Ad Foolen, Ulrike M. Lüdtke, Timothy P. Racine, Jordan Zlatev (Hg.), *Moving Ourselves, Moving Others*, Amsterdam 2012, S. 167-196.

Galliott, Jai, *Military Robots. Mapping the Moral Landscape*, London 2015.

Gane, Nicholas, »Posthuman«, in: *Theory, Culture & Society. Explorations in Critical Social Science* 23 (2006), S. 431-434.

Gerdes, Anne, »The Issue of Moral Consideration in Robot Ethics«, in: *ACM SIGCAS Computers & Society* 45 (2017), S. 247-279.

Good, Irving John, »Speculations Concerning the First Ultraintelligent Machine«, in: Franz Alt, Morris Ruminoff (Hg.), *Advances in Computers*. Volume 6, Academic Press 1965, S. 31-88.

Gordon, John-Stewart, »What do we owe to intelligent robots?«, in: *AI & Society* (2018), S. 1-15.

Gordon, John-Stewart, »Building Moral Robots. Ethical Pitfalls and Challenges«, in: *Science and Engineering Ethics* (2019, im Erscheinen).

Graham, Elaine L., *Representations of the post/human. Monsters, aliens and others in popular culture*, Manchester 2002.

Grawe, Christian, Hügli, Anton, Kiefhaber, Martin, Romberg, Reinhard, Konersmann, Ralf, »Mensch«, in: Joachim Ritter (Hg.), *Historisches Wörterbuch der Philosophie. Band 5: L–Mn*, Basel 1971-2007, S. 1059-1105.

Grodzinsky, Frances S., Miller, Keith W., Wolf, Marty J., »The ethics of designing artificial agents«, in: *Ethics and Information Technology* 10 (2008), S. 115-121.

Grosser, Florian, »Heißt Denken Rechnen, Herr Dreyfus?«, in: *Philosophie Magazin* 6 (2014), S. 50-51.

Gschwend, Lukas, »Verantwortung und Strafrecht«, in: Heinrich Schmidinger, Clemens Sedmak (Hg.), *Der Mensch – ein freies Wesen? Autonomie – Personalität – Verantwortung*, Darmstadt 2005, S. 289-306.

Guarini, Marcello, Bello, Paul, »Robotic Warfare. Some Challenges in Moving from Noncivilian to Civilian Theaters«, in: Patrick Lin, Keith Abney, George Bekey (Hg.), *Robot Ethics. The Ethical and Social Implications of Robotics*, Cambridge MA, London 2012, S. 129-144.

Gunkel, David, »Thinking otherwise. Ethics, technology and other subjects«, in: *Ethics and Information Technology* 9 (2007), S. 165-177.

Gunkel, David, *The Machine Question. Critical Perspectives on AI, Robots, and Ethics*, Cambridge MA 2012.

Gunkel, David, »Rage Against the Machine. Rethinking Education in the Face of Technological Unemployment«, in: Kevin LaGrandeur, James J. Hughes (Hg.), *Surviving the Machine Age. Intelligent Technology and the Transformation of Human Work*, Cham 2017, S. 147-162.

Gunkel, David, *Robot Rights*, Cambridge MA, London 2018a.

Gunkel, David, »Can machines have rights?«, in: Tony J. Prescott, Nathan Lepora, Paul F. M. J. Verschure (Hg.), *Living Machines. A Handbook of Research in Biomimetics and Biohybrid Systems*, Oxford University Press 2018b, S. 592-597.

Gunkel, David, »The other question. Can and should robots have rights?«, in: *Journal of Ethics and Information Technology* 20 (2018c), online verfügbar unter ⟨https://link.springer.com/article/10.1007/s10676-017-9442-4⟩, letzter Zugriff 20. 7. 2019.

Günther, Klaus, »Voluntary Action and Criminal Responsibility«, in: Sabine Maasen, Wolfgang Prinz, Gerhard Roth (Hg.), *Voluntary Action. Brains, Minds and Sociality*, Oxford 2003, S. 263-280.

Guthrie, Stewart, »On Animism«, in: *Current Anthropology* 41 (2000), S. 106-107.

Hajdin, Mane, *The Boundaries of Moral Discourse*, Chicago 1994.

Hall, J. Storrs, *Beyond AI. Creating the Conscience of the Machine*, Amherst NY 2007.

Hammer, Carmen, Stieß, Immanuel, »Einleitung«, in: Carmen Hammer, Immanuel Stieß (Hg.), Donna Haraway. *Die Neuerfindung der Natur. Primaten, Cyborgs und Frauen*, Frankfurt/M, New York 1995, S. 9-31.

Hanson, F. Allan, »Beyond the skin bag. On the moral responsibility of extended agencies«, in: *Ethics and Information Technology* 11 (2009), S. 91-99.

Haraway, Donna, »Primatology is politics by other means«, in: Ruth Bleier (Hg.), *Feminist Approaches to Science*, Exeter 1986.

Haraway, Donna, »Ein Manifest für Cyborgs. Feminismus im Streit mit den Technowissenschaften«, in: Carmen Hammer, Immanuel Stieß (Hg.), Donna Haraway. *Die Neuerfindung der Natur. Primaten, Cyborgs und Frauen*, Frankfurt/M, New York 1995a (1985), S. 33-72.

Haraway, Donna, »Monströse Versprechen. Eine Erneuerungspolitik für un/an/geeignete Andere«, in: Donna Haraway, *Monströse Versprechen. Die Gender- und Technologie-Essays*, Hamburg 1995b, S. 11-80.

Haraway, Donna, »›Wir sind immer mittendrin‹. Ein Interview mit Donna Haraway«, in: Carmen Hammer, Immanuel Stieß (Hg.), Donna Haraway. *Die Neuerfindung der Natur. Primaten, Cyborgs und Frauen*, Frankfurt/M, New York 1995c, S. 98-122.

Haraway, Donna, »Situiertes Wissen. Die Wissenschaftsfrage im Feminismus und das Privileg einer partialen Perspektive«, in: Carmen Hammer, Immanuel Stieß (Hg.), Donna Haraway. *Die Neuerfindung der Natur. Primaten, Cyborgs und Frauen*, Frankfurt/M, New York 1995d, S. 73-97.

Haraway, Donna, *How Like a Leaf. An Interview with Thyrza Nichols Goodeve*, New York 2000.

Haraway, Donna, *When Species Meet*, Minneapolis, London 2008.

Haraway, Donna, *Das Manifest für Gefährten. Wenn Spezies sich begegnen – Hunde, Menschen und signifikante Andersartigkeit*, Berlin 2016 (2003).

Haraway, Donna, *Unruhig bleiben. Die Verwandtschaft der Arten im Chthuluzän*. Aus dem Englischen von Karin Harrasser, Frankfurt/M, New York 2018 (2016).

Hardacare, Helen, *Shinto. A History*, Oxford University Press 2016.

Harrasser, Karin, »Donna Haraway. Natur-Kulturen und die Faktizität der Figurationen«, in: Stephan Moebius, Dirk Quadflieg (Hg.), *Kultur. Theorien der Gegenwart*, Wiesbaden ²2011, S. 580-594.

Harvey, Graham, *Animism. Respecting the Living World*, London 2005.

Heidbrink, Ludger, »Das Schicksal der Verantwortung. Warum der Mensch auch dort verantwortlich ist, wo er keine Schuld trägt«, in: *Magazin des Thalia Theaters in Hamburg* 2008, S. 4-5.

Heidbrink, Ludger, Langbehn, Claus, Loh (geb. Sombetzki), Janina (Hg.), *Handbuch Verantwortung*, Wiesbaden 2017.

Heilinger, Jan-Christoph, Müller, Oliver, »Der Cyborg. Anthropologische und ethische Überlegungen«, in: Arne Manzeschke, Fabian Karsch (Hg.), *Roboter, Computer und Hybride. Was ereignet sich zwischen Menschen und Maschinen?*, Baden-Baden 2016, S. 47-66.

Herbrechter, Stefan, *Posthumanismus. Eine kritische Einführung*, Darmstadt 2009.

Herbrechter, Stefan, »Critical Posthumanism«, in: Rosi Braidotti, Maria Hlavajova (Hg.), *Posthuman Glossary*, London, Oxford, New York, New Delhi, Sydney 2018, S. 94-96.

Herrmann, Andreas, Loh (geb. Sombetzki), Janina, »Wenn die Maschine entscheidet – zur Ethik selbstfahrender Autos«, in: *PC Welt* (5.12.2018), online verfügbar unter ⟨https://www.pcwelt.de/a/wenn-die-maschine-entscheidet-zur-ethik-selbstfahrender-autos,3449472⟩, letzter Zugriff 20.7.2019.

Hevelke, Alexander, Nida-Rümelin, Julian, »Selbstfahrende Autos und Trolley-Probleme. Zum Aufrechnen von Menschenleben im Falle unausweichlicher Unfälle«, in: *Jahrbuch für Wissenschaft und Ethik* 1 (2015a), S. 5-24.

Hevelke, Alexander, Nida-Rümelin, Julian, »Intelligente Autos im Dilemma«, in: *Spektrum der Wissenschaft* 10 (2015b), S. 82-85.

Hilgendorf, Eric (Hg.), *Robotik im Kontext von Recht und Moral*, Baden-Baden 2014.

Hilgendorf, Eric, »Offene Fragen der neuen Mobilität. Problemfelder im Kontext von automatisiertem Fahren und Recht«, in: *Recht – Automobil – Wirtschaft (RAW)* 2 (2018a), S. 85-93.

Hilgendorf, Eric, »Dilemma-Probleme beim automatisierten Fahren. Ein Beitrag zum Problem des Verrechnungsverbots im Zeitalter der Digitalisierung«, in: *Zeitschrift für die gesamte Strafrechtswissenschaft (ZSTW)* 3 (2018b), S. 674-703.

Hilgendorf, Eric, »Autonome Systeme, künstliche Intelligenz und Roboter«, in: Stephan Barton, Ralf Eschelbach, Michael Hettinger, Eberhard Kempf, Christoph Krehl, Franz Sladitt (Hg.), *Festschrift für Thomas Fischer*, München 2018c, S. 101-113.

Himma, Kenneth Einar, »Artificial agency, consciousness, and the criteria for moral agency. What properties must an artificial agent have to be a moral agent?«, in: *Ethics and Information Technology* 11 (2009), S. 19-29.

Hoffman, Martin L., *Empathy and Moral Development. Implications for Caring and Justice*, United States of America 2000.

Honneth, Axel, »Arbeit und Anerkennung. Versuch einer Neubestimmung«, in: *Deutsche Zeitschrift für Philosophie* 56 (2008), S. 327-341.

Hopcroft, John E., Motwani, Rajeev, Ullman, Jeffrey D., *Einführung in die Automatentheorie, formale Sprache und Komplexitätstheorie*, München ²2002.

Hötitzsch, Sven, May, Elisa, »Rechtliche Problemfelder beim Einsatz automatisierter Systeme im Straßenverkehr«, in: Eric Hilgendorf (Hg.), *Robotik im Kontext von Recht und Moral*, Baden-Baden 2014, S. 189-210.

Hubig, Christoph, *Technik- und Wissenschaftsethik. Ein Leitfaden*, Berlin, Heidelberg ²1995.

Hubig, Christoph, »Historische Wurzeln der Technikphilosophie«, in: Christoph Hubig, Alois Huning, Günter Ropohl (Hg.), *Nachdenken über Technik. Die Klassiker der Technikphilosophie und neuere Entwicklungen*, Berlin ³2013, S. 19-40.

Hume, David, *Eine Untersuchung über den menschlichen Verstand*, Frankfurt/M 2007 (1978).

Ichbiah, Daniel, *Roboter. Geschichte – Technik – Entwicklung*, München 2005.

iCub HumanoidRobot, »iCub – Humanoid Platform«, 6. 12. 2011, online verfügbar unter ⟨https://www.youtube.com/watch?v=ZcTwO2dpX8A⟩, letzter Zugriff 20.7.2019.

Ihde, Don, *Technology and the Lifeworld. From Garden to Earth*, Bloomington, Indianapolis 1990.

Isaacs, Tracy, »Kollektive Verantwortung«, in: Ludger Heidbrink, Claus Langbehn, Janina Loh (geb. Sombetzki) (Hg.), *Handbuch Verantwortung*, Wiesbaden 2017, S. 453-475.

Jaeggi, Rahel, *Entfremdung. Zur Aktualität eines sozialphilosophischen Problems*, Frankfurt/M 2016.

Jaeggi, Rahel, Kübler, Lukas, »Pathologien der Arbeit. Zur Bedeutung eines gesellschaftlichen Kooperationsverhältnisses«, in: *WSI Mitteilungen* 7 (2014), S. 521-527.

Johnson, Deborah G., »Computer Systems. Moral Entities but Not Moral Agents«, in: Michael Anderson, Susan Leigh Anderson (Hg.), *Machine Ethics*, New York 2011, S. 168-183.

Jonas, Hans, *Das Prinzip Verantwortung. Versuch einer Ethik für die technologische Zivilisation*, Frankfurt/M 1984.

Jordan, John, *Roboter*. Aus dem Englischen von Manfred Weltecke, Berlin 2017.

Kahn, Leonard, »Military Robots and the Likelihood of Armed Combat«, in: Patrick Lin, Ryan Jenkins, Keith Abney (Hg.), *Robot Ethics 2.0. From Autonomous Cars to Artificial Intelligence*, New York 2017, S. 274-287.

Kant, Immanuel, *Grundlegung zur Metaphysik der Sitten*, 1785, AA IV, S. 385-463, online verfügbar unter ⟨https://korpora.zim.uni-duisburg-essen.de/kant/aa04/Inhalt4.html⟩, letzter Zugriff 20.7.2019.

Kant, Immanuel, *Die Metaphysik der Sitten*, 1797, AA VI, S. 203-493, online verfügbar unter ⟨https://korpora.zim.uni-duisburg-essen.de/kant/aa06/⟩, letzter Zugriff 20.7.2019.

Kaufmann, Matthias, »Die Grenzen der Zurechnung«, in: Matthias Kaufmann (Hg.), *Zurechnung als Operationalisierung von Verantwortung*, Frankfurt/M 2004, S. 283-293.

Khetrapal, Neha, »Roboter für Behinderte«, in: Luis de Miranda (Hg.), *Künstliche Intelligenz & Robotik in 30 Sekunden. Visionen, Herausforderungen & Risiken*, Kerkdriel, Niederlande 2019, S. 84.

Kirkpatrick, Jesse, Hahn, Erin N., Haufler, Amy J., »Trust and Human-Robot Interactions«, in: Patrick Lin, Ryan Jenkins, Keith Abney (Hg.), *Robot Ethics 2.0. From Autonomous Cars to Artificial Intelligence*, New York 2017, S. 142-157.

Klein, Barbara, Graf, Birgit, Schlömer, Inga Franziska, Roßberg, Holger,

Röhricht, Karin, Baumgarten, Simon, *Robotik in der Gesundheitswirtschaft. Einsatzfelder und Potenziale*, Heidelberg 2018.
Klement, Jan Henrik, *Verantwortung. Funktion und Legitimation eines Begriffs im Öffentlichen Recht*, Tübingen 2006.
Klement, Jan Henrik, »Rechtliche Verantwortung«, in: Ludger Heidbrink, Claus Langbehn, Janina Loh (geb. Sombetzki) (Hg.), *Handbuch Verantwortung*, Wiesbaden 2017, S. 559-584.
Knoll, Peter M., »Prädikative Fahrassistenzsysteme – Bevormundung des Fahrers oder realer Kundennutzen?«, in: Christoph Hubig, Peter Koslowski (Hg.), *Maschinen, die unsere Brüder werden. Mensch-Maschine-Interaktion in hybriden Systemen*, München 2008, S. 159-171.
Knop, Carsten, Jansen, Jonas, »Der Herr der Amazon-Roboter«, in: *Frankfurter Allgemeine* (5.5.2017), online verfügbar unter ⟨https://www.faz.net/aktuell/wirtschaft/macht-im-internet/ein-deutscher-macht-karriere-herr-der-amazon-roboter-14997019.html⟩, letzter Zugriff 20.7.2019.
Kormushev, Peter, »Robot Archer iCub«, 22.9.2010, online verfügbar unter ⟨https://www.youtube.com/watch?v=QCXvAqIDpIw⟩, letzter Zugriff 20.7.2019.
Kormushev, Peter, Calinon, Sylvain, Saegusa, Ryo, Metta, Giorgio, »Learning the skill of archery by a humanoid robot iCub«, in: IEEE (Hg.), *10th IEEE-RAS International Conference on Humanoid Robots*, 2010, S. 417-423.
Korsgaard, Christine, »Two distinctions in goodness«, in: *The Philosophical Review* 92 (1983), S. 169-195.
Kranz, Margarita, von der Lühe, Astrid, Hühn, Helmut, »Technik«, in: Joachim Ritter (Hg.), *Historisches Wörterbuch der Philosophie. Band 10: St–T*, Basel 1971-2007, S. 940-952.
Krebs, Angelika, »Naturethik im Überblick«, in: Angelika Krebs (Hg.), *Naturethik. Grundtexte der gegenwärtigen tier- und ökoethischen Diskussion*, Frankfurt/M 1997, S. 337-379.
Krishnan, Armin, *Killer Robots. Legality and Ethicality of Autonomous Weapons*, Ashgate, Farnham, Burlington 2009.
Krüger, Oliver, »Die Vervollkommnung des Menschen. Tod und Unsterblichkeit im Posthumanismus und Transhumanismus«, in: *Eurozine* 2007, online verfügbar unter ⟨https://www.eurozine.com/die-vervollkommnung-des-menschen/⟩, letzter Zugriff 20.7.2019.
Kubes, Tanja, »Sexroboter. Queerfeministisches Potential oder materialisierte Objektifizierung?«, in: *Cyborgs revisited. Zur Verbindung von Geschlecht, Technologien und Maschinen. Feministische Studien* 2 (2019a, im Erscheinen).
Kubes, Tanja, »Bypassing the Uncanny Valley. Sex Robots and Robot Sex Beyond Mimicry«, in: Janina Loh, Mark Coeckelbergh (Hg.), *Feminist

Philosophy of Technology. Techno:Phil – Aktuelle Herausforderungen der Technikphilosophie. Band 2, Stuttgart 2019b (im Erscheinen).

Kuhl, Julius, »Der Wille ist frei und determiniert. Funktionsanalyse und Diagnostik von Selbstbestimmung und Verantwortlichkeit«, in: Ernst-Joachim Lampe, Michael Pauen, Gerhard Roth (Hg.), *Willensfreiheit und rechtliche Ordnung*, Frankfurt/M 2008, S. 99-125.

Kurzweil, Ray, *The Singularity is Near. When Humans Transcend Biology*, New York 2005.

LaGrandeur, Kevin, Hughes, James J. (Hg.), *Surviving the Machine Age. Intelligent Technology and the Transformation of Human Work*, Cham 2017.

Laukyte, Migle, »Artificial agents among us. Should we recognize them as agents proper?«, in: *Ethics and Information Technology* 19 (2017), S. 1-17.

Lemaignan, Séverin, Fink, Julia, Dillenbourg, Pierre, »The Dynamics of Anthropomorphism in Robotics«, in: *Hri 14 Proceedings of 2014 ACM/IEEE International Conference on Human-Robot Interactions*, New York 2014, S. 226-227.

Lenk, Hans, *Zwischen Wissenschaft und Ethik*, Frankfurt/M 1992.

Lenk, Hans (Hg.), *Technik und Ethik*, Stuttgart ²1993.

Lenk, Hans, *Macht und Machbarkeit der Technik*, Stuttgart 1994.

Lenk, Hans, »Zur Verantwortungsfrage in den Naturwissenschaften«, in: Matthias Maring (Hg.), *Fallstudien zur Ethik in Wissenschaft, Wirtschaft, Technik und Gesellschaft*, Karlsruhe 2011, S. 62-70.

Lenk, Hans, Maring, Matthias, »Verantwortung«, in: Joachim Ritter (Hg.), *Historisches Wörterbuch der Philosophie. Band 11: U-V*, Basel 1971-2007, S. 566-575.

Lenk, Hans, Maring, Matthias, »Wer soll Verantwortung tragen? Probleme der Verantwortungsverteilung in komplexen (soziotechnischen-sozioökonomischen) Systemen«, in: Kurt Bayertz (Hg.), *Verantwortung. Prinzip oder Problem?*, Darmstadt 1995, S. 241-286.

Lenk, Hans, Maring, Matthias, »Responsibility and technology«, in: Ann Elisabeth Auhagen, Hans-Werner Bierhoff (Hg.), *Responsibility. The many faces of a social phenomenon*, London 2001, S. 93-107.

Lenk, Hans, Maring, Matthias, »Verantwortung in Technik und Wissenschaft«, in: Ludger Heidbrink, Claus Langbehn, Janina Loh (geb. Sombetzki) (Hg.), *Handbuch Verantwortung*, Wiesbaden 2017, S. 715-731.

Leveringhaus, Alex, *Ethics and Autonomous Weapons*, London 2016.

Levin, Janet, »Functionalism«, in: *Stanford Encyclopedia of Philosophy* (2017), online verfügbar unter ⟨https://plato.stanford.edu/entries/functionalism/⟩, letzter Zugriff 20.7.2019.

Levy, David, *Love + Sex with Robots. The Evolution of Human-Robot Relationships*, New York, London, Toronto, Sydney, New Delhi, Auckland 2008.

Levy, David, »The Ethical Treatment of Artificially Conscious Robots«, in: *International Journal of Social Robotics* 1 (2009), S. 209-216.

Levy, David, »The Ethics of Robot Prostitutes«, in: Patrick Lin, Keith Abney, George Bekey (Hg.), *Robot Ethics. The Ethical and Social Implications of Robotics*, Cambridge, Massachusetts, London 2012, S. 223-231.

Levy, David, »Roxxxy the ›Sex Robot‹. Real or Fake?«, in: *Lovotics* 1 (2013), S. 1-4.

Lewis, David, »Mad Pain and Martian Pain«, in: Ned Block (Hg.), *Readings in Philosophy of Psychology*, Harvard University Press 1980, S. 216-222.

Lima, Pedro U., »Maschinelles Lernen (ML)«, in: Luis de Miranda (Hg.), *Künstliche Intelligenz & Robotik in 30 Sekunden. Visionen, Herausforderungen & Risiken*, Kerkdriel, Niederlande 2019, S. 40.

Lin, Patrick, »Introduction to Robot Ethics«, in: Patrick Lin, Keith Abney, George Bekey (Hg.), *Robot Ethics. The Ethical and Social Implications of Robotics*, Cambridge MA, London 2012, S. 3-15.

Lin, Patrick, Abney, Keith, Bekey, George, »Robot Ethics. Mapping the Issues of a Mechanized World«, in: *Artificial Intelligence* 5-6 (2011), S. 942-949.

Lin, Patrick, Abney, Keith, Bekey, George (Hg.), *Robot Ethics. The Ethical and Social Implications of Robotics*, Cambridge MA, London 2012.

Lin, Patrick, Bekey, George, Abney, Keith, »Autonomous Military Robotics. Risks, Ethics, and Design«, 2008, online verfügbar unter ⟨https://digitalcommons.calpoly.edu/cgi/viewcontent.cgi?article=1001&context=phil_fac⟩, letzter Zugriff 20.7.2019.

Lin, Patrick, Bekey, George, Abney, Keith, »Robots in War. Issues of Risk and Ethics«, in: Rafael Capurro, Michael Nagenborg (Hg.), *Ethics and Robotics*, Heidelberg, Amsterdam 2009, S. 49-67.

Lin, Patrick, Jenkins, Ryan, Abney, Keith (Hg.), *Robot Ethics 2.0. From Autonomous Cars to Artificial Intelligence*, New York 2017.

Loh, Janina (geb. Sombetzki), »Zur Verantwortung in der Mensch-Maschine-Interaktion. Herausforderungen für das klassische Verantwortungskonzept«, in: David J. Offenwanger, Jan Hendrik Quandt (Hg.), *#sustainability. Wirtschaftsethische Herausforderung Digitalisierung*, München, Mering 2016, S. 29-39.

Loh, Janina (geb. Sombetzki), »Roboterethik. Janina Loh über eine noch junge Bereichsethik«, in: *Information Philosophie* 1 (2017a), S. 20-33.

Loh, Janina (geb. Sombetzki), »›Wer bin ich?‹ als ›Wo bin ich?‹. Zur Tragfähigkeit der Horizontformel an der Schnittstelle von philosophischer Anthropologie, Raumtheorie und Technikphilosophie«, in: Andreas Oberprantacher, Anne Siegetsleitner (Hg.), *Mensch sein. Fundament, Imperativ oder Floskel?* Beiträge zum 10. Internationalen Kongress der

Österreichischen Gesellschaft für Philosophie in Innsbruck, Innsbruck 2017b, S. 297-307.
Loh, Janina (geb. Sombetzki), »Posthumanistische Anthropologie zwischen Mensch und Maschine«, in: Jürgen H. Franz, Karsten Berr (Hg.), *Welt der Artefakte*, Berlin 2017c, S. 213-224.
Loh, Janina (geb. Sombetzki), »Verantwortung und Roboterethik. Ein kleiner Überblick. Teil 1«, in: *Zeitschrift zum Innovations- und Technikrecht (InTeR)* 4 (2017d), S. 220-226.
Loh, Janina (geb. Sombetzki), *Trans- und Posthumanismus zur Einführung*, Hamburg 2018a.
Loh, Janina (geb. Sombetzki), »On Building Responsible Robots«, in: Athanasios Karafillidis, Robert Weidner (Hg.), *Developing Support Technologies. Integrating Multiple Perspectives to Create Assistance that People Really Want*, Wiesbaden 2018b, S. 101-108.
Loh, Janina (geb. Sombetzki), »Verantwortung und Roboterethik. Ein kleiner Überblick. Teil 2«, in: *Zeitschrift zum Innovations- und Technikrecht (InTeR)* 1 (2018c), S. 29-35.
Loh, Janina (geb. Sombetzki), »Maschinenethik und Roboterethik«, in: Oliver Bendel (Hg.), *Handbuch Maschinenethik*, Wiesbaden 2019a (im Erscheinen).
Loh, Janina (geb. Sombetzki), »Verantwortung – alt oder neu? Überlegungen zu dem Für und Wider einer Transformation der Verantwortung«, in: *concilium. Internationale Zeitschrift für Theologie* 3 (2019b), S. 317-324.
Loh, Janina (geb. Sombetzki), »Vermessung der Objektophilie. Über Liebe, Freundschaft und Sex mit nichtmenschlichen Wesen«, in: *Berliner Gazette. Die vernetzte Zeitung – seit 1999* (Januar 2019c), online verfügbar unter ⟨https://berlinergazette.de/roboter-liebe-machen/#more-76938⟩, letzter Zugriff 20. 7. 2019.
Loh, Janina (geb. Sombetzki), »Wann wir Menschenroboterherstellern vertrauen sollen«, in: *Falter* (8. 7. 2019d), online verfügbar unter ⟨https://cms.falter.at/blogs/thinktank/2019/07/08/wann-wir-menschroboterherstellern-vertrauen-sollen/?fbclid=IwAR0LkA8cLAE5DdGLpxitPI__vRKRmaSKLbovgNKBQP_Chh64mfyI6grH_TI⟩, letzter Zugriff 27. 7. 2019.
Loh, Janina (geb. Sombetzki), Loh, Wulf, »Autonomy and Responsibility in Hybrid Systems. The Example of Autonomous Cars«, in: Patrick Lin, Ryan Jenkins, Keith Abney (Hg.), *Robot Ethics 2.0. From Autonomous Cars to Artificial Intelligence*, New York 2017, S. 35-50.
Lohmar, Achim, *Moralische Verantwortlichkeit ohne Willensfreiheit*, Frankfurt/M 2005.
Lokhorst, Gert-Jan, van den Hoven, Jeroen, »Responsibility for Military Robots«, in: Patrick Lin, Keith Abney, George Bekey (Hg.), *Robot

Ethics. The Ethical and Social Implications of Robotics, Cambridge, Massachusetts, London 2012, S. 145-156.
Lokowandt, Ernst, *Shintō. Eine Einführung*, München 2001.
Lotter, Maria-Sibylla, »Verantwortung und Schuld«, in: Ludger Heidbrink, Claus Langbehn, Janina Loh (geb. Sombetzki) (Hg.), *Handbuch Verantwortung*, Wiesbaden 2017, S. 251-264.

Mainzer, Klaus, *Leben als Maschine. Von der Systembiologie zur Robotik und Künstlichen Intelligenz*, Paderborn 2010.
Mansholt, Malte, »Dieser Mann heiratete die Liebe seines Lebens – sein iPhone«, in: *Stern online* (30. 6. 2016), online verfügbar unter ⟨https://www.stern.de/digital/smartphones/iphone-hochzeit-las-vegas-6928034.html⟩, letzter Zugriff 21. 7. 2019.
Maring, Matthias, »Mensch-Maschine-Interaktion. Steuerbarkeit – Verantwortbarkeit«, in: Christoph Hubig, Peter Koslowski (Hg.), *Maschinen, die unsere Brüder werden. Mensch-Maschine-Interaktion in hybriden Systemen*, München 2008, S. 113-129.
Marino, Dante, Tamburrini, Guglielmo, »Learning Robots and Human Responsibility«, in*: International Review of Information Ethics* 12 (2006), S. 46-51.
Markowitz, Judith A. (Hg.), *Robots that Talk and Listen. Technology and Social Impact*, Berlin, Boston, München 2015.
Marr, Bernard, »The 4 Ds Of Robotization. Dull, Dirty, Dangerous and Dear«, in: *Forbes* Oct. 16 (2017), online verfügbar unter ⟨https://www.forbes.com/sites/bernardmarr/2017/10/16/the-4-ds-of-robotization-dull-dirty-dangerous-and-dear/#346ac3c93e0d⟩, letzter Zugriff 21. 7. 2019.
Marsh, Amy, »Love among the objectum sexuals«, in: *Electronic Journal of Human Sexuality* 13 (2010), online verfügbar unter ⟨http://www.ejhs.org/volume13/ObjSexuals.htm⟩, letzter Zugriff 21. 7. 2019.
Marsiske, Hans-Arthur, *Kriegsmaschinen. Roboter im Militäreinsatz*, Hannover 2012.
Marx, Karl, *Ökonomisch-Philosophische Manuskripte*. Kommentar von Michael Quante. Frankfurt/M 2009 (1844).
Marx, Karl, *Das Kapital. Kritik der politischen Ökonomie. 1. Band, Buch I. Der Produktionsprozess des Kapitals*. Berlin ^{2}2015 (1867).
Mataric, Maja J., *The Robotics Primer*, Cambridge 2007.
Mataric, Mia, »Getting Humanoids to Move and Imitate«, in: *IEEE Intelligent Systems* (2000), S. 18-24.
Matthias, Andreas, »The responsibility gap. Ascribing responsibility for the actions of learning automata«, in: *Ethics and Information Technology* 6 (2004), S. 175-183.

Maurer, Markus, Gerdes, J. Christian, Lenz, Barbara, Winner, Hermann (Hg.), *Autonomes Fahren. Technische, rechtliche und gesellschaftliche Aspekte*, Wiesbaden 2015.

May, Elisa, »Robotik und Arbeitsschutzrecht«, in: Eric Hilgendorf (Hg.), *Robotik im Kontext von Recht und Moral*, Baden-Baden 2014, S. 99-118.

May, Larry, Hoffman, Stacey (Hg.), *Collective Responsibility. Five Decades of Debate in Theoretical and Applied Ethics*, Savage 1991.

McArthur, Neil, Danaher, John, »How sex robots could help with the nuts and bolts of relationships«, in: *The Guardian* (3.10.17), online verfügbar unter ⟨https://www.theguardian.com/commentisfree/2017/oct/03/sexbots-nuts-bolts-relationships-sex-robots⟩, letzter Zugriff 21.7.2019.

McKeon, Richard, »The Development and the Significance of the Concept of Responsibility«, in: *Revue Internationale De Philosophie* 6 (1957), S. 3-32.

McNally, Phil, Inayatullah, Sohail, »The rights of robots. Technology, law and culture in the 21st century«, in: *Futures* 20 (1998), S. 119-136.

McNulty, Lisa, »KI in der Bildung«, in: Luis de Miranda (Hg.), *Künstliche Intelligenz & Robotik in 30 Sekunden. Visionen, Herausforderungen & Risiken*, Kerkdriel, Niederlande 2019, S. 94.

Meacham, Darian, Studley, Matthew, »Could a Robot Care? It's All in the Movement«, in: Patrick Lin, Ryan Jenkins, Keith Abney (Hg.), *Robot Ethics 2.0. From Autonomous Cars to Artificial Intelligence*, New York 2017, S. 97-112.

Metzler, Theodore A., Lewis, Lundy M., Pope, Linda C., »Could robots become authentic companions in nursing care?«, in: *Nursing philosophy* 17 (2016), S. 36-48.

Mieth, Corinna, Bambauer, Christoph, »Verantwortung und Pflichten«, in: Ludger Heidbrink, Claus Langbehn, Janina Loh (geb. Sombetzki) (Hg.), *Handbuch Verantwortung*, Wiesbaden 2017, S. 239-250.

Millar, Jason, »Ethics Settings for Autonomous Vehicles«, in: Patrick Lin, Ryan Jenkins, Keith Abney (Hg.), *Robot Ethics 2.0. From Autonomous Cars to Artificial Intelligence*, New York 2017, S. 20-34.

Millar, Jason, Kerr, Ian, »Delegation, relinquishment, and responsibility. The prospect of expert robots«, in: Ryan Calo, A. Michael Froomkin, Ian Kerr (Hg.), *Robot Law*, Cheltenham 2016, S. 102-127.

Misselhorn, Catrin, »Empathy with Inanimate Objects and the Uncanny Valley«, in: *Minds and Machines* 19 (2009a), S. 345-359.

Misselhorn, Catrin, »Empathy and Dyspathy with Androids. Philosophical, Fictional and (Neuro-) Psychological Perspectives«, in: *Konturen* 2 (2009b), S. 101-123.

Misselhorn, Catrin, »Robots as Moral Agents?«, in: Frank Rövekamp, Friederike Bosse (Hg.), *Ethics in Science and Society. German and Japanese Views*, München 2013, S. 42-56.

Misselhorn, Catrin, »Arbeit, Technik und gutes Leben. Perspektiven für Menschen mit und ohne Behinderung auf Industrie 4.0«, in: Catrin Misselhorn, Hauke Behrendt (Hg.), *Arbeit, Gerechtigkeit und Inklusion. Wege zu gleichberechtigter gesellschaftlicher Teilhabe*, Stuttgart 2017, S. 19-38.

Misselhorn, Catrin, *Grundfragen der Maschinenethik*, Stuttgart 2018a.

Misselhorn, Catrin, »Maschinenethik und ›Artificial Morality‹. Können und sollen Maschinen moralisch handeln?«, in: *Aus Politik und Zeitgeschichte (APuZ)* 68 (2018b), S. 29-33.

Misselhorn, Catrin, Pompe, Ulrike, Stapleton, Mog, »Ethical Considerations Regarding the Use of Social Robots in the Fourth Age«, in: *Geropsych* 2 (2013), S. 121-133.

Mlot, Stephanie, »Sex Robot Samantha Upgraded With Moral Code«, in: *Geek.com* (20. 6. 2018), online verfügbar unter ⟨https://www.geek.com/tech/sex-robot-samantha-upgraded-with-moral-code-1743756/⟩, letzter Zugriff 21. 7. 2019.

Moor, James H., »The Nature, Importance, and Difficulty of Machine Ethics«, in: *Intelligent Systems IEEE* 4 (2006), S. 18-21.

Morgan, Rhian, »Looking for robot love? Here are 5 sexbots you can buy right now«, in: *METRO News* (13. 9. 2017), online verfügbar unter ⟨https://metro.co.uk/2017/09/13/looking-for-robot-love-here-are-5-sexbots-you-can-buy-right-now-6891378/⟩, letzter Zugriff 21. 7. 2019.

Mori, Masahiro, »Bukimi no tani«, in: *Energy* 7 (1970), S. 33-35; übersetzt von Karl F. MacDorman, Takashi Minato, »On the Uncanny Valley«, in: *Proceedings of the Humanoids-2005 workshop. Views of the Uncanny Valley*, Tsukuba, Japan 2005.

Morse, Stephen J., »The Non-Problem of Free Will in Forensic Psychiatry and Psychology«, in: *Public Law and Legal Theory Research Paper Series* (2007), S. 203-220.

Müller, Christian, »Verantwortungsethik«, in: Annemarie Pieper (Hg.), *Geschichte der neueren Ethik*, Tübingen 1992, S. 103-131.

Müller, Daniel, »Banale Objekte einer obskuren Begierde«, in: *TAZ* (14. 12. 2006), online verfügbar unter ⟨https://taz.de/!341151/⟩, letzter Zugriff 21. 7. 2019.

Murphy, Meghan, »Interview. Kathleen Richardson makes the case against sex robots«, in: *Feminist Current* (2. 6. 2017), online verfügbar unter ⟨https://www.feministcurrent.com/2017/06/02/interview-kathleen-richardson-makes-case-sex-robots/⟩, letzter Zugriff 21. 7. 2019.

Murray, Terri, »Professor Kathleen Richardson on ethical problems with sex robots«, in: *International Society for Presence Research* (27. 10. 2017), online verfügbar unter ⟨https://ispr.info/2017/10/27/professor-kathleen-richardson-on-ethical-problems-with-sex-robots/comment-page-1/⟩, letzter Zugriff 21.7.2019.

Nadeau, Joseph Emile, »Only Androids Can Be Ethical«, in: Kenneth Forth, Clark Glymour, Patrick J. Hayes (Hg.), *Thinking about Android Epistemology*, Menlo Park, Cambridge, London 2006, S. 241-248.

Nayar, Pramod K., *Posthumanism*, Cambridge 2014.

Neuhäuser, Christian, »Roboter und moralische Verantwortung«, in: Eric Hilgendorf (Hg.), *Robotik im Kontext von Recht und Moral*, Baden-Baden 2014, S. 269-286.

Neumaier, Otto, *Moralische Verantwortung. Beiträge zur Analyse eines ethischen Begriffs*. Paderborn 2008.

Neumann, Ulfried, Schulz, Lorenz (Hg.), *Verantwortung in Recht und Moral. Referate der Tagung der Deutschen Sektion der Internationalen Vereinigung für Rechts- und Sozialphilosophie vom 2. bis zum 3. Oktober 1998 in Frankfurt am Main*, Frankfurt/M 2000.

Nida-Rümelin, Julian (Hg.), *Angewandte Ethik. Die Bereichsethiken und ihre theoretische Fundierung. Ein Handbuch*, Stuttgart ²2005.

Nida-Rümelin, Julian, »Politische Verantwortung«, in: Ludger Heidbrink, Alfred Hirsch (Hg.), *Staat ohne Verantwortung? Zum Wandel der Aufgaben von Staat und Politik*, Frankfurt/M 2007, S. 55-85.

Notz, Gisela, »Zum Begriff der Arbeit aus feministischer Perspektive«, in: *Emanzipation* 1 (2011), S. 84-96.

Nunner-Winkler, Gertrud, »Verantwortung«, in: Georges Enderle (Hg.), *Lexikon der Wirtschaftsethik*, Freiburg im Breisgau 1993, S. 1185-1192.

Packeiser, Karsten, »›BlessU-2‹-Maschine statt Pastor«, in: *Evangelische Zeitung* (13.6.2017), online verfügbar unter ⟨https://www.evangelische-zeitung.de/bless-u-2-maschine-statt-pastor/⟩, letzter Zugriff 21.7.2019.

Pauen, Michael, »Freiheit und Verantwortung. Wille, Determinismus und der Begriff der Person«, in: *Allgemeine Zeitschrift für Philosophie* 26 (2001), S. 23-44.

Pauen, Michael, »Freiheit, Schuld und Strafe«, in: Ernst-Joachim Lampe, Michael Pauen, Gerhard Roth (Hg.), *Willensfreiheit und rechtliche Ordnung*, Frankfurt/M 2008, S. 41-74.

Penley, Constance, Ross, Andrew, »Cyborgs at Large. Interview with Donna Haraway«, in: *Technoculture* 3 (1991), S. 1-20.

Petersen, Stephen, »Designing People to Serve«, in: Patrick Lin, Keith Abney, George Bekey (Hg.), *Robot Ethics. The Ethical and Social Implications of Robotics*, Cambridge, Massachusetts, London 2012, S. 283-298.

Piepmeier, Rainer, »Zum philosophischen Begriff der Verantwortung«, in:

Friedrich Hermanni, Volker Steenblock (Hg.), *Philosophische Orientierungen. Festschrift zum 65. Geburtstag von Willi Oelmüller*, München 1995, S. 85-102.

Pluta, Werner, »BlessU-2. Roboter spendet Segen«, in: *Golem.de* (31. 5. 2017), online verfügbar unter ⟨https://www.golem.de/news/blessu-2-roboter-spendet-segen-in-sieben-sprachen-1705-128122.html⟩, letzter Zugriff 21. 7. 2019.

Protevi, John, »Affect, Agency and Responsibility. The Act of Killing in the Age of Cyborgs«, in: *Phenomenology and the Cognitive Sciences* 7 (2008), S. 405-413.

Rahn, Volker, »Installation ›BlessU-2‹. LichtKirche Wittenberg (Segensroboter / Blessing Robot)«, 17. 5. 2017a, online verfügbar unter ⟨https://www.youtube.com/watch?v=XfbrdCQiRvE⟩, letzter Zugriff 20. 7. 2019.

Rahn, Volker, »Experiment BlessU-2. Interactive Installation (›Blessing Robot‹) English Version«, 31. 5. 2017b, online verfügbar unter ⟨https://www.youtube.com/watch?v=JTK68l2BHtE&t=8s⟩, letzter Zugriff 20. 7. 2019.

Ramge, Thomas, *Mensch und Maschine. Wie Künstliche Intelligenz und Roboter unser Leben verändern*, Stuttgart 2018.

Rath, Matthias, »Zur Verantwortungsfähigkeit künstlicher ›moralischer Akteure‹. Problemanzeige oder Ablenkungsmanöver?«, in: Matthias Rath, Friedrich Krotz, Matthias Karmasin (Hg.), *Maschinenethik. Normative Grenzen autonomer Systeme*, Wiesbaden 2019, S. 223-242.

Rath, Matthias, Krotz, Friedrich, Karmasin, Matthias (Hg.), *Maschinenethik. Normative Grenzen autonomer Systeme*, Wiesbaden 2019.

Realbotix, »The Software«, 2019, online verfügbar unter ⟨https://realbotix.com/Harmony⟩, letzter Zugriff 20. 7. 2019.

Regan, Tom, *The Case for Animal Rights*, Berkeley CA 1983.

Remmers, Peter, *Mensch-Roboter-Interaktion*, Berlin 2018.

Reuter, Timo, *Das Bedingungslose Grundeinkommen als liberaler Entwurf. Philosophische Argumente für mehr Gerechtigkeit*, Frankfurt/M 2016.

Richardson, Kathleen, Coeckelbergh, Mark, Wakunuma, Kutoma, Billing, Erik, Ziemke, Tom, Gómez, Pablo, Vanderborght, Bram, Belpaeme, Tony, »Robot Enhanced Therapy for Children with Autism (DREAM). A Social Model of Autism«, in: *IEEE Technology and Society Magazine* 37 (2018), S. 30-39.

Rickmann, David, »Industrie 4.0«, in: Luis de Miranda (Hg.), *Künstliche Intelligenz & Robotik in 30 Sekunden. Visionen, Herausforderungen & Risiken*, Kerkdriel, Niederlande 2019, S. 142.

Rizzolatti, Giacomo, Siniglia, Corrado, *Empathie und Spiegelneurone. Die biologische Basis des Mitgefühls*, Frankfurt/M 2008.

Robertson, Jennifer, »Human Rights vs. Robot Rights. Forecasts from Japan«, in: *Critical Asian Studies* 4 (2014), S. 571-598.

Rondinella, Giuseppe, »Saturn setzt ›Paul‹ für Kundenbetreuung ein«, in: *Horizont* (8. 11. 2016), online verfügbar unter ⟨https://www.horizont.net/tech/nachrichten/Pilotprojekt-Saturn-setzt-Roboter-Paul-fuer-Kunden betreuung-ein-143957⟩, letzter Zugriff 21. 7. 2019.

Ropohl, Günter, »Das Risiko im Prinzip Verantwortung«, in: *Ethik und Sozialwissenschaften. Streitforum für Erwägungskultur* 5 (1994), S. 109-120.

Roth, Gerhard, »Verantwortung, Determinismus und Indeterminismus«, in: Ludger Heidbrink, Claus Langbehn, Janina Loh (geb. Sombetzki) (Hg.), *Handbuch Verantwortung*, Wiesbaden 2017, S. 295-314.

Russell, Stuart, Norvig, Peter, *Artificial Intelligence. A Modern Approach*, New Jersey ²2003.

Ryffel, Hans, »Verantwortung als sittliches Phänomen. Ein Grundzug der Moderne«, in: *Der Staat. Zeitschrift für Staatslehre, öffentliches Recht und Verfassungsgeschichte* 6 (1967), S. 275-292.

Sandini, Giulio, Metta, Giorgio, Vernon, David, »The *iCub* Cognitive Humanoid Robot. An Open-System Research Platform for Enactive Cognition«, in: Max Lungarella, Fumiya Iida, Josh Bongard, Rolf Pfeifer (Hg.), *50 Years of Artificial Intelligence. Essays Dedicated to the 50th Anniversary of Artificial Intelligence*, Berlin, Heidelberg 2007, S. 359-370.

Santoni de Sio, Filippo, van Wynsberghe, Aimee, »When Should We Use Care Robots? The Nature-of-Activities Approach«, in: *Science and engineering ethics* 22 (2016), S. 1745-1760.

Sauer, Frank, *Autonome Waffensysteme. Humanisierung oder Entmenschlichung des Krieges?*, Bonn 2014.

Schälike, Julius, »Verantwortung, Freiheit und Wille«, in: Ludger Heidbrink, Claus Langbehn, Janina Loh (geb. Sombetzki) (Hg.), *Handbuch Verantwortung*, Wiesbaden 2017, S. 277-294.

Scheutz, Michael, »The Inherent Danger of Undirectional Emotional Bonds between Humans and Social Robots«, in: Patrick Lin, Keith Abney, George Bekey (Hg.), *Robot Ethics. The Ethical and Social Implications of Robotics*, Cambridge, Massachusetts, London 2012, S. 205-221.

Schlink, Bernhard, »Die Zukunft der Verantwortung«, in: *Merkur. Deutsche Zeitschrift für europäisches Denken* 64 (2010), S. 1047-1058.

Schmitz, Friederike (Hg.), *Tierethik. Grundlagentexte*, Berlin 2014.

Schulz, Sandra, Barth, Theodor, »Plüsch-Tech für Senioren. Paro, der Glücklichmach-Roboter«, in: *Spiegel online* (24. 10. 2006), online verfügbar unter ⟨https://www.spiegel.de/panorama/gesellschaft/pluesch-tech-fuer-senioren-paro-der-gluecklichmach-roboter-a-443593.html⟩, letzter Zugriff 21. 7. 2019.

Schütz, Alfred, »Einige Äquivokationen im Begriff der Verantwortlichkeit«, in: Alfred Schütz (Hg.), *Gesammelte Aufsätze. Band 2. Studien zur soziologischen Theorie*, Den Haag 1972, S. 256-258.

Schwartländer, Johannes, »Verantwortung«, in: Hermann Krings, Hans Michael Baumgartner, Christoph Wild (Hg.), *Handbuch philosophischer Grundbegriffe. Band 6. Transzendenz – Zweck*, München 1974, S. 1577-1588.

Scorna, Ulrike, »Servicerobotik in der Altenpflege. Eine empirische Untersuchung des Einsatzes der Serviceroboter in der stationären Altenpflege am Beispiel von PARO und Care-O-bot«, in: Karsten Weber, Deborah Frommfeld, Arne Manzeschke, Heiner Fangerau (Hg.), *Technisierung des Alltags. Beitrag für ein gutes Leben?*, Stuttgart 2015, S. 81-98.

Searle, John, »Minds, brains and programs«, in: *Behavioral and Brain Sciences* 3 (1980), S. 417-157.

Searle, John R., »Können Computer denken?«, in: John R. Searle, *Geist, Hirn und Wissenschaft*, Frankfurt/M 1984, S. 27-40.

Seibt, Johanna, »Robophilosophy«, in: Rosi Braidotti, Maria Hlavajova (Hg.), *Posthuman Glossary*, London, Oxford, New York, New Delhi, Sydney 2018, S. 390-393.

Seibt, Johanna, Nøskov, Marco, Schack Andersen, Søren, (Hg.), *What Social Robots Can and Should Do*. Proceedings of Robophilosophy 2016/ TRANSOR 2016, Amsterdam 2016.

Selig, Bettina, Kern, Vera, Walther, Tilman, »Eigenschaften von Algorithmen«, 2004, online verfügbar unter ⟨http://www.tilman.de/uni/ws03/alp/eigenschaftenVonAlgorithmen.php⟩, letzter Zugriff 31.7.2019.

Sennett, Richard, *Handwerk*, Berlin ³2011.

Sharkey, Noel, »Killing Made Easy. From Joysticks to Politics«, in: Patrick Lin, Keith Abney, George Bekey (Hg.), *Robot Ethics. The Ethical and Social Implications of Robotics*, Cambridge MA, London 2012, S. 111-128.

Shibata, Takanori, Wada, Kazuyoshi, »Robot Therapy. A New Approach for Mental Healthcare of the Elderly – A Mini-Review«, in: *Gerontology* 57 (2011), S. 378-386.

Singer, Peter, *Animal Liberation. Die Befreiung der Tiere*. Übersetzt von Claudia Schorcht, Erlangen 2015.

Singer, Peter W., *Wired For War. The Robotics Revolution and Conflict in the 21st Century*, New York 2009.

Singer, Peter W., »Der ferngesteuerte Krieg«, in: *Spektrum der Wissenschaft* (2010), S. 71-79.

Sombetzki, Janina (jetzt Loh), *Verantwortung als Begriff, Fähigkeit, Aufgabe. Eine Drei-Ebenen-Analyse*, Wiesbaden 2014a.

Sombetzki, Janina (jetzt Loh), »Historische Beiträge zu einer Minimaldefinition von ›Verantwortung‹«, in: *Archiv für Begriffsgeschichte* 56 (2014b), S. 197-219.

Sombetzki, Janina (jetzt Loh), »Roboterethik«, in: Matthias Maring (Hg.), *Zur Zukunft der Bereichsethiken. Herausforderungen durch die Ökonomisierung der Welt*. KIT Scientific Publishing 2016, S. 355-379.

Sparrow, Robert, »The Turing Triage Test«, in: *Ethics and Information Technology* 6 (2004), S. 203-213.

Stahl, Bernd Carsten, »Information, Ethics, and Computers. The Problem of Autonomous Moral Agents«, in: *Minds and Machines* 14 (2004), S. 7-83.

Stahl, Bernd Carsten, Coeckelbergh, Mark, »Ethics of healthcare robotics. Towards responsible research and innovation«, in: *Robotics and Autonomous Systems* 86 (2016), S. 152-161.

Stasiénko, Jan, »Bizarre marriages. Weddings as a form of legitimization of intimate relations with non-human agents«, S. 80-93; online verfügbar unter ⟨https://www.researchgate.net/publication/308910979_Bizarre_marriages_Weddings_as_a_form_of_legitimization_of_intimate_relations_with_non-human_agents⟩, letzter Zugriff 21.7.2019.

Stiegler, Bernard, *Automatic Society. Volume 1. The Future of Work*. Translated by Daniel Ross, Cambridge, Malden 2016.

Strandh, Sigvard, *Die Maschine. Geschichte – Elemente – Funktion*, Freiburg im Breisgau 1980.

Strikwerda, Litska, »Legal and Moral Implications of Child Sex Robots«, in: John Danaher, Neil McArthur (Hg.), *Robot Sex. Social and Ethical Implications*, Cambridge, Massachusetts, London 2017, S. 133-151.

Stüber, Karsten, *Rediscovering Empathy. Agency, Folk Psychology, and the Human Sciences*. Cambridge, Massachusetts 2006.

Suchman, Lucy, *Human-Machine Reconfigurations. Plans and Situated Actions*, Cambridge University Press ²2007.

Suchman, Lucy, »Subject objects«, in: *Feminist Theory* 12 (2011), S. 119-145.

Sullins, John P., »When Is a Robot a Moral Agent?«, in: *International Review of Information Ethics* 6 (2006), S. 23-30.

Tavani, Herman T., »Can Social Robots Qualify for Moral Consideration? Reframing the Question about Robot Rights«, in: *Information* 9 (2018), online verfügbar unter ⟨https://www.mdpi.com/2078-2489/9/4/73⟩, letzter Zugriff 21.7.2019.

Taylor, Charles, »Responsibility for Self«, in: Amélie Oksenberg Rorty (Hg.), *The Identities of Persons*, Berkeley, California 1976, S. 281-299.

Terry, Jennifer, »Loving Object«, in: *Trans-Humanities* 2 (2010), S. 33-75.

Thadeusz, Frank, »Drang zum Ding«, in: *Der Spiegel* 19 (2007), online verfügbar unter ⟨https://www.spiegel.de/spiegel/print/d-51449048.html⟩, letzter Zugriff 21.7.2019.

Torrance, Steve, »Ethics and consciousness in artificial agents«, in: *AI & Society* 22 (2008), S. 495-521.

TrueCompanion, »FAQ (Frequently Asked Questions)«, 2019, online verfügbar unter ⟨http://www.truecompanion.com/shop/faq⟩, letzter Zugriff 20.7.2019.

Turing, Alan, »Computing Machinery and Intelligence«, in: *Mind* 59 (1950), S. 433-460.

Turkle, Sherry, »Relational Artifacts/Children/Elders. The Complexities of CyberCompanions«, in: *Proceedings of the Cognitive Science Society Workshop on Android Science*, Cambridge MA 2005, S. 62-73.

Turkle, Sherry, »Authenticity in the age of digital companions«, in: *Interaction Studies* 8 (2007), S. 501-517.

Turkle, Sherry, »In good company? On the threshold of robotic Companions«, in: Wilks, Yorick (Hg.), *Close Engagements with Artificial Companions. Key social, psychological, ethical and design issues*, Amsterdam 2010, S. 3-10.

Turkle, Sherry, *Alone Together. Why We Expect More from Technology and Less from Each Other*, New York 2011.

van de Poel, Ibo, »The Relation Between Forward-Looking and Backward-Looking Responsibility«, in: Nicola A. Vincent, Ibo van de Poel, Jeroen van den Hoven (Hg.), *Moral Responsibility. Beyond Free Will and Determinism*, Heidelberg 2001, S. 37-52.

Van Parijs, Philippe, Vanderborght, Yannick, *Basic Income. A Radical Proposal for a Free Society and a Sane Economy*, Cambridge, London 2017.

van Rysewyk, Simon Peter, Pontier, Matthijs (Hg.) (2015): *Machine Medical Ethics*, Cham 2015.

van Wynsberghe, Aimee, »Service Robots, Ethics, and Design«, in: *Ethics and Information Technology* 18 (2016), S. 1-11.

Verbeek, Peter-Paul, *What Things Do. Philosophical Reflections on Technology, Agency, and Design*, Pennsylvania 2005.

Verdicchio, Mario, »Kunst & KI«, in: Luis de Miranda (Hg.), *Künstliche Intelligenz & Robotik in 30 Sekunden. Visionen, Herausforderungen & Risiken*, Kerkdriel, Niederlande 2019, S. 48.

Versenyi, Laszlo, »Can Robots be Moral?«, in: *Ethics* 3 (1974), S. 248-259.

Wada, Kazuyoshi, Shibata, Takanori, Musha, Toshimitsu, Kimura, Shin, »Robot Therapy for Elders Affected by Dementia«, in: *IEEE Engineering in Medicine and Biology Magazine* Juli/August 2008, S. 53-60.

Wajcman, Judy, »The Feminization of Work in the Information Age«, in: Mary Frank Fox, Deborah G. Johnson, Sue V. Rosser (Hg.), *Women, Gender, and Technology*, Urbana, Chicago (2006), S. 80-97.

Waldenfels, Bernhard, »Antwort und Verantwortung«, in: *Friedrich Jahresheft* 10 (1992), S. 130-132.

Wallach, Wendel, Allen, Colin, *Moral Machines. Teaching Robots Right from Wrong*, Oxford, New York 2009.

Wallach, Wendell, Allen, Colin, »Moral Machines. Contradiction in Terms or Abdication of Human Responsibility?«, in: Patrick Lin, Keith Abney, George Bekey (Hg.), *Robot Ethics. The Ethical and Social Implications of Robotics*, Cambridge, Massachusetts, London 2012, S. 55-68.

Walsh, Toby, *Android Dreams. The Past, Present and Future of Artificial Intelligence*, London 2017.

Warneken, Felix, Tomasello, Michael, »Varieties of Altruism in Children and Chimpanzees«, in: *Trends in Cognitive Sciences* 9 (2009), S. 397.

Watson, Gary, »Free Agency«, in: *The Journal of Philosophy* 72 (1975), S. 205-220.

Weber, Jutta, »Robotic Warfare, Human Rights & the Rhetorics of Ethical Machines«, in: Rafael Capurro, Michael Nagenborg (Hg.), *Ethics and Robotics*, Heidelberg, Amsterdam 2009, S. 83-103.

Weidner, Robert, Redlich, Tobias, Wulfsberg, Jens P. (Hg.), *Technische Unterstützungssysteme*, Berlin, Heidelberg 2015.

Weischedel, Wilhelm, *Das Wesen der Verantwortung. Ein Versuch*, Frankfurt/M 1972.

Welzel, Hans, »Zum Notstandsproblem«, in: *ZStW Zeitschrift für die gesamte Strafrechtswissenschaft* 63 (1951), S. 47-56.

Wennerscheid, Sophie, *Sex Machina. Zur Zukunft des Begehrens*, Berlin 2019.

Werner, Micha H., »Verantwortung«, in: Marcus Düwell, Christoph Hübenthal, Micha H. Werner (Hg.), *Handbuch Ethik*, Stuttgart 2006, S. 541-548.

Whitby, Blay, »Do You Want a Robot Lover? The Ethics of Caring Technologies«, in: Patrick Lin, Keith Abney, George Bekey (Hg.), *Robot Ethics. The Ethical and Social Implications of Robotics*, Cambridge, Massachusetts, London 2012, S. 233-247.

Wilhelms, Günter, »Systemverantwortung«, in: Ludger Heidbrink, Claus Langbehn, Janina Loh (geb. Sombetzki) (Hg.), *Handbuch Verantwortung*, Wiesbaden 2017, S. 501-524.

Wilks, Yorick (Hg.), *Close engagements with artificial companions. Key social, psychological, ethical and design issues*, Philadelphia PA 2010.

Williams, Garrath, »Verantwortung, Rationalität und Urteil«, in: Ludger Heidbrink, Claus Langbehn, Janina Loh (geb. Sombetzki) (Hg.), *Handbuch Verantwortung*, Wiesbaden 2017, S. 365-394.

Wolf, Susan, »Sanity and the Metaphysics of Responsibility«, in: Ferdinand Schoeman (Hg.), *Responsibility, Character, and the Emotions. New Essays in Moral Psychology*, New York, New Rochelle, Melbourne, Sydney 1987, S. 46-62.

Wölm, Erik, »Warum mein Auto nie allein schuld sein wird. Über die Teilverantwortlichkeit autonomer Akteure«, in: Matthias Rath, Friedrich Krotz, Matthias Karmasin (Hg.), *Maschinenethik. Normative Grenzen autonomer Systeme*, Wiesbaden 2019, S. 173-191.

Wootson, Cleve R., »Saudi Arabia, which denies women equal rights, makes a robot a citizen«, in: *The Washington Post* (29.10.2017), online verfügbar unter ⟨https://www.washingtonpost.com/news/innovations/wp/2017/10/29/saudi-arabia-which-denies-women-equal-rights-makes-a-robot-a-citizen/?noredirect=on&utm_term=.2ceeaa8e4a90⟩, letzter Zugriff 21.7.2019.

Young, Iris Marion, *Responsibility for Justice*, New York 2011.

Zimmerman, Michael J., Bradley, Ben, »Intrinsic vs. Extrinsic Value«, in: *Stanford Encyclopedia of Philosophy* (2019), online verfügbar unter ⟨https://plato.stanford.edu/entries/value-intrinsic-extrinsic/⟩, letzter Zugriff 28.7.2019.

Złotowski, Jakub, Proudfoot, Diane, Yogeeswaran, Kumar, Bartneck, Christoph, »Anthropomorphism. Opportunities and Challenges in Human-Robot Interaction«, in: *International Journal of Social Robotics* 7 (2015), S. 347-360.

›Ethik und Moralphilosophie‹
im Suhrkamp Verlag
Eine Auswahl

Karl-Otto Apel
- Auseinandersetzungen in Erprobung des transzendental-pragmatischen Ansatzes. 866 Seiten. Gebunden
- Diskurs und Verantwortung. Das Problem des Übergangs zur postkonventionellen Moral. stw 893. 488 Seiten
- Transformation der Philosophie
  Band I: Sprachanalytik, Semiotik, Hermeneutik.
  stw 164. 378 Seiten
  Band II: Das Apriori der Kommunikationsgemeinschaft.
  stw 165. 446 Seiten

Reflexion und Verantwortung. Auseinandersetzungen mit Karl-Otto Apel. Herausgegeben von Dietrich Böhler und Matthias Kettner. stw 1618. 448 Seiten

Karl-Otto Apel/Matthias Kettner (Hg.). Zur Anwendung der Diskursethik in Politik, Recht und Wissenschaft. stw 999. 372 Seiten

Seyla Benhabib. Selbst im Kontext. Kommunikative Ethik im Spannungsfeld von Feminismus, Kommunitarismus und Postmoderne. Übersetzt von Isabella König. Gender Studies. es 1725. 340 Seiten

Bioethik. Eine Einführung. Herausgegeben von Klaus Steigleder und Marcus Düwell. stw 1597. 464 Seiten

Gernot Böhme. Ethik im Kontext. Über den Umgang mit ernsten Fragen. es 2025. 240 Seiten

Pierre Bourdieu. Die männliche Herrschaft. Übersetzt von Jürgen Bolder. 211 Seiten. Leinen

Hauke Brunkhorst/Wolfgang R. Köhler/Matthias Lutz-Bachmann (Hg.). Recht auf Menschenrechte. Demokratie und internationale Politik. stw 1441. 352 Seiten

Judith Butler. Kritik der ethischen Gewalt. Übersetzt von Reiner Ansén. 144 Seiten. Kartoniert

Wolfgang Edelstein/Gertrud Nunner-Winkler. Moral im sozialen Kontext. stw 1470. 512 Seiten

Martin Endreß (Hg.). Zur Grundlegung einer integrativen Ethik. Für Hans Krämer. stw 1205. 259 Seiten

Philippa Foot. Die Natur des Guten. Übersetzt von Michael Reuter. 162 Seiten. Gebunden

Rainer Forst. Toleranz im Konflikt. Geschichte, Gehalt und Gegenwart eines umstrittenen Begriffs. stw 1682. 808 Seiten

Harry G. Frankfurt. Gründe der Liebe. Übersetzt von Martin Hartmann. 112 Seiten. Kartoniert

Josef Früchtl. Ästhetische Erfahrung und moralisches Urteil. Eine Rehabilitierung. 519 Seiten. Gebunden

Stefan Gosepath. Gleiche Gerechtigkeit. Grundlagen eines liberalen Egalitarismus. stw 1665. 508 Seiten

Günther Grewendorf/Georg Meggle (Hg.). Seminar: Sprache und Ethik. Zur Entwicklung der Metaethik. stw 91. 354 Seiten

Jürgen Habermas
- Erläuterungen zur Diskursethik. stw 975. 229 Seiten
- Moralbewußtsein und kommunikatives Handeln. stw 422. 208 Seiten
- Theorie des kommunikativen Handelns. Zwei Bände. Band I: Handlungsrationalität und gesellschaftliche Rationalisierung. Band II: Zur Kritik der funktionalistischen Vernunft. Leinen und stw 1175. Zusammen 1167 Seiten
- Vorstudien und Ergänzungen zur Theorie des kommunikativen Handelns. Leinen und stw 1176. 606 Seiten
- Die Zukunft der menschlichen Natur. Auf dem Wege zur liberalen Eugenik? stw 1744. 164 Seiten

R. M. Hare. Die Sprache der Moral. Übersetzt von Petra von Morstein. stw 412. 243 Seiten

Dieter Henrich. Ethik zum nuklearen Frieden. 322 Seiten. Leinen

Otfried Höffe
- Ethik und Politik. Grundmodelle und -probleme der praktischen Philosophie. stw 266. 489 Seiten
- Medizin ohne Ethik? Standpunkte. es 2245. 272 Seiten
- Moral als Preis der Moderne. Ein Versuch über Wissenschaft, Technik und Umwelt. stw 1046. 312 Seiten
- Strategien der Humanität. Zur Ethik öffentlicher Entscheidungsprozesse. Mit einem neuen Nachwort. stw 540. 373 Seiten

Norbert Hoerster. Sterbehilfe im säkularen Staat. stw 1377. 193 Seiten

Axel Honneth
- Das Andere der Gerechtigkeit. Aufsätze zur praktischen Philosophie. stw 1491. 340 Seiten

- Kampf um Anerkennung. Zur moralischen Grammatik sozialer Konflikte. stw 1129. 341 Seiten
- Die zerrissene Welt des Sozialen. Sozialphilosophische Aufsätze. Erweiterte Ausgabe. stw 849. 279 Seiten

Axel Honneth/Nancy Fraser. Umverteilung oder Anerkennung? Eine politisch-philosophische Kontroverse. stw 1460. 320 Seiten

Axel Honneth/Hans Joas (Hg.). Kommunikatives Handeln. Beiträge zu Jürgen Habermas' »Theorie des kommunikativen Handelns«. stw 625. 420 Seiten

Christoph Horn/Nico Scarano (Hg.). Philosophie der Gerechtigkeit. Texte von der Antike bis zur Gegenwart. stw 1563. 512 Seiten

Detlef Horster (Hg.). Weibliche Moral – ein Mythos? stw 1376. 231 Seiten

Vladimir Jankélévitch. Das Verzeihen. Essays zur Moral- und Kulturphilosophie. Herausgegeben von Ralf Konersmann. Übersetzt von Claudia Brede-Konersmann. Mit einem Vorwort von Jürg Altwegg. 292 Seiten. Gebunden. stw 1731. 294 Seiten

Hans Joas. Die Entstehung der Werte. stw 1416. 321 Seiten

Hans Jonas. Das Prinzip Verantwortung. Versuch einer Ethik für die technologische Zivilisation. st 1085. 426 Seiten

Matthias Kettner (Hg.). Angewandte Ethik als Politikum. stw 1458. 416 Seiten

Lawrence Kohlberg. Die Psychologie der Moralentwicklung. Herausgegeben von Wolfgang Althof unter Mitarbeit von Gil Noam und Fritz Oser. stw 1232. 564 Seiten

Hans Krämer. Integrative Ethik. stw 1204. 427 Seiten

Angelika Krebs. Arbeit und Liebe. Die philosophischen Grundlagen sozialer Gerechtigkeit. stw 1564. 336 Seiten

Angelika Krebs (Hg.)
- Gleichheit oder Gerechtigkeit? Texte der neuen Egalitarismuskritik. stw 1495. 224 Seiten
- Naturethik. Grundtexte der gegenwärtigen tier- und ökoethischen Diskussion. stw 1262. 402 Seiten

Niklas Luhmann/Stephan H. Pfürtner (Hg.). Theorietechnik und Moral. stw 206. 267 Seiten

Niklas Luhmann/Robert Spaemann. Paradigm lost: Über die ethische Reflexion der Moral. Rede von Niklas Luhmann anläßlich der Verleihung des Hegel-Preises 1989. Laudatio von Robert Spaemann: Niklas Luhmanns Herausforderung der Philosophie. stw 797. 73 Seiten

Alasdair C. MacIntyre. Der Verlust der Tugend. Zur moralischen Krise der Gegenwart. Übersetzt von Wolfgang Riehl. stw 1193. 381 Seiten

John McDowell. Wert und Wirklichkeit. Aufsätze zur Moralphilosophie. Mit einer Einleitung von Axel Honneth und Martin Seel. Übersetzt von Joachim Schulte.
238 Seiten. Gebunden

Karl Menger. Moral, Wille und Weltgestaltung. Grundlegung zur Logik der Sitten. Herausgegeben und eingeleitet von Uwe Czaniera. stw 1286. 210 Seiten

Christoph Menke. Spiegelungen der Gleichheit. Politische Philosophie nach Adorno und Derrida. stw 1663. 330 Seiten

Susan Neiman. Das Böse denken. Eine andere Geschichte der Philosophie. Übersetzt von Christiana Goldmann. 490 Seiten. Gebunden und st 3735. 489 Seiten

Julian Nida-Rümelin. Ethische Essays. stw 1565. 471 Seiten

Martha C. Nussbaum. Gerechtigkeit oder Das gute Leben. Herausgegeben von Herlinde Pauer-Studer. Gender Studies. Übersetzt von Ilse Utz. es 1739. 320 Seiten

Herlinde Pauer-Studer. Autonom leben. Reflexionen über Freiheit und Gleichheit. stw 1496. 293 Seiten

Herlinde Pauer-Studer (Hg.). Konstruktionen praktischer Vernunft. Philosophie im Gespräch. es 2181. 304 Seiten

John Rawls
- Gerechtigkeit als Fairneß. Ein Neuentwurf. Herausgegeben von Erin Kelly. Übersetzt von Joachim Schulte. 316 Seiten. Gebunden und stw 1804
- Geschichte der Moralphilosophie. Hume, Leibniz, Kant, Hegel. Herausgegeben von Barbara Herman. Übersetzt von Joachim Schulte. 488 Seiten. Gebunden. stw 1726. 486 Seiten
- Eine Theorie der Gerechtigkeit. Übersetzt von Hermann Vetter. stw 271. 674 Seiten

Thomas Rentsch. Die Konstitution der Moralität. Transzendentale Anthropologie und praktische Philosophie. stw 1421. 380 Seiten

Johannes Rohbeck. Technologische Urteilskraft. Zu einer Ethik technischen Handelns. stw 1112. 312 Seiten

Christoph Sachße/H. Tristam Engelhardt (Hg.). Sicherheit und Freiheit. Zur Ethik des Wohlfahrtsstaates. stw 911. 360 Seiten

Moritz Schlick. Fragen der Ethik. Herausgegeben und eingeleitet von Rainer Hegselmann. stw 477. 208 Seiten

Wilhelm Schmid. Auf der Suche nach einer neuen Lebenskunst. Die Frage nach dem Grund und die Neubegründung der Ethik bei Foucault. stw 1487. 466 Seiten

Gerhard Schönrich. Bei Gelegenheit Diskurs. Von den Grenzen der Diskursethik und dem Preis der Letztbegründung. stw 1111. 187 Seiten

Gunter Scholtz. Ethik und Hermeneutik. Schleiermachers Grundlegung der Geisteswissenschaften. stw 1191. 326 Seiten

Oswald Schwemmer. Ethische Untersuchungen. Rückfragen zu einigen Grundbegriffen. stw 599. 221 Seiten

Martin Seel. Versuch über die Form des Glücks. Studien zur Ethik. Gebunden und stw 1445. 365 Seiten

Ludwig Siep. Konkrete Ethik. mannigfaltigkeit, Natürlichkeit, Gerechtigkeit. stw 1664. 384 Seiten

Marcus George Singer. Verallgemeinerung in der Ethik. Zur Logik moralischen Argumentierens. Übersetzt von Claudia Langer und Brigitte Wimmer. 420 Seiten. Leinen

Holmer Steinfath. Orientierung am Guten.
stw 1531. 496 Seiten

Holmer Steinfath (Hg.). Was ist ein gutes Leben? Philosophische Reflexionen. stw 1323. 260 Seiten

Ernst Tugendhat
- Aufsätze 1992-2000. stw 1535. 272 Seiten
- Ethik und Politik. es 1714. 144 Seiten
- Vorlesungen über Ethik. Gebunden und stw 1100. 399 Seiten

Albrecht Wellmer. Ethik und Dialog. Elemente des moralischen Urteils bei Kant und in der Diskursethik.
stw 578. 224 Seiten

Reiner Wimmer. Universalisierung in der Ethik. Analyse, Kritik und Rekonstruktion ethischer Rationalitätsansprüche. 465 Seiten. Leinen

Lutz Wingert. Gemeinsinn und Moral. Grundzüge einer intersubjektivistischen Moralkonzeption. 365 Seiten. Gebunden

Ludwig Wittgenstein. Vortrag über Ethik. Und andere kleine Schriften. Herausgegeben und übersetzt von Joachim Schulte. stw 770. 142 Seiten

Georg Henrik von Wright. Normen, Werte und Handlungen. 259 Seiten. Gebunden

Philosophie des Geistes
im Suhrkamp Verlag

Anatomie der Subjektivität. Bewußtsein, Selbstbewußtsein und Selbstgefühl. Herausgegeben von Thomas Grundmann, Frank Hofmann, Catrin Misselhorn, Violetta L. Waibel und Véronique Zanetti. stw 1735. 496 Seiten

Wolfgang Barz. Die Transparenz des Geistes. stw 2034. 400 Seiten

Bewußtsein. Philosophische Beiträge. Herausgegeben von Sybille Krämer. stw 1240. 250 Seiten

Susan Blackmore. Gespräche über Bewußtsein. Aus dem Englischen von Frank Born. Mit einem Glossar. Gebunden und stw 2023. 380 Seiten.

Robert B. Brandom
- Expressive Vernunft. Aus dem Amerikanischen von Eva Gilmer und Hermann Vetter. 1014 Seiten. Gebunden
- Begründen und Begreifen. Eine Einführung in den Inferentialismus. Aus dem Amerikanischen von Eva Gilmer. Gebunden und stw 1689. 264 Seiten

Donald Davidson
- Dialektik und Dialog. Rede anläßlich der Verleihung des Hegel-Preises 1992. stw 1080. 101 Seiten
- Handlung und Ereignis. Aus dem Amerikanischen von Joachim Schulte. Gebunden und stw 895. 421 Seiten
- Probleme der Rationalität. Vorwort von Marcia Cavell. Aus dem Amerikanischen von Joachim Schulte. 445 Seiten. Gebunden

- Subjektiv, intersubjektiv, objektiv. Aus dem Amerikanischen von Joachim Schulte. 382 Seiten. Gebunden
- Wahrheit und Interpretation. Herausgegeben von Dieter Henrich und Niklas Luhmann. Aus dem Amerikanischen von Joachim Schulte. stw 896. 408 Seiten
- Wahrheit, Sprache und Geschichte. Aus dem Amerikanischen von Joachim Schulte. 514 Seiten. Gebunden

Donald Davidson / Richard Rorty. Wozu Wahrheit? Eine Debatte. Herausgegeben und mit einem Nachwort von Mike Sandbothe. stw 1691. 353 Seiten

Daniel C. Dennett. Süße Träume. Die Erforschung des Bewußtseins und der Schlaf der Philosophie. Aus dem Amerikanischen von Gerson Reuter. 216 Seiten. Gebunden

Farben. Betrachtungen aus Philosophie und Naturwissenschaften. Herausgegeben von Stefan Glasauer und Jakob Steinbrenner. stw 1825. 370 Seiten

Manfred Frank. Ansichten der Subjektivität. stw 2021. 420 Seiten

Gene, Meme und Gehirne. Geist und Gesellschaft als Natur. Eine Debatte. Herausgegeben von A. Becker, C. Mehr, H. H. Nau, G. Reuter und D. Stegmüller. stw 1643. 336 Seiten

Andrea Kern. Quellen des Wissens. Zum Begriff vernünftiger Erkenntnisfähigkeit. stw 1786. 385 Seiten

Ruth Garrett Millikan
- Biosemantik. Sprachphilosophische Aufsätze. Aus dem Amerikanischen von Alex Burri. stw 1979. 205 Seiten

- Die Vielfalt der Bedeutung. Zeichen, Ziele und ihre Verwandtschaft. Aus dem Amerikanischen von Hajo Greif. stw 1829. 330 Seiten

Thomas Nagel. Der Blick von nirgendwo. Aus dem Amerikanischen von Michael Gebauer. stw 2035. 418 Seiten

Martine Nida-Rümelin. Der Blick von innen. Zur transtemporalen Identität bewusstseinsfähiger Wesen. stw 1787. 357 Seiten

Philosophie und Neurowissenschaften. Herausgegeben von Dieter Sturma. stw 1770. 266 Seiten

Hilary Putnam
- Repräsentation und Realität. Übersetzt von Joachim Schulte. stw 1394. 220 Seiten
- Vernunft, Wahrheit und Geschichte. Aus dem Amerikanischen von Joachim Schulte. stw 853. 294 Seiten

Sebastian Rödl
- Kategorien des Zeitlichen. Eine Untersuchung der Formen des endlichen Verstands. stw 1748. 215 Seiten
- Selbstbewußtsein. stw 1992. 264 Seiten.

Richard Rorty. Der Spiegel der Natur. Eine Kritik der Philosophie. Aus dem Amerikanischen von Michael Gebauer. stw 686. 438 Seiten

Jürgen Schröder. Einführung in die Philosophie des Geistes. stw 1671. 400 Seiten

John R. Searle
- Freiheit und Neurobiologie. Aus dem Amerikanischen von Jürgen Schröder. Kartoniert. 96 Seiten

- Geist. Eine Einführung. Aus dem Amerikanischen von Sibylle Salewski. 324 Seiten. Gebunden
- Geist, Sprache und Gesellschaft. Philosophie der wirklichen Welt. Aus dem Amerikanischen von Harvey P. Gavagai. stw 1670. 192 Seiten
- Intentionalität. Eine Abhandlung zur Philosophie des Geistes. Aus dem Amerikanischen von Harvey P. Gavagai. stw 956. 353 Seiten
- Die Konstruktion der gesellschaftlichen Wirklichkeit. Zur Ontologie sozialer Tatsachen. Aus dem Amerikanischen von Martin Suhr. stw 2005. 248 Seiten
- Wie wir die soziale Welt machen. Die Struktur der menschlichen Zivilisation. Aus dem Amerikanischen von Joachim Schulte. 351 Seiten. Gebunden

Selbstbewußtseinstheorien von Fichte bis Sartre. Herausgegeben und mit einem Nachwort versehen von Manfred Frank. stw 964. 599 Seiten

Michael Tomasello
- Die kulturelle Entwicklung des menschlichen Denkens. Zur Evolution der Kognition. Aus dem Englischen von Jürgen Schröder. stw 1827. 307 Seiten
- Die Ursprünge der menschlichen Kommunikation. Aus dem Amerikanischen von Jürgen Schröder. Mit Abbildungen. stw 2004. 410 Seiten

Matthias Vogel. Medien der Vernunft. Eine Theorie des Geistes und der Rationalität auf Grundlage einer Theorie der Medien. stw 1556. 427 Seiten

Wissen zwischen Entdeckung und Konstruktion. Erkenntnistheoretische Kontroversen. Herausgegeben von Matthias Vogel und Lutz Wingert. stw 1591. 328 Seiten